U0878870

主编：连吉林

赤峰宁城小塘山遗址
考古发掘报告

内蒙古自治区文物考古研究院
宁 城 县 辽 中 京 博 物 馆 编著

科 学 出 版 社
北 京

内 容 简 介

本书是内蒙古自治区赤峰市宁城县小塘山遗址的考古发掘专题报告。小塘山遗址经过为期两年的考古发掘，共清理房址58座（包括保存较好的院落9组）、灰坑（窖穴）47座、墓葬7座、陶窑2座，此外还有石砌城墙、城门、道路、“马面”、城壕等，出土陶器、石器、骨蚌器、青铜器等各类器物标本1000余件，还出土了较多的动物骨骼。小塘山遗址的年代属夏家店下层文化时期。对宁城县小塘山遗址的发掘与研究，为赤峰地区考古学文化体系的建立以及夏家店下层文化石城的起源与性质的研究提供了重要的资料。

本书可供考古学、历史学、民族学以及相关专业高等院校师生等参考。

图书在版编目（CIP）数据

赤峰宁城小塘山遗址考古发掘报告 / 内蒙古自治区文物考古研究院，宁城县辽中京博物馆编著；连吉林主编. -- 北京：科学出版社，2025. 6.
-- ISBN 978-7-03-082638-1

Ⅰ. K878.05

中国国家版本馆CIP数据核字第2025ZX4853号

责任编辑：雷　英 / 责任校对：邹慧卿

责任印制：肖　兴 / 封面设计：北京美光设计制版有限公司

科学出版社 出版
北京东黄城根北街16号
邮政编码：100717
http://www.sciencep.com
北京汇瑞嘉合文化发展有限公司印刷
科学出版社发行　各地新华书店经销
*
2025年6月第　一　版　开本：889 × 1194　1/16
2025年6月第一次印刷　印张：12 1/2　插页：14
字数：356 000

定价：258.00元

（如有印装质量问题，我社负责调换）

《赤峰宁城小塘山遗址考古发掘报告》

编辑委员会

主　　编： 连吉林

参编人员： 格日乐图　李智文　宫相才　崔卫春
马景禄　武进新　陈　敏

目　　录

插图目录

插表目录

图版目录

第一章 概 述

第一节 历史沿革

赤峰市，原称为昭乌达盟，内蒙古自治区辖地级市。位于内蒙古自治区东南部，蒙冀辽三省区交会处。其东南与辽宁朝阳接壤，西南与河北承德毗邻。至2018年底，赤峰市下辖3区、7旗、2县，即红山区、松山区、元宝山区，阿鲁科尔沁旗、巴林左旗、巴林右旗、克什克腾旗、翁牛特旗、喀喇沁旗、敖汉旗，林西县、宁城县。

新石器时期，宁城县发现较多红山文化和小河沿文化遗址，主要有盘龙山遗址、苗营子遗址、蜘蛛山遗址等。

青铜时代，在宁城县发现较多夏家店下层和夏家店上层文化遗址，经过调查和发掘的就达100多处。主要有新窝铺遗址、三座店遗址、喇嘛沟门遗址、红庙子遗址等。

战国后期，宁城县隶属于燕右北平郡。

秦嬴政二十二年（公元前225年），秦设右北平郡，宁城归其所治。

西汉时期，宁城县境属汉之右北平郡，郡治平刚（今宁城县黑城）。汉武帝时击败匈奴，沿边筑长城，建立烽燧，汉长城经过宁城县境。

东汉建武年间，右北平郡治所由平刚迁至土垠（今河北省唐山市丰润东）。宁城县境为辽西鲜卑所据。东汉延熹九年（166年），鲜卑大人檀石槐分其地为三部，宁城县境属东部鲜卑。一直到曹魏时期。

西晋时期，宁城县境属鲜卑余温部。

晋太和时期，曾分别隶属于前秦幽州、前秦平州昌黎郡、后燕平州昌黎郡。

辽统和二十五年（1007年），于原奚王牙帐地（今宁城县大明城）建中京大定府，辽迁都中京。此后，中京成了当时我国北方政治、经济、文化中心。宁城县境属中京大定府大定县、长兴县、劝农县。

金初沿用辽制，大定府为金五京之一北京，并为北京路治。

元时，宁城县境属大宁路，南部一隅属和众县。

清康熙四十四年（1705年），理藩院奉诏，在原喀喇沁右翼旗领地增建喀喇沁中旗。旗治所设在今宁城县大城子。

民国初期，宁城县境属热河特别行政区平泉县管辖。1949年5月1日，宁城县喀喇沁中旗联合政府复改称宁城县人民政府。

1954年3月，恢复宁城县人民政府名称。4月，宁城县政府机关由八里罕迁至天义。

1983年10月，昭乌达盟改为赤峰市，实行市管县的管理体制，宁城县属赤峰市。

第二节　地理环境

宁城县位于内蒙古自治区赤峰市南部，地处东经118°26′~119°25′、北纬41°17′~41°53′之间。北与喀喇沁旗相连，东与辽宁省建平、凌源两县市交界，南与河北省平泉市毗邻，西与河北省承德县、隆化县接壤。东西长94、南北宽64千米，总面积为4317平方千米。

县境属内蒙古高原向松辽平原的过渡地带，位于燕山山脉东段北缘，属七老图山—努鲁儿虎山山地丘陵区，地势西高东低。西部山峦起伏，中部丘陵广阔，沿河平川狭长，构成了“五山四丘一分川”的地貌景观。气候属温带半干旱大陆性季风气候。老哈河、坤都伦河流经本区域内，支流纵横，两河在宁城县内中东部沿河两岸发育成河谷平原，地势低平开阔，全县大部属于老哈河流域，东南局部二级河流驿马吐河和五化河等属于大凌河流域。

老哈河是辽河水系右上源的名称，发源于河北省七老图山脉的光头山，海拔1729米。自发源地流入赤峰市东南部，在赤峰市翁牛特旗和通辽市奈曼旗交界处，与西拉木伦河汇合后称西辽河。全长425千米，流域面积3.31万平方千米。主要支流有坤都伦河、黑里河、英金河、羊肠河、饮马河、八里罕河、北小河等十余条。宁城县甸子镇（现改为右北平镇）南至发源地为上游，甸子镇至翁牛特旗乌敦套海镇为中游，干流由西南向东北逐渐进入黄土丘陵区。区域内是以坡耕地为主的农业区，两岸有多条支流汇入，水量骤增，河道曲折，植被覆盖率低，水土流失严重；翁牛特旗乌敦套海镇至西拉木伦河汇合口为下游，干流由丘陵区进入平原区，沿途无支流汇入。

宁城县的动植物区划属于蒙新区、东北区和华北区三大区系交替的过渡带。其特有的自然地理位置和复杂的自然条件决定了动植物资源的特殊性，即三大区系的代表品种兼而有之。地下蕴藏矿产资源丰富，地热资源得天独厚。

根据地貌成因类型组合、地表组成物质、自然地理环境等不同，全县可大致分为4个地貌小区，其中三座店小塘山遗址处于西部七老图山南段石质中山小区。宁城县中部黄土红土丘陵小区西缘地带，属洪积山前倾斜平原并西南缘与丘岗交错的地貌。这一地带位于小城子、大城子、三座店三镇中部偏东，在坤都伦河西北面（不含一级阶地）至七老图山前缘。坤都伦河发源并流经存金沟乡后向东北穿流三座店、大城子、小城子三镇的东部，再转东经汐子镇汇入老哈河。

第二章　发掘概况与地层堆积

第一节　遗址发掘情况

2021年5月～2022年11月，为了配合508国道工程建设，经国家文物局批准，内蒙古自治区文物考古研究院联合宁城县文物保护中心（即宁城县辽中京博物馆）对小塘山遗址进行了为期两年的考古发掘。小塘山遗址发掘领队为连吉林，参加发掘的人员主要有连吉林、格日乐图、崔卫春、马景禄、李智文、陈敏、李刚等。其他参加发掘的人员还有赤峰学院历史文化学院2021级、2022级本科生及部分硕士研究生，吉林大学、内蒙古大学、内蒙古师范大学等学校的多位硕博研究生、本科生等（图版一～图版三）。

小塘山遗址位于宁城县三座店镇小塘土沟村南约500米处，东距宁城县政府所在地天义镇约35千米（图2-1）。遗址处于坤都伦河的支流大金河北岸的一山冈上，有大、小二城南北排列。东经118°50′29.1″、北纬41°36′53.3″，海拔681米（图2-2）。遗址（包括小城）、城壕总面积2万余平方米，508国道建设工程从遗址中心穿过。

遗址（大城）所在的山冈顶部地势较平缓，平面略呈椭圆形，面积约7000平方米。周围均有石砌城墙，部分地段城墙保存较好。现地表已辟为耕地，可见少量陶片和动物骨骼等。遗址发掘区自西北向东南按顺序布方，共布10米×10米探方48个，南部城墙外布6米×10米探方2个。两年连同扩方累计发掘面积达5000余平方米（图版一，1）。

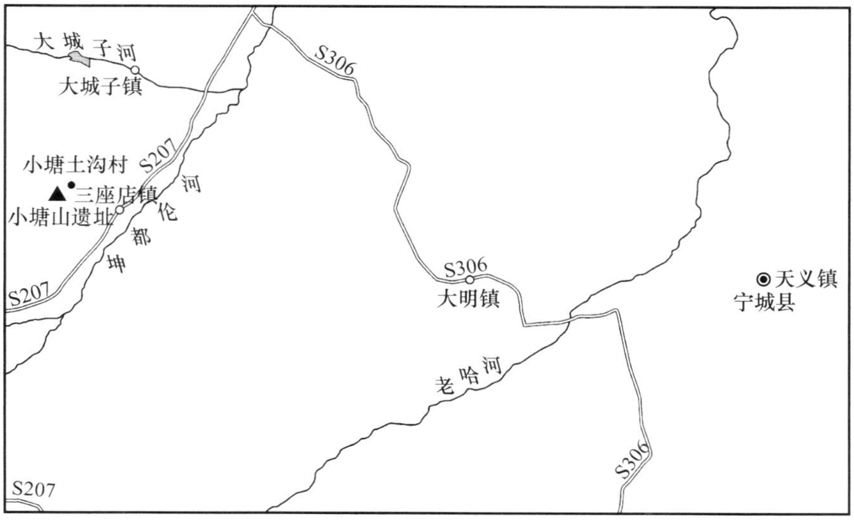

图2-1　小塘山遗址位置示意图

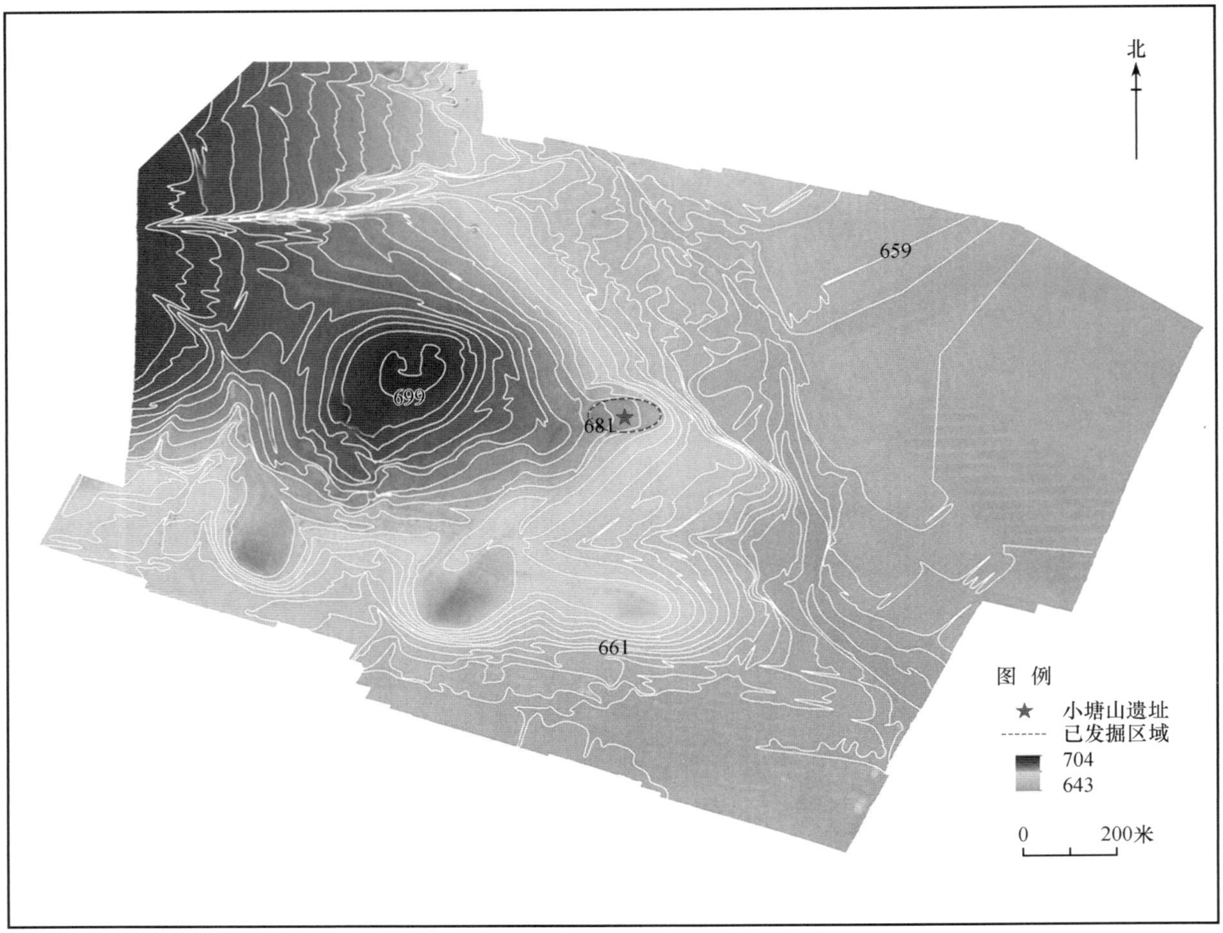

图2-2　小塘山遗址及周边地形图

小城位于大城南部约100米处，与大城有道路相通。平面略呈椭圆形，总面积1200余平方米（图2-3）。小城东、南、西侧发现有石砌城墙。地表见较多陶片、石器残片。经勘探发现房址石墙、灰坑等。小城房址形制、陶器器形等与大城相同，二者应是同一期大小城结构（小城未经发掘，本书中除特别提到外，均为大城材料）。

小塘山遗址共清理房址58座、灰坑（窖穴）47座、墓葬7座、陶窑2座，此外还有“马面”式建筑、院落、道路、城门等（图2-4；图版一，2）。出土陶器、石器、骨器、青铜器、蚌器等各类器物标本1000余件。还出土较多的动物骨骼，经鉴定主要有马、牛、猪、羊、狗、狼、鸡、鹿等。

房址形制大多为单圈与双圈石砌地面式建筑及圆形半地穴式建筑。地面石砌建筑均为地面起建，用大小不一的石块砌筑。圆形半地穴式建筑的墙壁均砌有石块。此外，还清理长方形土坑半地穴式房址2座，因其保存情况较差，本书介绍从略。灰坑（窖穴）平面多为圆形，墙壁砌有石块，部分窖穴废弃后作为灰坑使用。墓葬多为长方形土坑竖穴，无随葬品。发现的城门处于城址东南部，与主道路相通。城门结构复杂，呈台阶状，前端砌有护坡石。遗址内

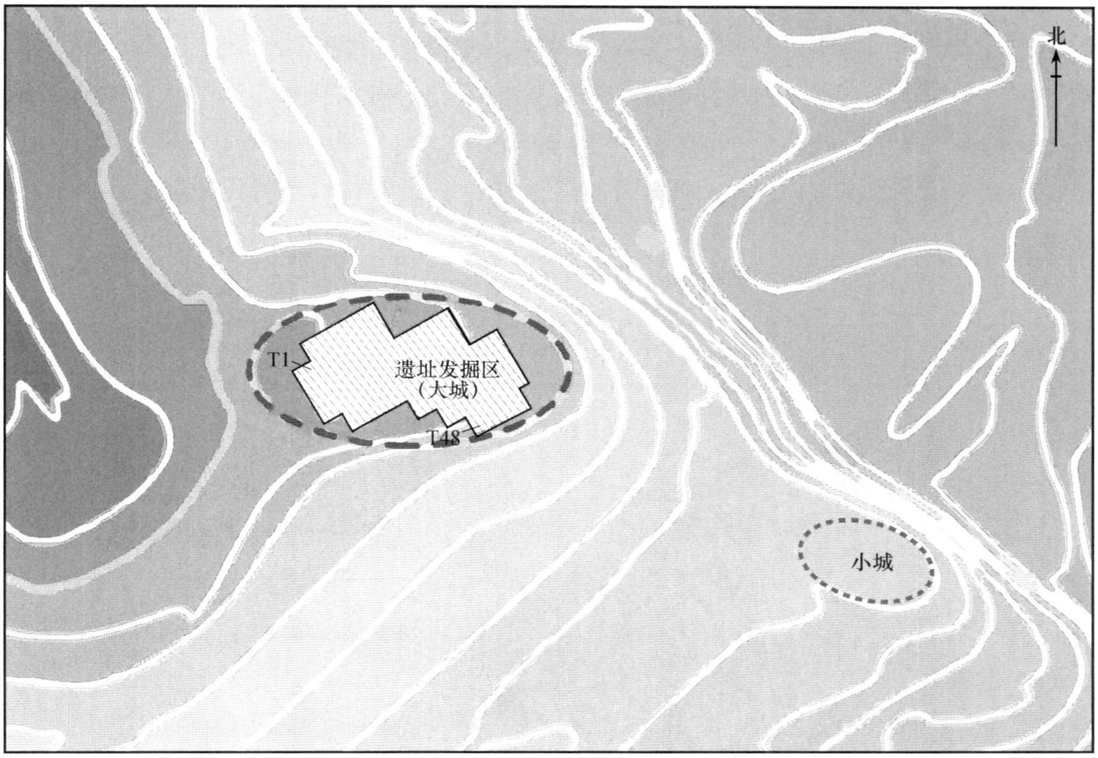

图2-3　小塘山遗址发掘区及大小城位置图

出土陶器主要有鬲、鼎、罐、瓮、甗、尊、钵、盆、杯等，石器有斧、铲、刀、凿、磨盘、磨棒、环、细石器等，骨器有铲、锥、制陶工具、针、镞等，青铜器有斧、凿、刀、锥、镞及铜炼渣。

第二节　层位堆积和文化分期

一、层位堆积

遗址地层情况较简单。地层堆积大部分为2或3层，少部分堆积为4层。文化层厚度一般为35～80厘米。现以T41北壁为例对地层作一简要介绍。

T41北壁地层堆积自上而下分为3层（图2-5）。

第1层：耕土层。土色灰黄，土质松软有沙性。厚14～20厘米。内含少量泥质和夹砂陶片、石块等。H33、F53开口于此层下。

第2层：文化层。黑褐色土，土质较硬，结构紧密，有黏性。厚20～35厘米。内含少量陶片、石器、动物骨骼等。

第3层：文化层。黄褐色沙质土，较纯净，土质结构紧密。厚15～20厘米。内含少量陶

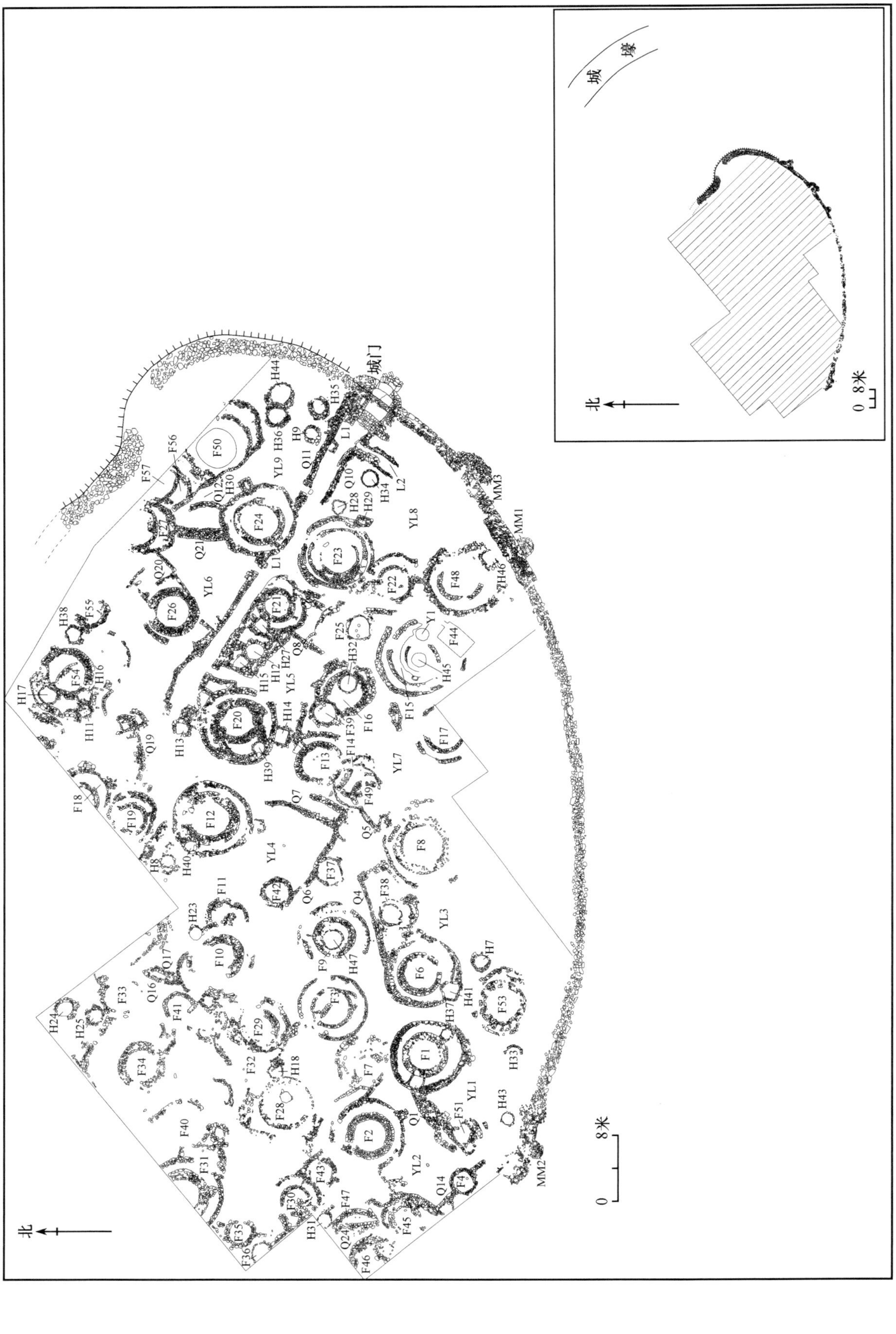

图2-4 小塘山遗址主要遗迹分布图

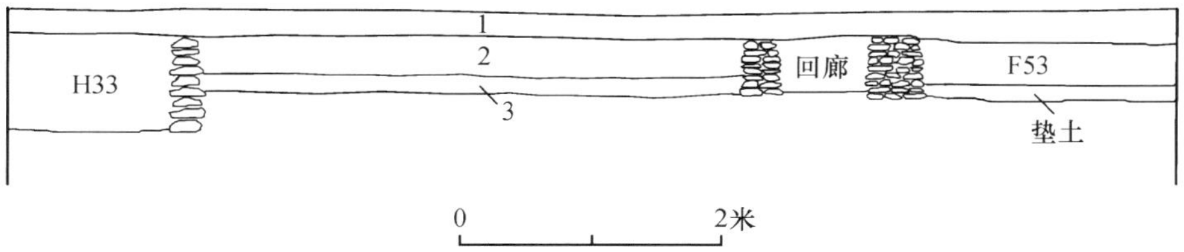

图2-5　小塘山T41北壁剖面图

片、石器等。

第3层下是基岩或生土层。遗址的多数遗迹都建筑在此类基岩或生土之上。

二、文化分期

遗址文化分期较简单。除耕土层内含有少量近现代瓷片、动物骨骼外，第2、3层及其下的开口遗迹单位、包含遗物均为夏家店下层文化时期遗存。

第三章　遗　　迹

一、院落与房址

遗址揭露出保存较完整的院落9组，每组院落一般由院墙、房址、窖穴、院门等组成（图版四～图版七）。

（一）一号院落

位于整个发掘区的西侧。地面式建筑，平面略呈长方形。东西长17～17.3、南北宽约10米。由Q1（院墙）、F1、F51、H37、H43组成（图3-1）。原应有院门，现已不存，院墙仅剩院落北部Q1。Q1残长约9.4、墙体宽85～160、残高60～82厘米。Q1墙体均用石块垒砌而成，局部已倒塌。

1. F1

处于院落的东北侧，为双重石圈的地面式建筑。开口于第1层下，起建于基岩之上。内圈直径约550、墙体宽75～120、现存高度为90～112厘米。外圈直径为860～950、墙体宽50～80、现存高度85～125厘米。回廊宽75～150厘米（图版四，1）。房内出土遗物主要有陶器、石器、骨器、动物骨骼等。陶器有鼎、壶、纺轮等，石器主要有斧、环、杵、磨棒、盘状器，骨器主要有锥、铲等。

房内堆积为灰黑土与黄褐土相杂，土质较软，包含石块及白色碎石颗粒。厚20～35厘米。出土较多陶片，以泥质灰陶、夹砂红褐陶为主，纹饰以素面为主，也有少量绳纹、弦纹和附加堆纹。其下居住面为黄褐土硬面，较平整坚硬，上部保留了少量遗物。居住面有2小层：

第1层：黄褐硬土，厚4～10厘米。

第2层：灰褐土，厚5～12厘米。

居住面中东部有一地面灶Z1，平面近圆形，直径约90、深度15厘米。居住面之下有2层垫土。垫土均为浅黄褐土，土质较硬，夹杂较多白色石块。

回廊内堆积分为5层，以黄褐、灰褐土为主，土质较软，出土少量陶片、兽骨等。在北侧回廊间有两道石墙分隔开的空间，内有Z2，形状近圆形，直径约60、深度为5厘米。

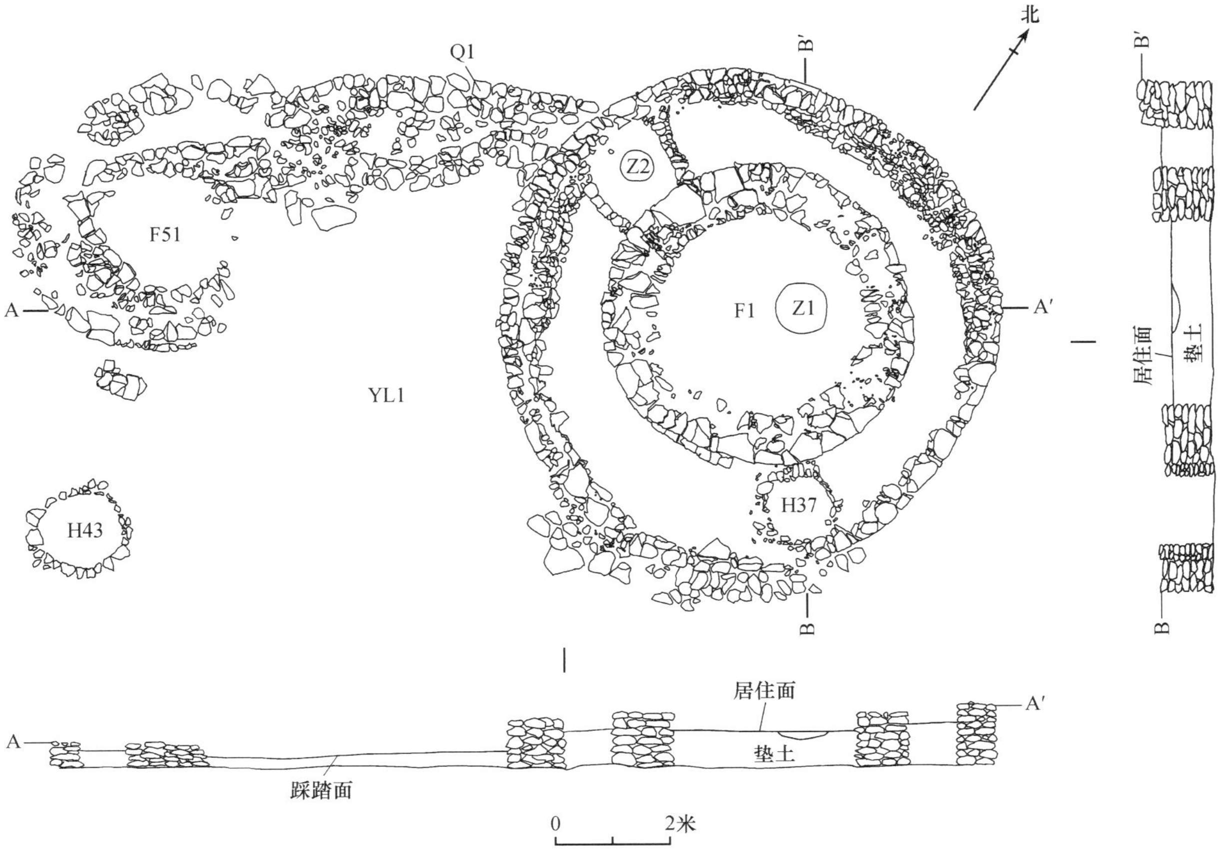

图3-1　YL1平、剖面图

2. F51

双圈石砌房址，开口于第1层下，起建于基岩之上。东部距F1约350厘米，北部为YL2。内圈直径约330、墙体宽25～90、现存高度40～50厘米。外圈直径540、墙体宽40～50、现存高度26～40厘米。回廊宽度50～70厘米。

房内堆积为灰褐土，土质较松软，厚10～25厘米。出土陶片以泥质灰陶为主。该层堆积下为居住面，厚3～5厘米。居住面下垫土为白色石渣土，厚26～35厘米，土质较硬，包含少量陶片、石块。

3. H37

位于F1东南侧外墙与内墙回廊间。平面圆形，直壁平底，为单圈石块垒砌而成。坑口直径约110、深105厘米。坑内堆积为黑褐土，土质松软。出土少量陶片和石器。

4. H43

处于院落的西南部。平面近圆形，壁较直，为单圈石块垒砌而成。其顶部高出地面约15厘米，直径165、深约140厘米。坑内堆积为黑灰、灰褐色土。出土遗物有较多陶片及骨器。

（二）二号院落

位于整个发掘区的西部，地面式建筑，平面略呈长方形。东西长17.5～18、南北宽12～12.6米。由院门、Q1、Q14、F2、F4组成（图3-2）。

院门处于院落的西南，长142、宽约130厘米，门两侧砌石较为规整。院落的院墙主要由Q1和Q14组成。Q1作为YL1的北墙，同时也是YL2的南墙。Q14位于院落的西北侧，应与F4同时修建。Q14宽60～120、残高35～74厘米，由石块错缝叠砌而成。

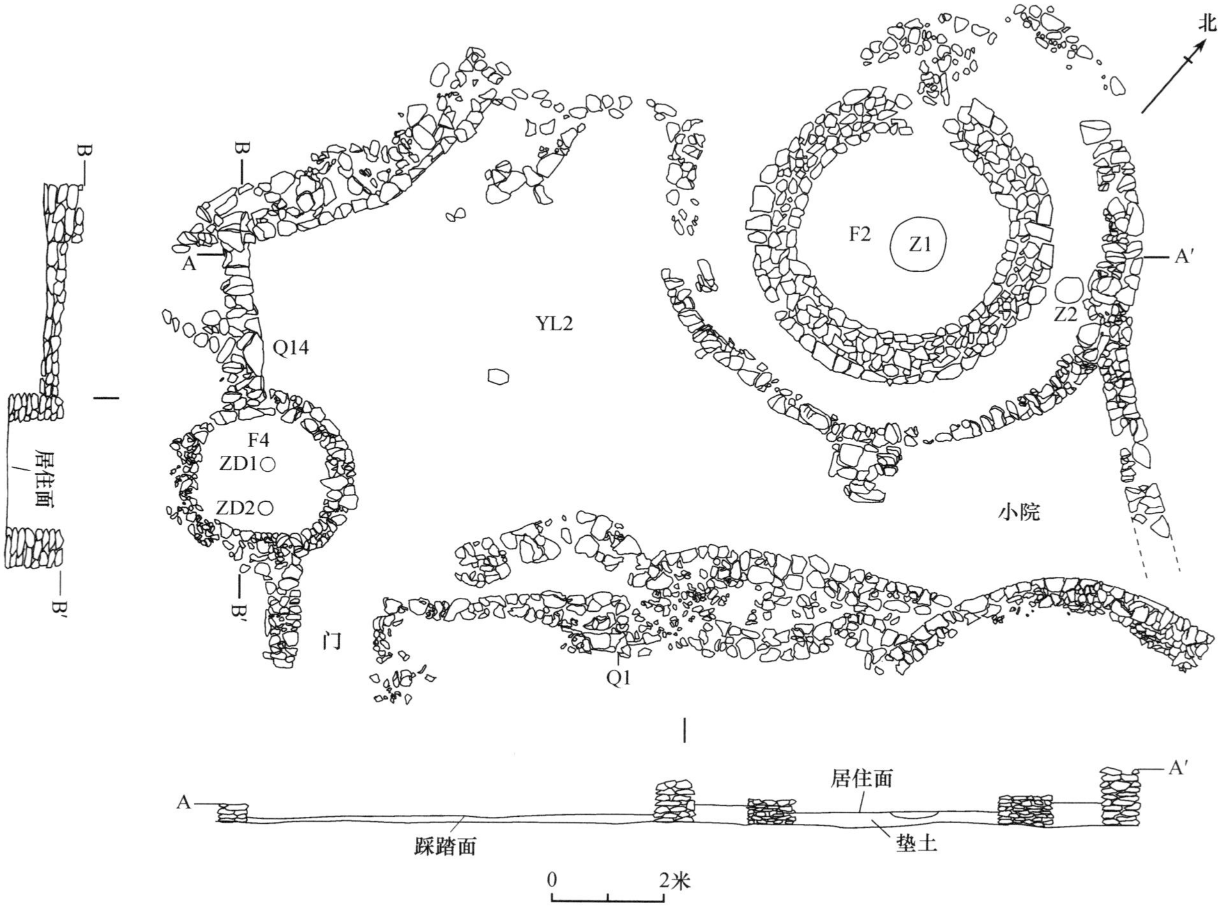

图3-2　YL2平、剖面图

1. F2

双圈石砌地面式建筑，开口于第1层下，打破第2、3层，起建于基岩之上。内圈上层部分墙体砌有土坯，其下为石块垒砌。内圈直径约540、墙体宽80～105、残高45～60厘米。外圈直径约850、墙体宽40～70、残高20～115厘米。回廊宽80～104厘米。出土遗物主要有陶器和石器。其中陶器有鬲、罐、盆，石器主要有斧、盘状器、铲、磨盘、石球等。

房内堆积分为5层：

第1层：灰黄土，土质较软。厚4～6厘米。包含较多石块及陶片等。

第2层：灰褐土，土质较松软。厚4～10厘米。内含少量陶片、石器。

第3层：居住面。居住面为黄褐土硬面，较平整坚硬。其上有少量遗物，主要有陶片、石器、动物骨骼等。居住面有3小层，均为黄褐土铺垫并砸实而成。各层厚4～6、总厚约15厘米。

室内居住面中部偏东有一地面灶Z1，形状近圆形，直径约100、厚15厘米。东侧回廊第1层下发现Z2，Z2直径约50厘米，有3层黑褐色烧结面。

居住面之下为垫土，分2层。

第4层：较松软的黑褐土，夹杂少量白色石块。厚10～38厘米。西部薄，中部较厚。出土少量陶片。

第5层：浅褐色石渣土，夹杂大量白色细小砂粒，土质较软。厚15～40厘米。西部厚，中部薄。

西部回廊内堆积共分7层，多为黄褐土和灰黑土，包含大量灰白色石渣，土质较硬。

2. F4

处于F2的西南部，为单圈石砌半地穴式建筑，开口于第1层下。直径约320、墙体宽为40～65、残高100～105厘米。

房内堆积为灰黑土与黄褐土相间，土质较软。其下居住面为黄褐土硬面，硬面建于生土之上，部分地段为基岩。中部发现两个柱洞，南北排列。ZD1位于室内中北部，直径20、深14厘米；ZD2位于室内中南部，直径22、深约15厘米。出土遗物以石器为主，石器器形有铲、刀、磨石等。此外，还出土了少量的兽骨和动物牙齿。

（三）三号院落

位于发掘区的西南部。地面式建筑，平面略呈长方形。长约18.3、宽约13.2米。院落南部已遭破坏，北部保存较好。由Q4、F6、F38和H7、H41组成（图3-3）。

院门已不存。院墙现仅余Q4，为西南—东北向，与F6的外圈构成院落围墙。Q4宽50～82、残高70～110厘米，在东北拐角处有明显加固痕迹。

1. F6

双圈石砌地面式建筑，开口于第1层下，起建于基岩之上。内圈砌筑规整，直径约530、墙体宽55～100、残高90～125厘米。外圈直径860～920、墙体宽60～104、残高80～115厘米。回廊最宽处约120厘米（图版四，2）。出土遗物主要有陶器和石器。陶器主要有器盖和尊等，石器主要有斧、磨盘、铲等。

房内堆积可分为4层：

第1层：黄褐土与黑褐土相间，土中夹杂少量白色石渣，土质较硬。厚10～35厘米。出土

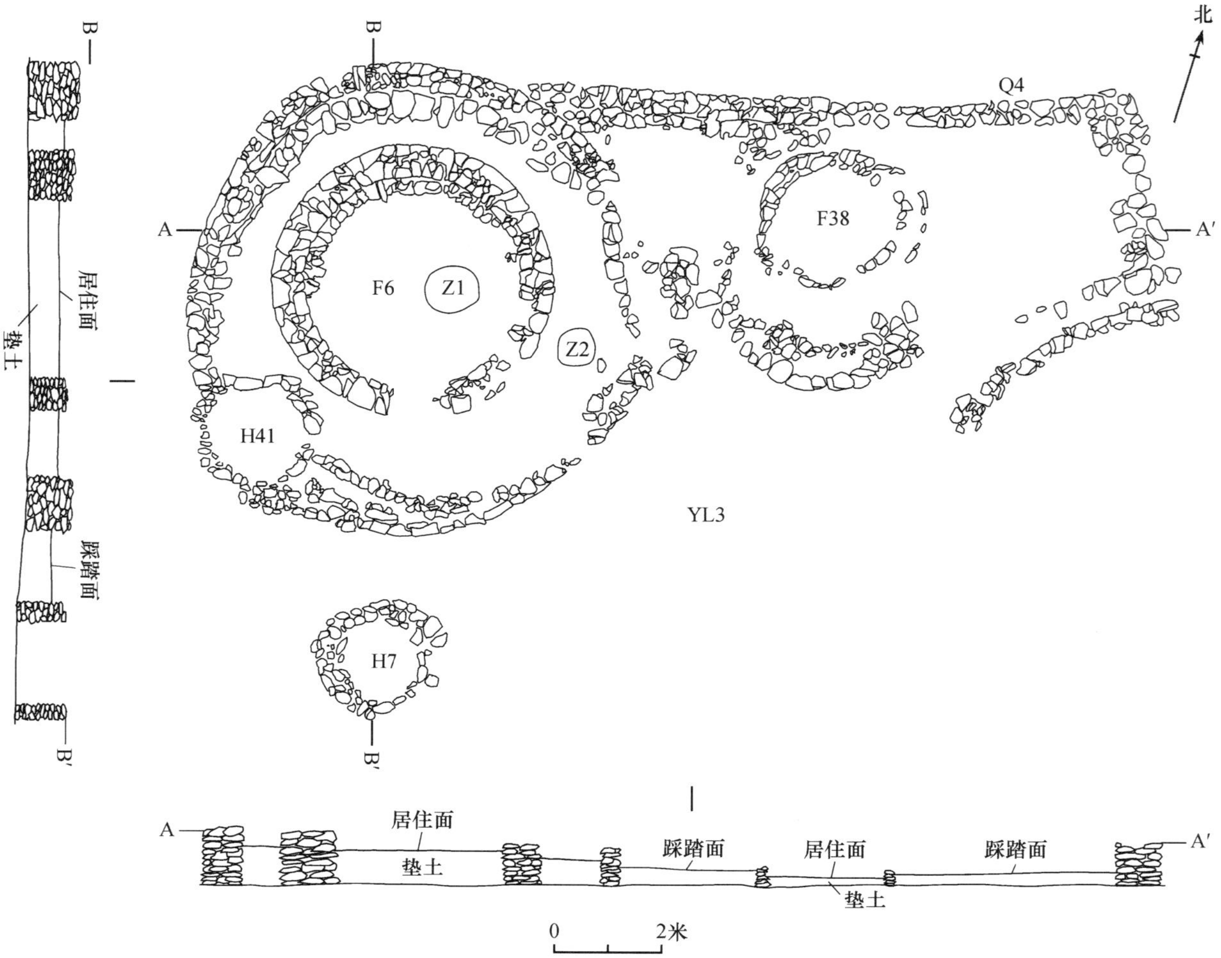

图3-3　YL3平、剖面图

较多的陶片，主要有罐、鬲、盆等。

第2层：居住面。黄褐土，土质较硬。厚5～15厘米。居住面上出土少量陶片、石器、动物骨骼等。

Z1位于室内中东部，平面近圆形，直径约100厘米。Z1有2层黑褐色烧结面，厚约15厘米。

居住面下垫土分2层，分别为灰白色石渣和黄褐土铺垫而成，土质均较硬，包含少量石块。

东侧回廊经解剖，其堆积可分为11层。各层堆积较薄，一般厚5～12厘米。土色主要为黑褐、黄褐色，土质较硬。基本不见遗物。Z2处于东侧回廊内，直径约65厘米，有4层烧结面，总厚度约12厘米。西侧回廊堆积共分为10层，堆积厚度、土色等与东侧回廊堆积相近。

2. F38

位于F6东北侧，双圈石砌房址。墙体用石块逐层垒砌，砌石之间有草拌泥。东壁下有被烟火熏黑的痕迹。平面近圆形。内圈直径约320、墙体宽40、残高36厘米。外圈直径482、墙体最宽处约90、残高45厘米。居住面为黄白色硬面，厚约5厘米。房内堆积为灰褐土，土质松软，内含较多石块及少量陶片。

3. H7

处于院落的西南侧，距F6外圈墙体仅140厘米，当属于F6的附属建筑。墙体为单圈石块垒砌而成。平面近圆形，坑壁呈袋状，坑底较平。坑口直径约150、深122厘米。

4. H41

处于F6西南部回廊内，部分墙体占用了F6的外圈石墙。墙体为单圈石块垒砌而成。平面略呈圆形，坑壁较直。坑口直径约175、深约80厘米。坑内堆积土色较杂，主要为灰黑土，包含少量陶片、石器、红烧土块等。

（四）四号院落

位于发掘区的中部。地面式建筑，整体略呈长方形。整个院落呈东南—西北向，长约19、宽12.8～13.5米。由院门、Q6、Q7、F12、F42、H40组成（图3-4）。

院门处于院落的东侧。现存院墙主要由Q6和Q7组成。Q6与F42相连，构成院落的西南墙，宽50～95、残高42～70厘米。Q7与Q6相连，组成院落的东南部围墙，宽55～100、残高约50厘米。墙体错缝叠砌，部分墙体有加宽痕迹。

1. F12

双圈石砌房址，开口于第1层下，起建于基岩上。内圈直径650～700、墙体宽70～130、残高55～65厘米。外圈直径950～990、墙体宽35～75、残高20～65厘米。回廊宽70～105厘米。房内出土器物有陶片及石器、动物骨骼等。陶器以夹砂红陶为主，另有少量灰褐色陶片，其纹饰以素面为主。石器主要有斧、刀。

房内堆积为黄褐土与黑褐土相间，土中夹杂少量白色石渣。出土较多陶片，器形有罐、鬲、盆等。其下居住面为黄黏土铺垫而成，较平整坚硬，厚5～14厘米。居住面上出土少量陶片、石器等。居住面下垫土厚15～40厘米，黄褐土，土质较硬。

回廊堆积分为3层，土色以灰黑和黄褐色为主，含有少量石块和石渣。

2. F42

石砌半地穴式建筑，开口于第1层下。直径约390、墙体宽45～60、残高90～115厘米（图版五，1）。

房内堆积为黑灰土，土质较软，包含大量石块及烧土块等。其下居住面为基岩或生土硬面。居住面北部及墙壁近底部有大片火烧痕迹。房内发现柱洞2个。ZD1位于房内的东北部，距墙35厘米，平面近圆形，直径约20、深15厘米；ZD2位于房内的西南部，近圆形，直径约16、深14厘米。

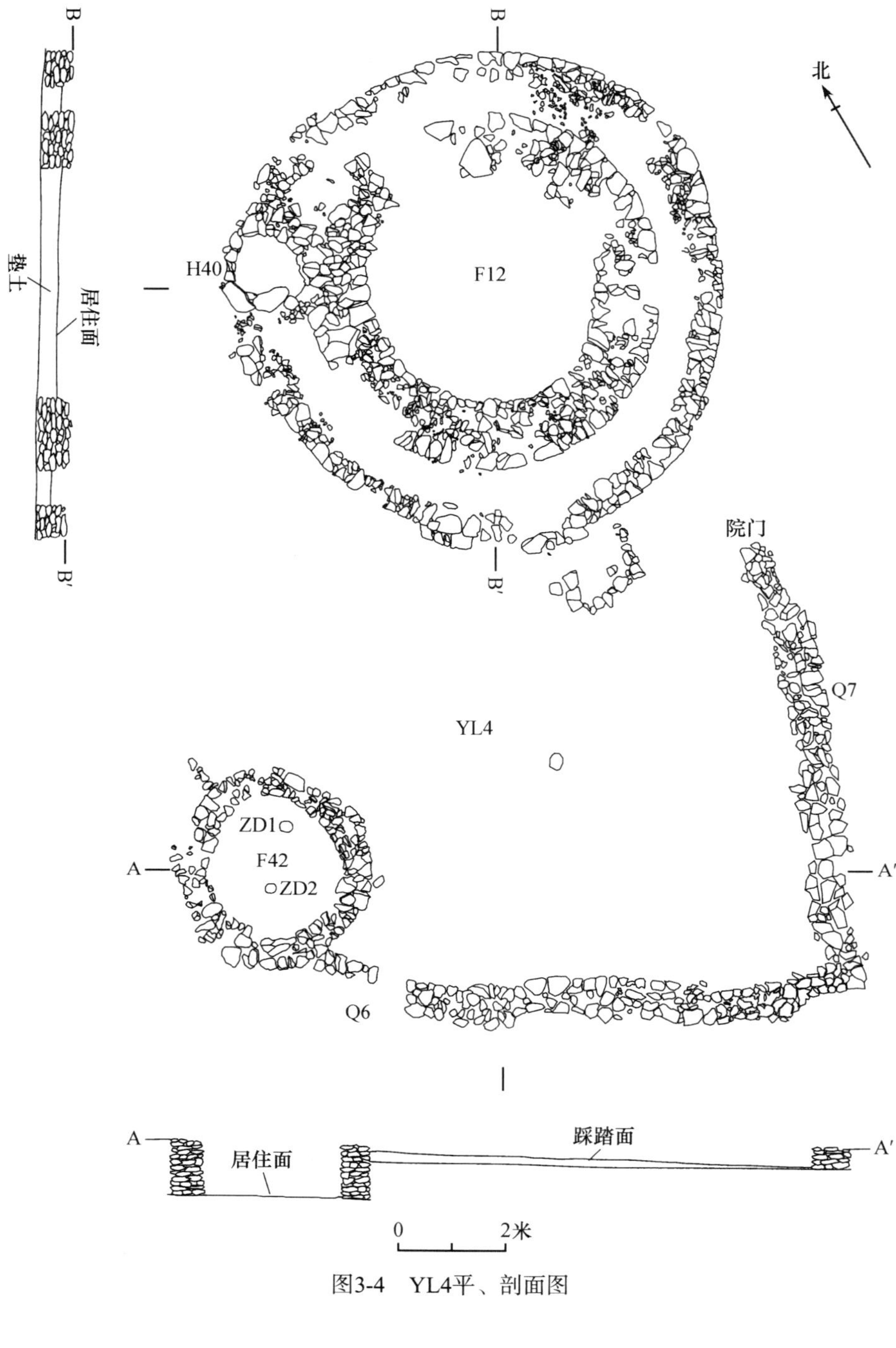

图3-4　YL4平、剖面图

（五）五号院落

位于整个发掘区的中部。地面式建筑，平面呈不规则形。整体呈西北—东南向，长约19.6、宽15.2米。由院门、Q8、Q9、F20、H14和H39组成（图3-5）。

院门有两处。东南部的院门，由Q8和F16的外圈组成，门宽100～140厘米。位于院落东北侧的院门，直通整个遗址的中心道路L1，门道宽约85厘米。

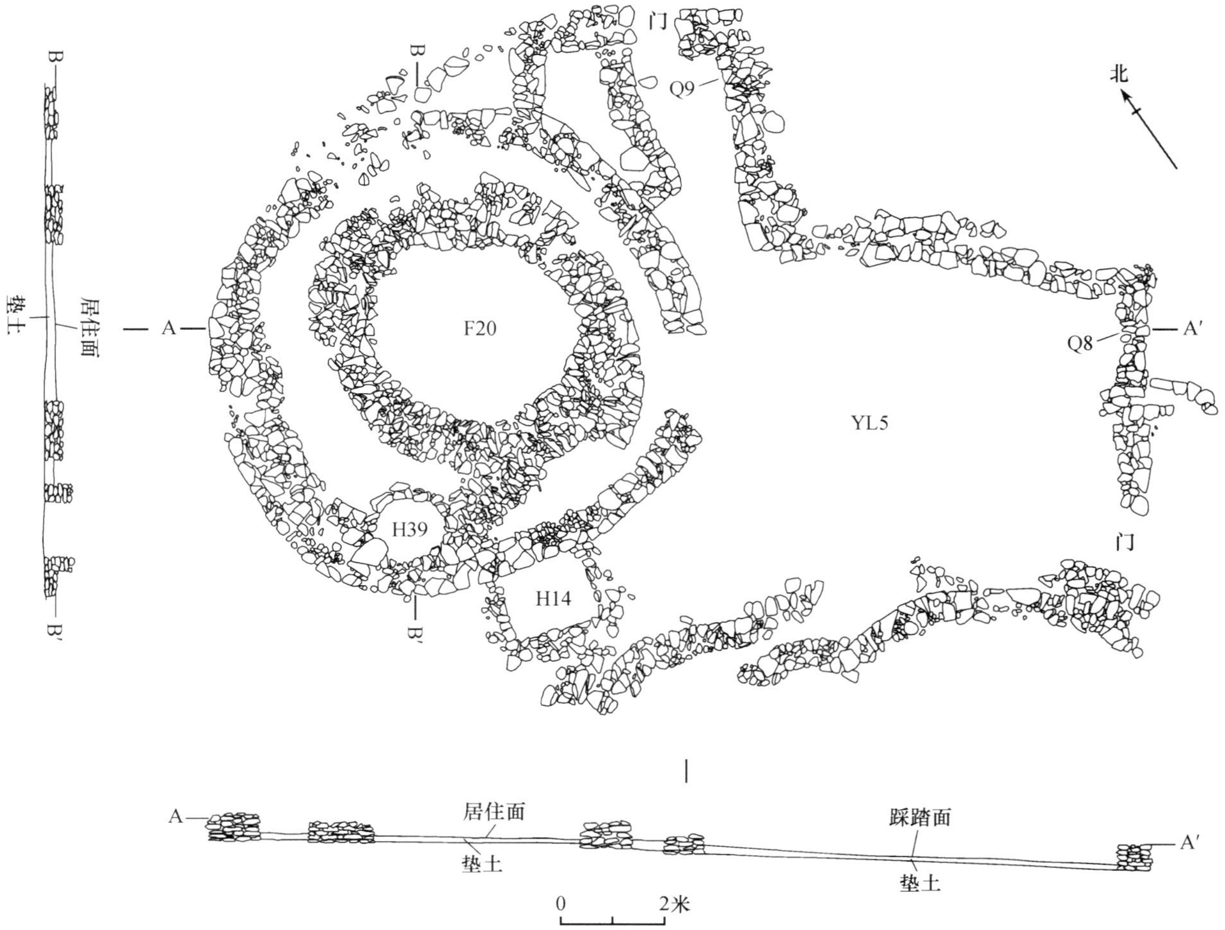

图3-5　YL5平、剖面图

院落现存围墙由Q8和Q9组成。Q8宽50～100、残高50～64厘米。Q9宽40～70、残高50～85厘米。

1. F20

双圈石砌房址，开口于第1层下，起建于基岩之上。西部回廊内有一处石墙隔断，南侧有H39。H39应是F20的附属建筑。内圈直径约580、墙体宽80～130、残高30～40厘米。外圈直径约980、墙体宽70～130、残高15～30厘米。回廊宽60～135厘米。

房内堆积为黄褐土和黑褐土，羼杂少量白色碎石渣。厚25～45厘米。其下为居住面，黄白土，土质较硬。厚5～10厘米。出土少量陶片，另外还出土一些石器、骨器等。居住面之下垫土厚15～20厘米，土质较硬。

2. H39

开口于第1层下。平面近圆形，直壁平底，为单圈石块垒砌而成。坑口直径125、深约55厘米。坑内填土为灰褐土，土质松软。出土少量夹砂红陶和灰陶片，纹饰主要为绳纹、弦纹等。

（六）六号院落

位于发掘区的东北部，地面式建筑，整体呈不规则形。东西长约16、南北宽约14.2米。由院门、L1西墙、Q20、Q21和F26组成（图3-6）。

院落广场略呈三角形。院门处于整个院落的东南部，宽约82厘米。院墙由L1主道路的西墙、Q20和Q21组成。Q21为院落的东围墙，是六号院落和九号院落的共用墙体，该段墙体加宽加厚。墙体宽130～160、残高约80厘米。

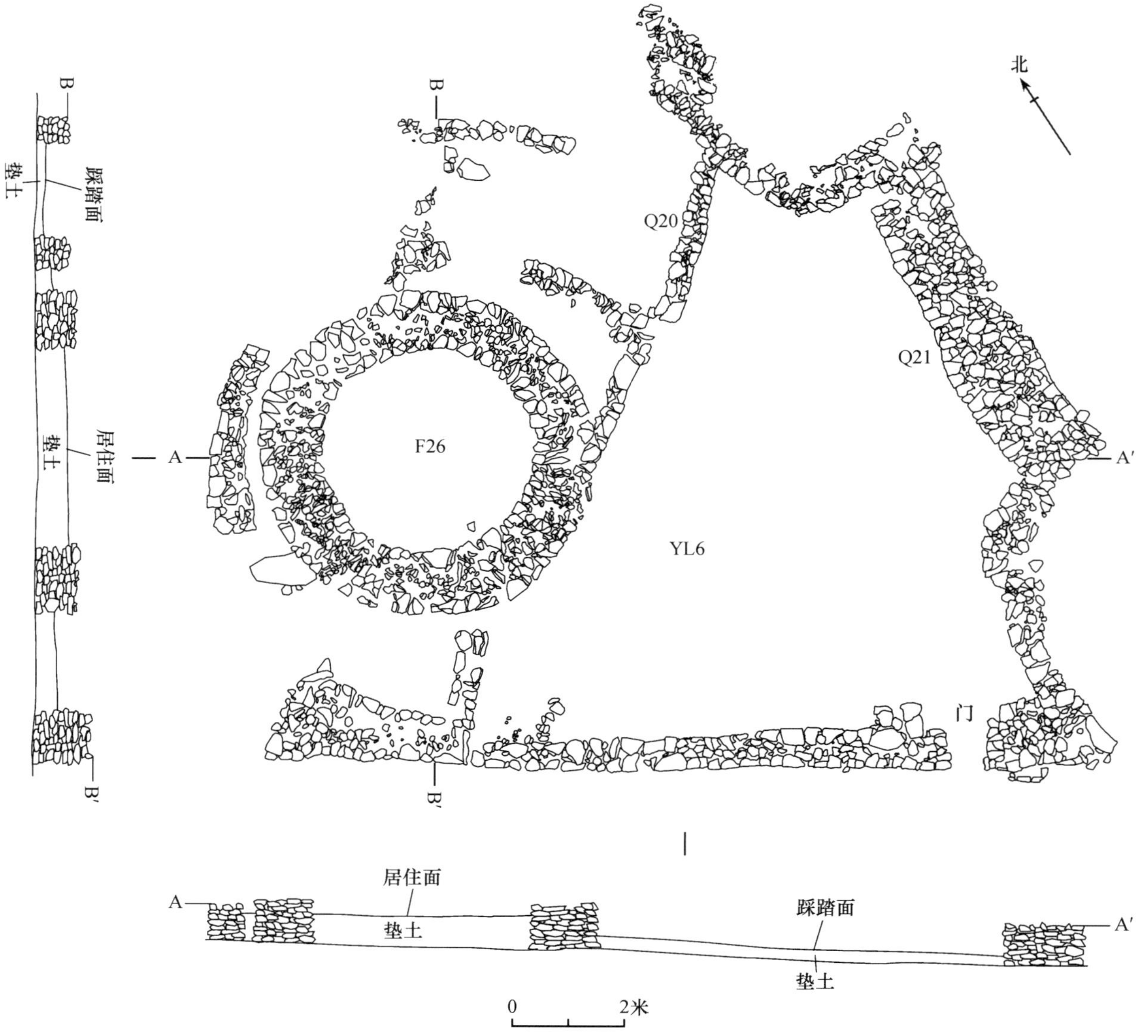

图3-6　YL6平、剖面图

F26

双圈石砌房址，开口于第1层下，起建于基岩之上。西南部距L1为160厘米，西北部与Y2相邻。内圈直径约610、墙体宽90～125、残高60～85厘米。外圈直径约850、墙体宽50～60、残高15～32厘米。回廊宽30～105厘米。出土遗物较少，主要有陶鬲、甗、纺轮和石斧、铲等。

房内堆积为灰褐土，土质较硬，内含少量白色石块，厚15～26厘米。该层土下为居住面，黑褐土，土质较硬，厚6～12厘米。出土少量陶片，另外还出土一些石器等。居住面下有一层较厚垫土。

（七）七号院落

位于发掘区的中南部，地面式建筑，平面略呈长方形。院落呈东南—西北向，长约15.3、宽约14米。由Q5、F13、F14和F49组成（图3-7）。

院落的围墙主要由北侧的Q5和房址的外围墙组成。Q5与F49外墙相连，石块间抹有黄泥。其余三面各残存一小段院墙。

1. F13

双圈石砌房址，开口于第1层下，起建于基岩上。其西南部被F14叠压。内圈直径540～580、墙体宽50～106、残高30～45厘米。外圈直径830、墙体宽50～95、残高20～35厘米。回廊宽35～80厘米。

房内堆积为黄褐土和灰褐土，羼杂少量白色碎石块，土质松软，厚15～25厘米。该层出土大量陶片，以夹砂红陶为主，伴有少量灰褐色陶片。另外还出土一些石器、骨器等。

2. F14

单圈石砌地面式建筑。直径约560、墙体宽30～70、残高20～35厘米。F14东北部叠压在F13之上，中部打破F49。房内堆积为黑褐土，土质较硬。

3. F49

单圈石砌地面式建筑。开口于第1层下，打破第2层，起建于基岩之上。F49被F14打破。直径约390、墙体宽30～70、残高20～35厘米。房内堆积为灰褐土，土质较松软。出土有少量陶片，以泥质灰陶为主，器形有罐、瓮。

（八）八号院落

位于发掘区的东南部，地面式建筑，平面略呈长方形。长约25、宽18.2米。由L2、Q10、F22、F23、F48、H28、H29、H34和H46组成（图3-8）。

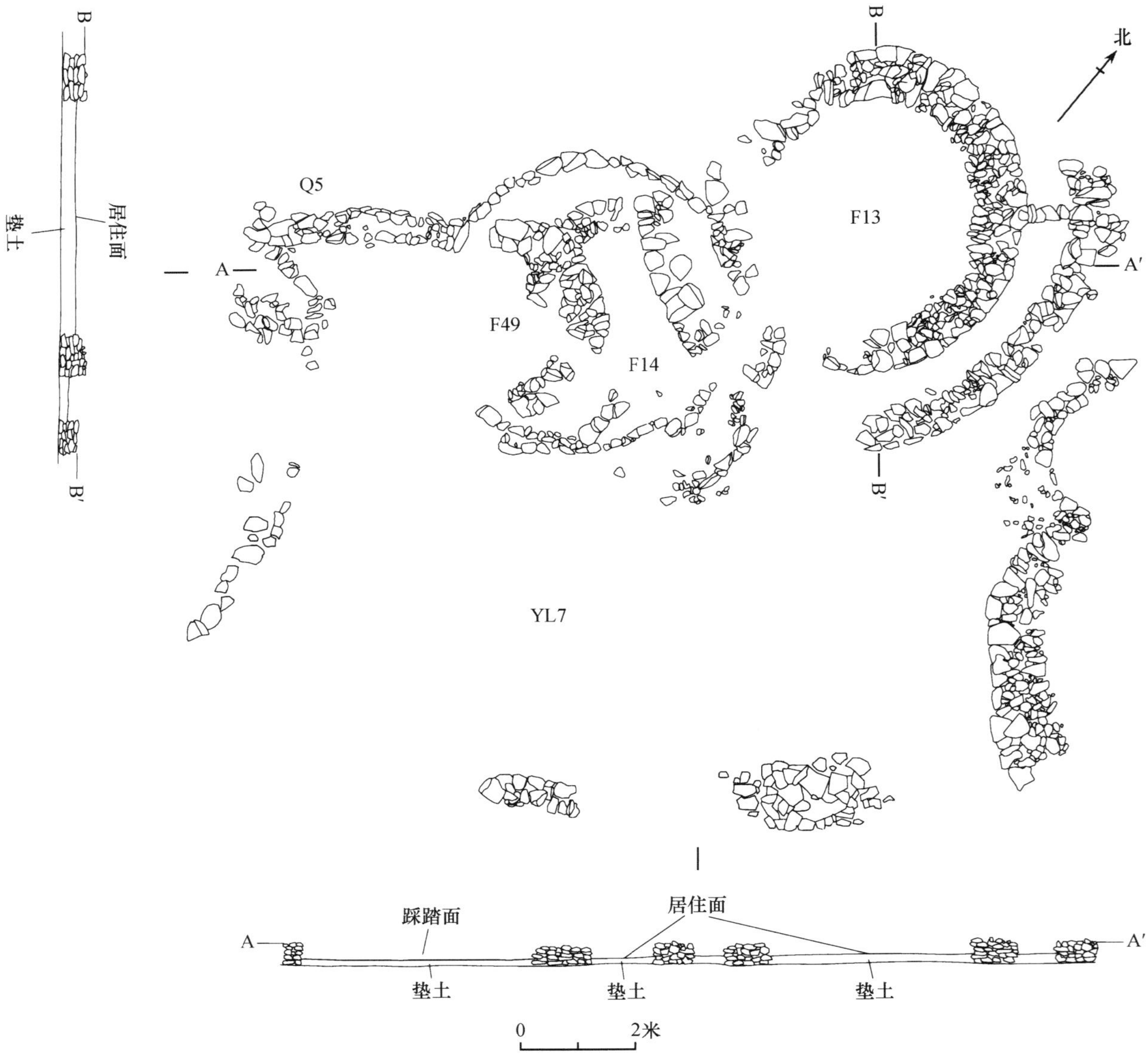

图3-7　YL7平、剖面图

1. L2

位于院落的东南侧，呈台阶状，地面铺有石板，东部与L1相连。长约670、宽100～120厘米。通道两边墙体受到挤压变形，墙体上窄下宽，石块错缝叠砌而成。

院落围墙现仅存北围墙和东墙的一段。Q10保存较好，整体呈西北—东南向，长约740、宽80～110、高约160厘米。

2. F22

双圈石砌房址。开口于第1层下，打破第2、3层。内圈直径约430、墙体宽20～80、残高15～20厘米。外圈直径约590、墙体宽45～55、残高30～40厘米。回廊宽90～125厘米。房内堆积为黑褐土，土质较硬，包含较多石块及兽骨等。

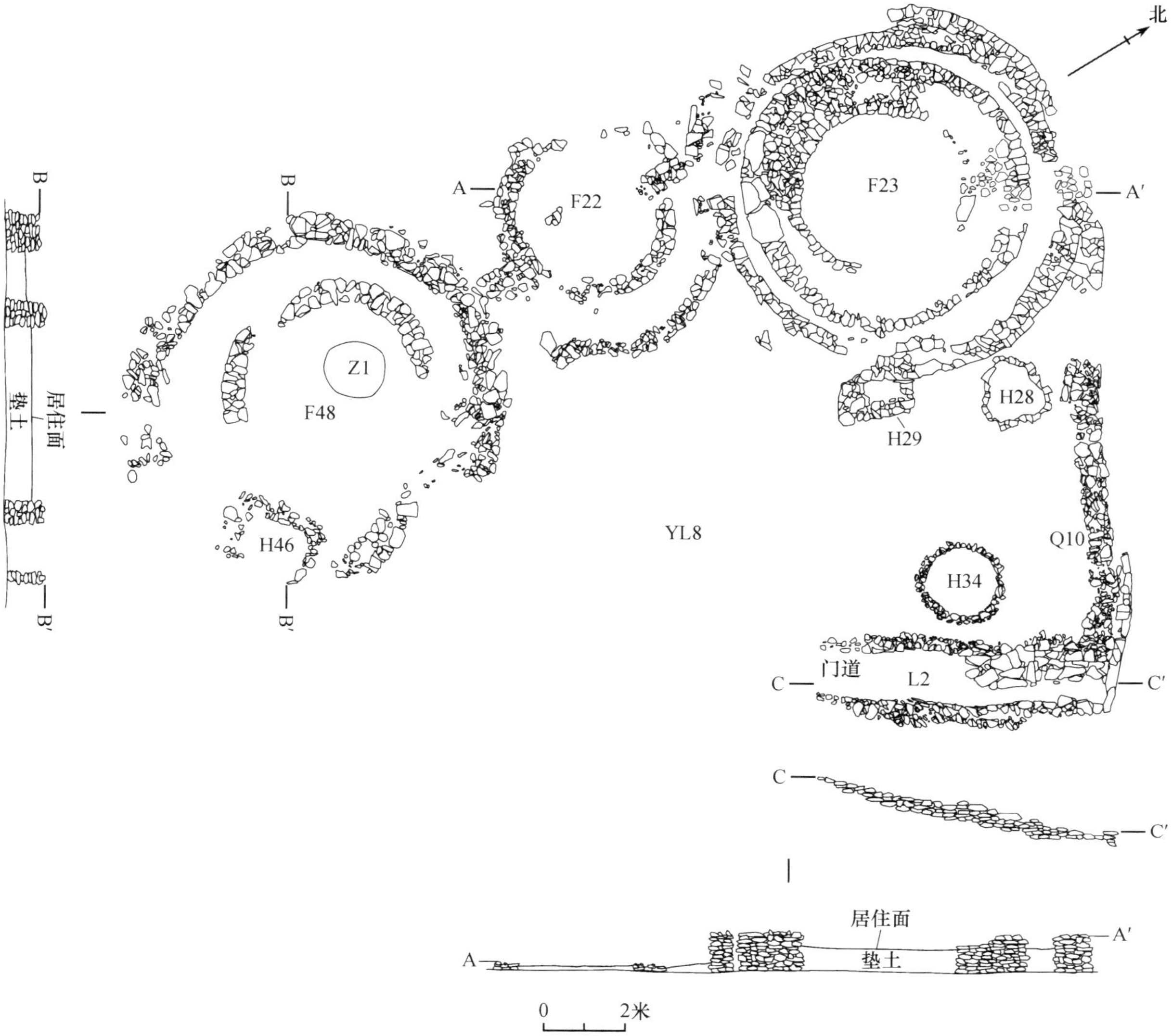

图3-8　YL8平、剖面图

3. F23

双圈石砌房址。开口于第1层下，起建于基岩之上。东南角有H29。内圈直径约650、墙体最宽处约150、残高100～105厘米。外圈直径约900、墙体宽55～80、残高90～105厘米。回廊宽15～70厘米。

房内堆积为灰褐土，土质松软，厚10～15厘米。出土较多陶片，以泥质灰陶为主，纹饰以素面为主，也有少量弦纹、附加堆纹和绳纹。另外还出土一些石器、骨器。石器主要有铲、斧、刀、磨棒、石饼等。居住面为黄褐土铺垫而成。

4. F48

双圈石砌房址。开口于第1层下，其南部被H46打破。内圈直径约520、墙体宽110～115、残高90～105厘米。外圈直径约930、墙体宽55～95、残高80～102厘米。回廊宽60～110厘米

（图版五，2）。出土遗物有石器、陶器和骨器。石器主要有斧、石球和石杵等，陶器有罐、杯、纺轮等。房内圈东北部有灶Z1，平面近圆形，直径约130厘米。

5. H28、H29

处于F23东南侧。开口于第1层下，打破第2层。均为石块垒砌而成，直壁平底。二者应是F23的附属建筑。

6. H34

处于院落的东南部，L2的西侧。开口于第1层下，打破第2、3层。平面近圆形，斜直壁平底，石块垒砌而成。坑口直径约180、深120厘米。

（九）九号院落

位于发掘区的东部，地面式建筑，整体呈不规则形。长约17.5、宽约14.8米。由院门、Q11、Q12、Q21、F24、H9和H30组成（图3-9）。

院门处于院落的西南侧，呈阶梯状，宽约80厘米。

院墙有Q11、Q12和Q21，由石块垒砌而成，石块间抹有黄泥。Q11墙体宽80～110、高120～150厘米，与F24外墙相连，组成院落的西南围墙。在靠近院门附近，墙体有明显加固痕迹，最宽处达110厘米。Q12连接F24北侧外墙，墙体长约350、宽约60、高60～83厘米，与Q21构成一个小院。

1. F24

双圈石砌地面式建筑，外圈平面略呈圆形。开口于第1层下，起建于基岩之上。内圈直径约590、墙体宽70～100、残高150～160厘米。外圈直径900～940、墙体宽50～90、残高95～125厘米。回廊宽度75～125厘米。出土遗物主要有石器、骨器。石器主要有石盘等，骨器有锥、簪、饰件等。

房内发现2个灶。Z1位于房内东北部，平面近圆形，直径约106、厚6厘米。Z2位于回廊东南部，直径约80、厚12厘米。

房内堆积为灰褐土，土质较疏松，厚10～30厘米。出土少量陶片及石器、骨器等。该层下为居住面，厚6～10厘米。其下垫土为浅黄褐土，含有少量石块及碎石渣，厚50～55厘米。

北侧回廊堆积分为6层，以黄褐土和红褐土为主，土质较硬。含有少量红烧土块等。

2. H30

F24的附属建筑，石块垒砌而成。开口于第1层下。平面呈长方形，直壁平底。西壁为F24外墙，其余三面石墙砌筑规整。东西长约100、南北宽150、深约60厘米。

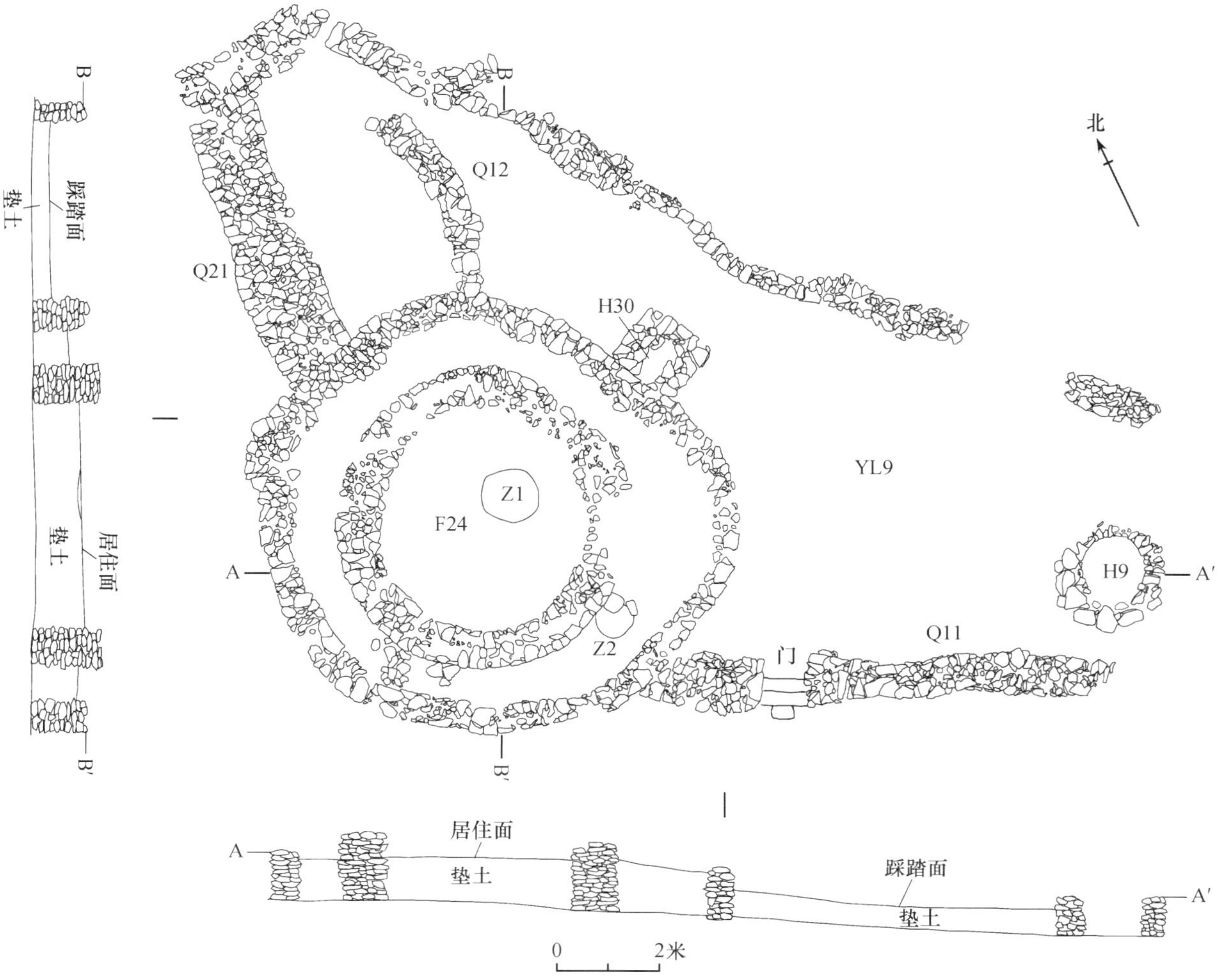

图3-9　YL9平、剖面图

小塘山遗址除上述9处院落外，还发现有多处院落，因保存情况较差，本文从略。下面对9处院落以外的典型房址做一简要介绍。

1. F3

双圈石砌地面式建筑。开口于第1层下，起建于基岩之上。内圈直径约500、墙体宽40～50、残高30～52厘米；外圈直径约850、墙体宽30～55、残高34～70厘米。回廊宽90～125厘米（图3-10）。

房内中部有一道长约210厘米的石墙将室内分为两部分。东南部有一地面灶，平面近圆形，直径约50、深10厘米。

房内堆积为灰褐土，土质较软，厚7～25厘米。包含较多陶片和石块，居住面开口于此层下。居住面下部为垫土。垫土层为黄褐土，土质较硬，结构较紧密。夹杂细小沙粒，厚20～35厘米。

西部回廊堆积分为3层。土色为灰黑和浅黄褐色，夹杂少量石块。

出土器物主要有陶罐、鬲，石斧、磨盘、石核和骨锥等。

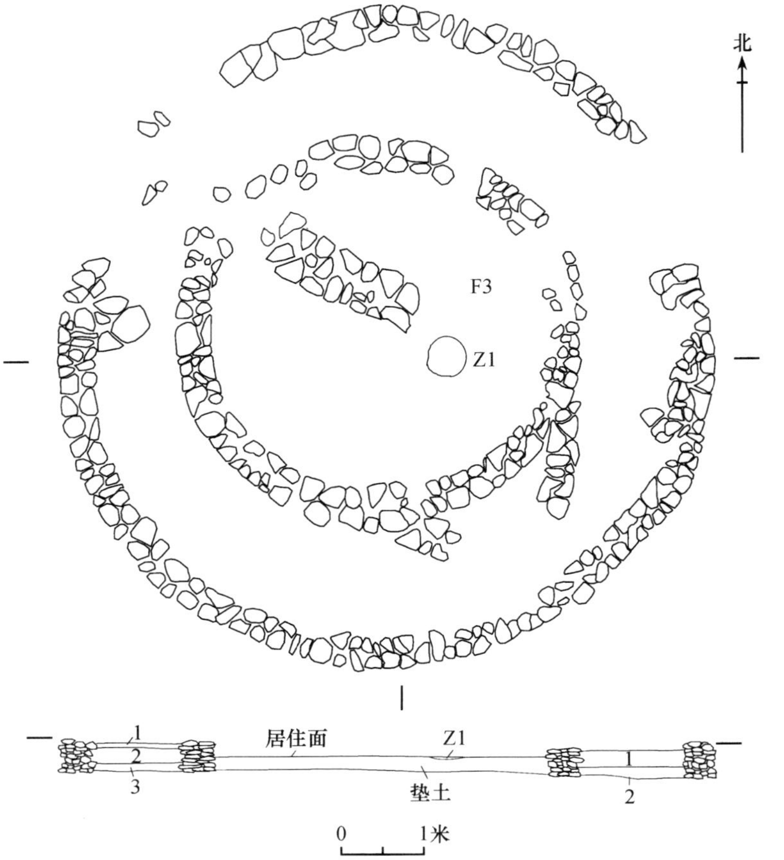

图3-10　F3平、剖面图

2. F9

双圈石砌地面式建筑。开口于第1层下，起建于基岩之上。F9内圈中部被H47打破。内圈直径495、墙体宽45～90、残高30～40厘米；外圈墙体保存较差，直径约810、墙体宽35～60、残高53～95厘米。回廊宽95～130厘米（图3-11；图版六，1）。

房内堆积分为2层：

第1层：灰褐土，土质较软。厚25～30厘米。出土少量陶片。居住面开口于此层下。

第2层：垫土层。黄褐土，土质较硬。厚16～20厘米。

出土遗物有陶器、石器、骨器等。陶器主要有罐、钵、盆，石器有铲、斧，骨器有锥、镞等。

3. F16

双圈石砌地面式房址。开口于第1层下。F16东部被H32打破，西北部被F39打破。内圈直径约550、墙体宽60～85、残高15～47厘米；外圈直径约780、墙体宽35～60、残高45～80厘米。回廊最宽处约70厘米。外墙和回廊墙体保存较差（图3-12）。

房内堆积为黑褐土和灰黑土，土质较软，厚40～55厘米，出土少量陶片。居住面下为垫土层，土质较硬，厚35～42厘米。

出土遗物主要有陶罐、鬲，石斧，骨镞、穿孔骨器，玉饰件等。

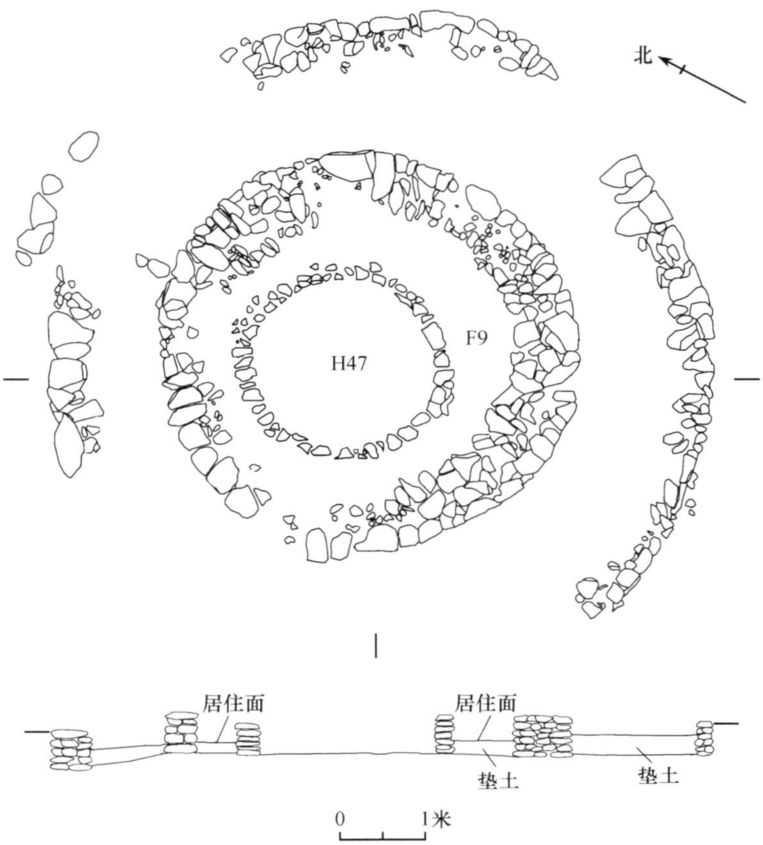

图3-11　F9平、剖面图

4. F29

双圈石砌地面式建筑。开口于第1层下，打破第2、3层。内圈直径约510、墙体宽42～80、残高15～32厘米；外圈直径约750、墙体宽25～72、残高20～55厘米。回廊最宽处约80厘米（图3-13）。

室内堆积为灰褐土，土质较软，含少量石块及陶片等。其下居住面为黄褐土硬面，较平整。居住面上发现两个柱洞。ZD1平面近圆形，直径30、深26厘米；ZD2平面呈圆形，直径26、深25厘米。出土器物有陶纺轮、骨器、蚌器等。

5. F37

单圈石砌半地穴式建筑。开口于第1层下。直径约320、墙体宽30～50、残高40～84厘米（图3-14）。

室内堆积为灰褐土，土质较软，出土少量陶片。其下居住面北部发现两个圆形柱洞，ZD1直径20、深16厘米；ZD2直径30、深22厘米。居住面下局部有一层垫土，黑褐土，厚5～15厘米，土质较硬。出土器物有陶罐、盆、杯等。

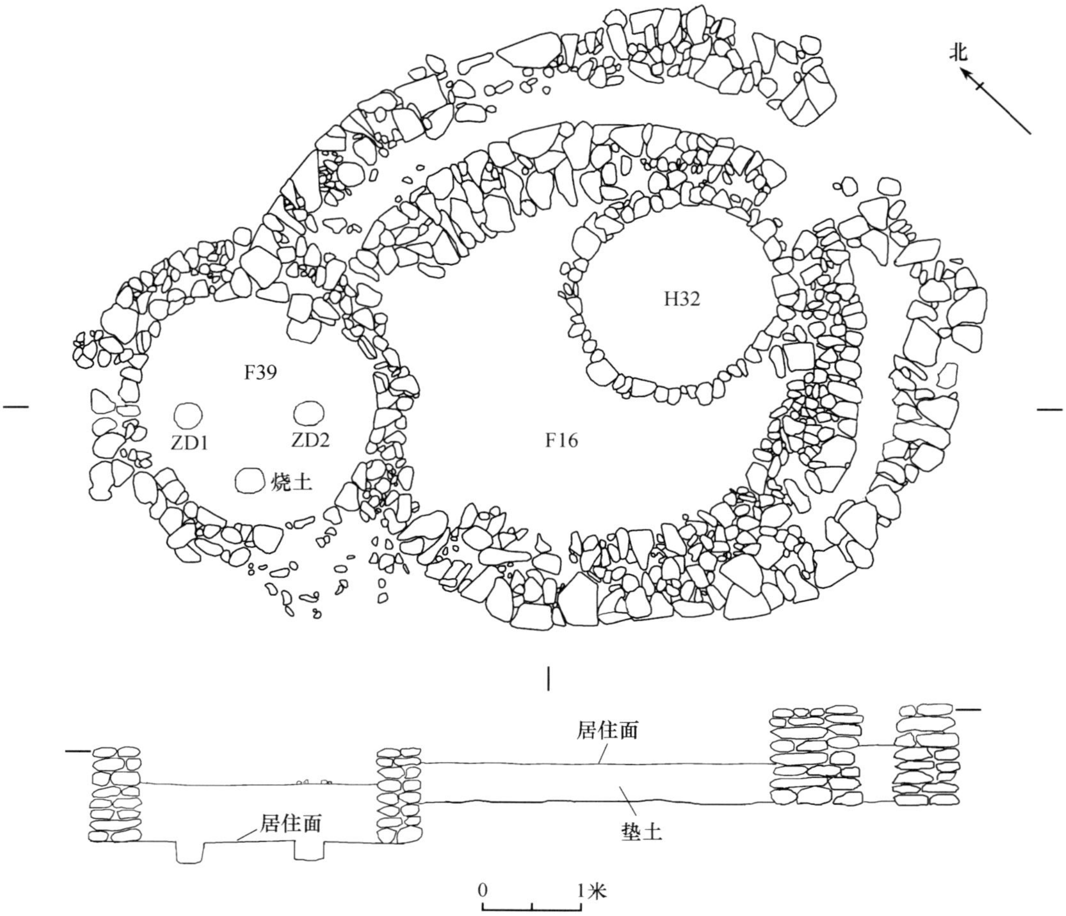

图3-12　F16、F39平、剖面图

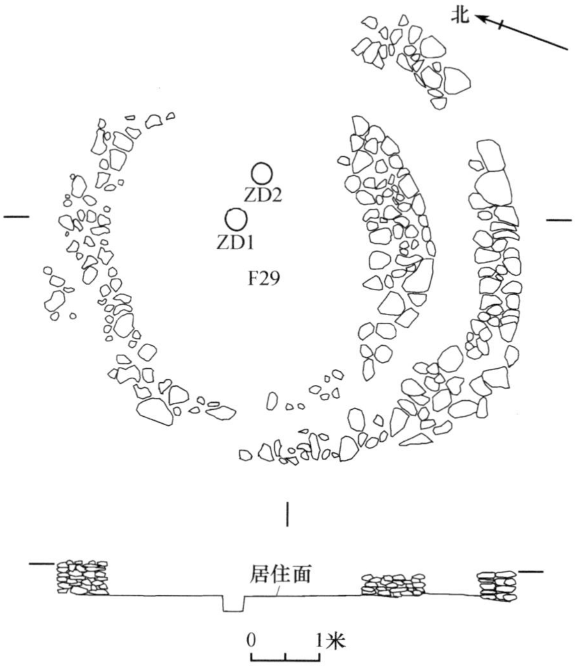

图3-13　F29平、剖面图

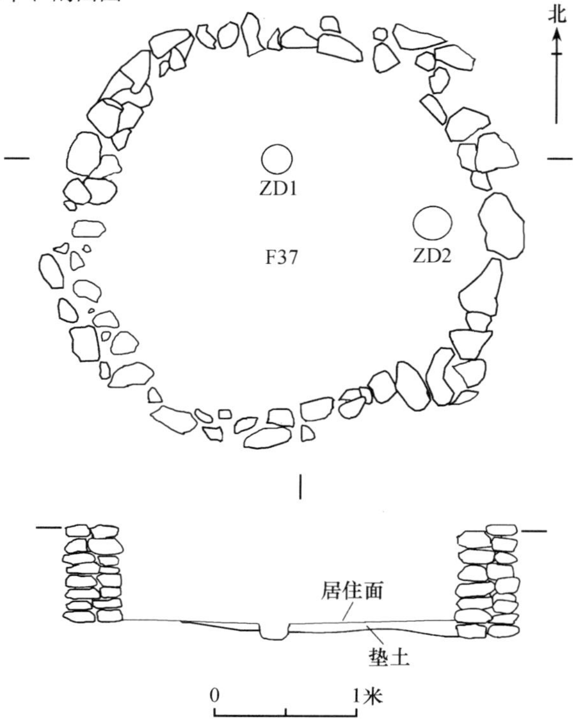

图3-14　F37平、剖面图

6. F39

单圈石砌半地穴式房址，其东部打破F16。开口于第1层下。直径约330、墙体宽40～60、残高约105厘米。在房内北部有石块砌成的台阶，便于出入（见图3-12；图版六，2）。

房内堆积分为2层：

第1层：灰黑土，土质较软。厚35～40厘米。含大量石块及陶片等。南侧近底部发现一墓葬，编号M5。M5为单人葬，仰身直肢，头向东，保存较完整。

第2层：黄褐土，土质较硬。厚54～65厘米。包含物有少量陶片和石块、红烧土块。此层下为居住面。在居住面中部有两个柱洞。在居住面西南部发现一处用火痕迹。

二、灰坑（窖穴）

共清理灰坑47座。灰坑以单圈石块垒砌为主，少量为土坑。平面形状有圆形、椭圆形、长方形和不规则形几种，以圆形和椭圆形为主。坑壁有直壁、袋状等。石块垒砌灰坑大多作为窖穴使用（图版八、图版九）。

（一）土坑

4座，平面呈圆形或椭圆形。

H3　位于T4内，开口于第1层下，打破F7。平面呈椭圆形，斜直壁，底部不平。坑口径150～167、深47厘米（图3-15）。

坑内堆积分2层：

第1层：黑褐土。厚10～18厘米。土质较松软。出土少量陶片，陶色以夹砂红陶、灰褐为主，纹饰有弦断绳纹、素面等。器形多为陶罐。

第2层：黄褐土。厚14～20厘米。土质较硬。

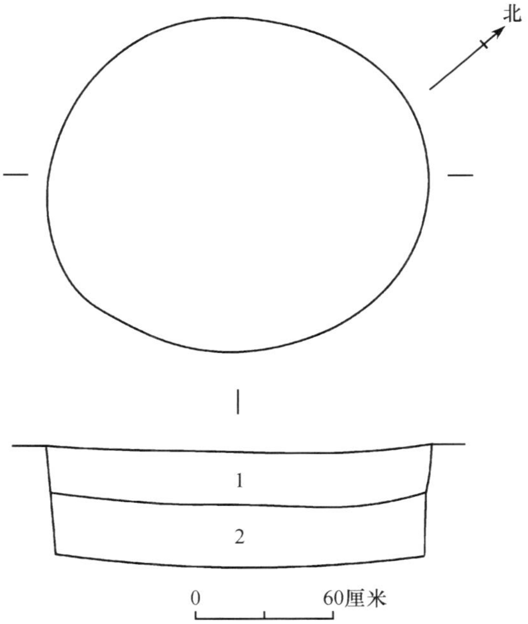

图3-15　H3平、剖面图

（二）石块垒砌灰坑

依其平面形状划分为两大类。

1. 圆形或近圆形灰坑

31座。

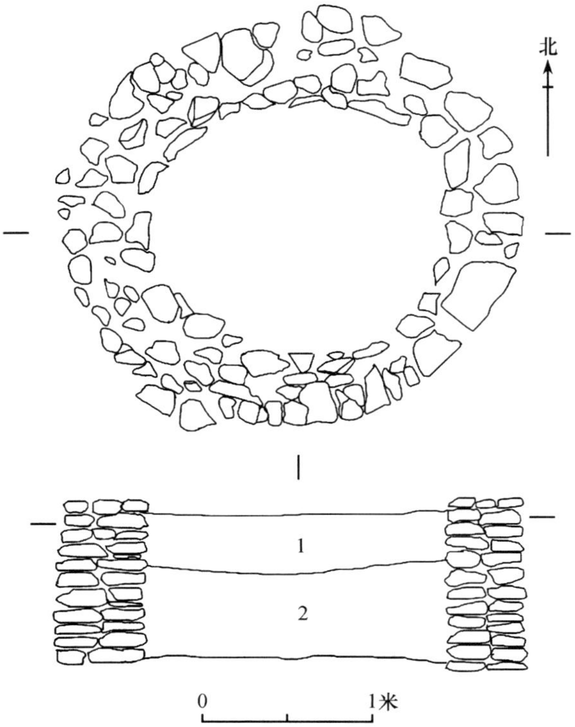

图3-16　H35平、剖面图

（1）直壁坑

28座。

H35　位于T42东北部，开口于第1层下。平面近圆形，直壁，底较平。墙体为石块垒砌而成，内壁砌筑规整。坑口径170、深93厘米（图3-16）。

坑内堆积共分为2层：

第1层：黄褐土，土质较软，含少量陶片和兽骨。陶片以泥质灰褐陶为主，有少量夹砂红褐陶片。

第2层：灰褐土，土质较软，夹杂少量石块等。

H36、H44　位于T31东南部，开口于第1层下。两灰坑共用中间一道墙体，由石块垒砌而成。平面近圆形，直壁，底较平（图3-17）。

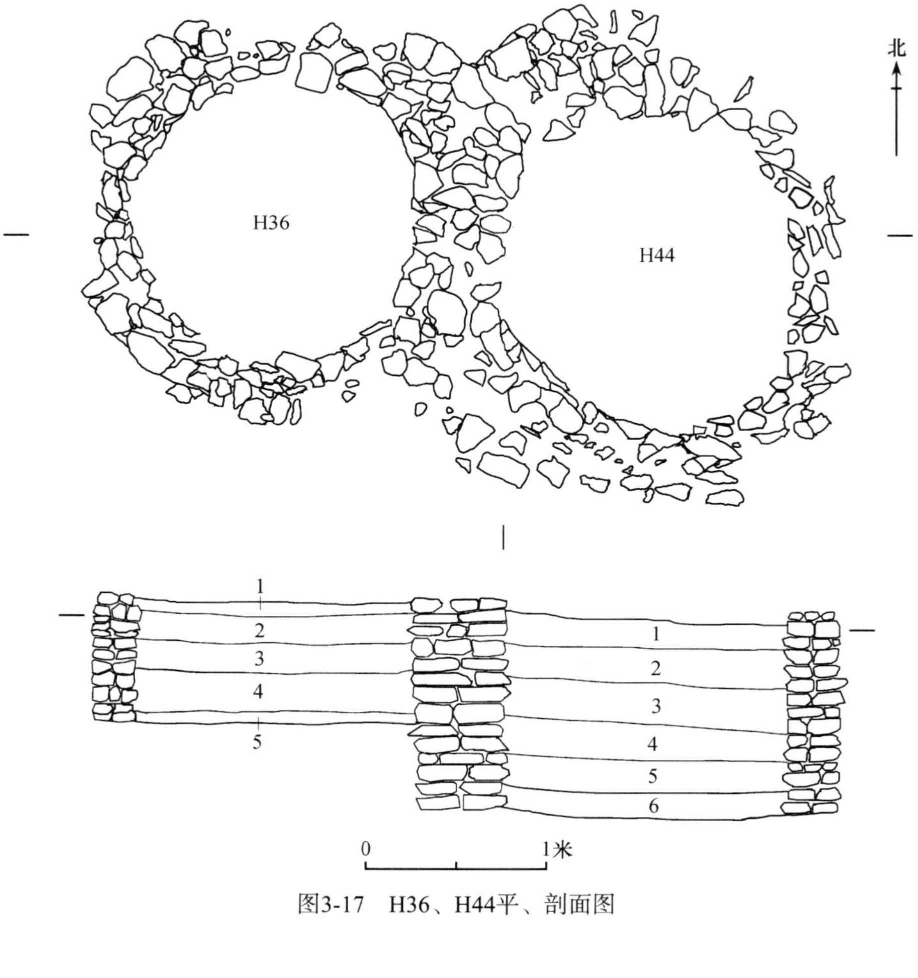

图3-17　H36、H44平、剖面图

H36　坑口径160、深75厘米，石墙东宽西窄。坑内堆积分5层。土色多为灰褐色、黄褐色，羼杂少量石块。出土少量夹砂红陶、泥质灰陶片，器形为罐、瓮、尊。

H44　坑口径172、深120厘米，墙体西宽东窄。坑内堆积分6层。各层面出土少量陶片及石器等。

H42　位于T49东南部，开口于第２层下。平面形状呈圆形，直壁平底。墙体修筑较规整，西部薄，东部较厚。坑口径128、深137厘米（图3-18；图版九，2）。

坑内堆积分2层：

第1层：灰褐土，土质松软。内含较多陶片，纹饰主要为弦断绳纹，器形有鬲、罐、盆等。

第2层：黄褐土，土质较软。含有少量陶片、动物骨骼及石块等。

（2）袋状坑

3座。

H40　位于T14探方内。开口于第1层下，打破第2、3层。平面近圆形，整体呈袋状。墙壁借用F12内外圈石墙，单圈石块垒砌而成。坑口径108、底径约140、深约117厘米（图3-19）。

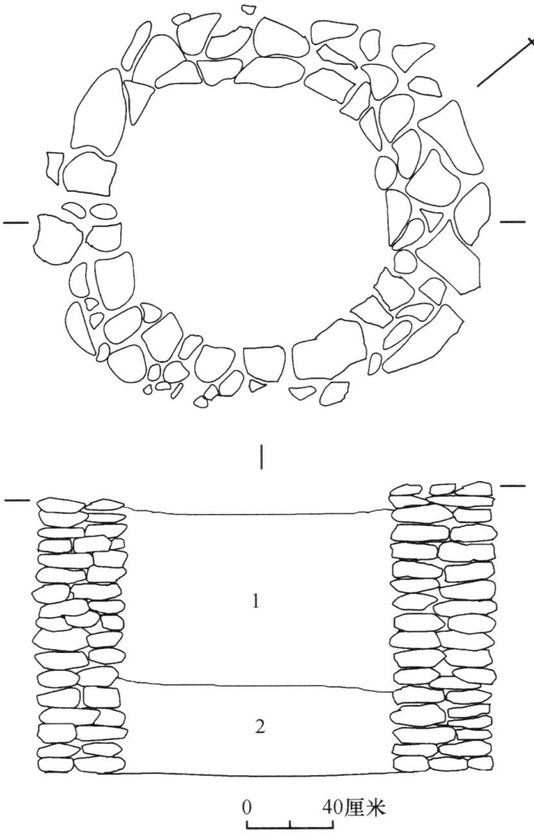

图3-18　H42平、剖面图

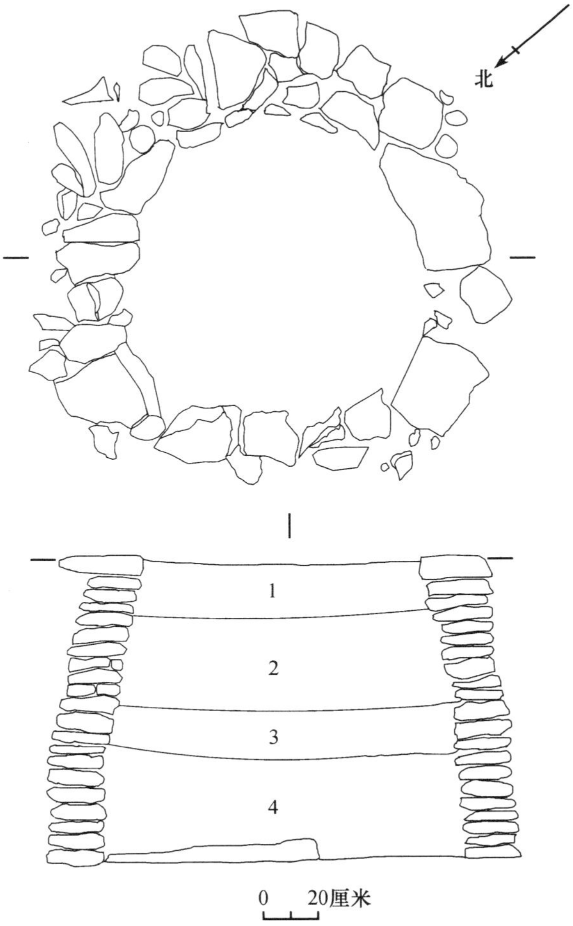

图3-19　H40平、剖面图

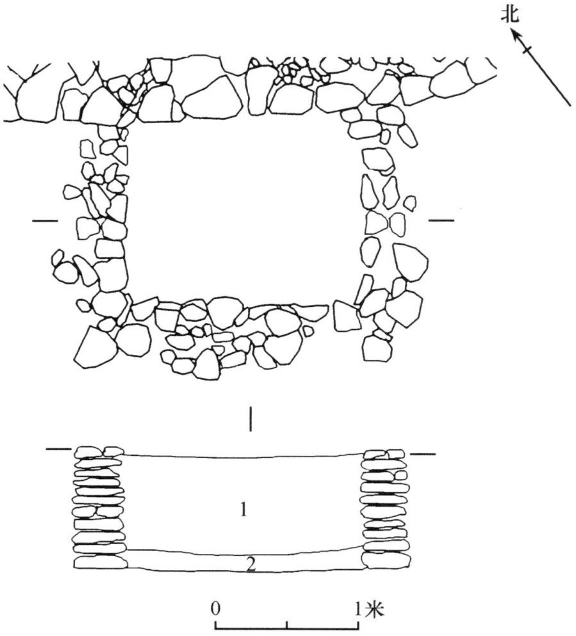

图3-20　H14平、剖面图

坑内堆积分为4层。土色有黑褐色和浅黄褐色，土质较硬，含有少量陶片、动物骨骼等。第3层下为基岩。

2. 长方形（方形）灰坑

12座。

H14　位于T16西北部，开口于第1层下。平面呈长方形，直壁平底。其中H14北墙是借用F20的外墙当作一侧墙体来使用的，其他三面为石头垒砌。坑口东西长165、南北宽约136、深约85厘米。坑内上部堆积均为红褐色黏土，土中含有细小沙粒，厚67～70厘米。下部为灰褐土，含少量石块和陶片，厚10～15厘米（图3-20）。

三、石城墙与城门

（一）石城墙

小塘山遗址周围均建有石墙，墙体随坡就势建于基岩之上。北部及西部石墙北段未清理。

东部城墙破坏较严重，有部分地段已不见墙体。东城墙此次清理了30余米，墙体最宽处约3、残高0.5～1.1米。东城墙墙体一般为直壁或略斜，有部分地段建于陡崖之上，该地段墙体上部宽下部略窄。

南部城墙大体呈东西走向，略呈弧形。总长约105、宽0.9～2.3、残高0.4～1.2米。南城墙一部分地段为大石块垒砌，墙体垒砌规整，有修补痕迹。南墙墙体一般较直或略斜，垒砌抹泥。

南部城门西侧石墙分早、晚两道墙体，晚期墙体在早期墙体的北侧。早期墙体略宽。南城墙马面MM1北侧附近墙体较宽，最宽约2.3、残高约1.1米。南城墙从MM1向西均为一道墙体，墙壁较直，宽约1.4、残高约1.2米。南城墙向西延伸的墙体均依附于山体外围垒砌。

西部城墙仅清理了MM2附近的一段，长度约24米。该段墙体与南部城墙相连，砌筑方法相同（见图2-4）。

（二）城门

在南城墙偏东处发现一门址。整个城门址进深约7.5、最宽处约7.2米（连同护坡）。门址后期略有修补。门址南部有小路通向小城，路面多为基岩，未经修整。

门址的三级台阶为大石板和石块铺砌而成。上层台阶长约2.4、宽2.1米；中层台阶长2.5、宽1.2米，两侧筑有弧形护墙；下层台阶长约2.7、宽1.8、高0.25～0.46米。

门内东侧有一石砌门垛，长约1.8、宽1.2、残高1.45米，似为一侧开门。门垛拐角处有一柱洞，直径约0.2、深0.25米，距离通道墙壁约0.6米（图3-21；图版一〇，2）。

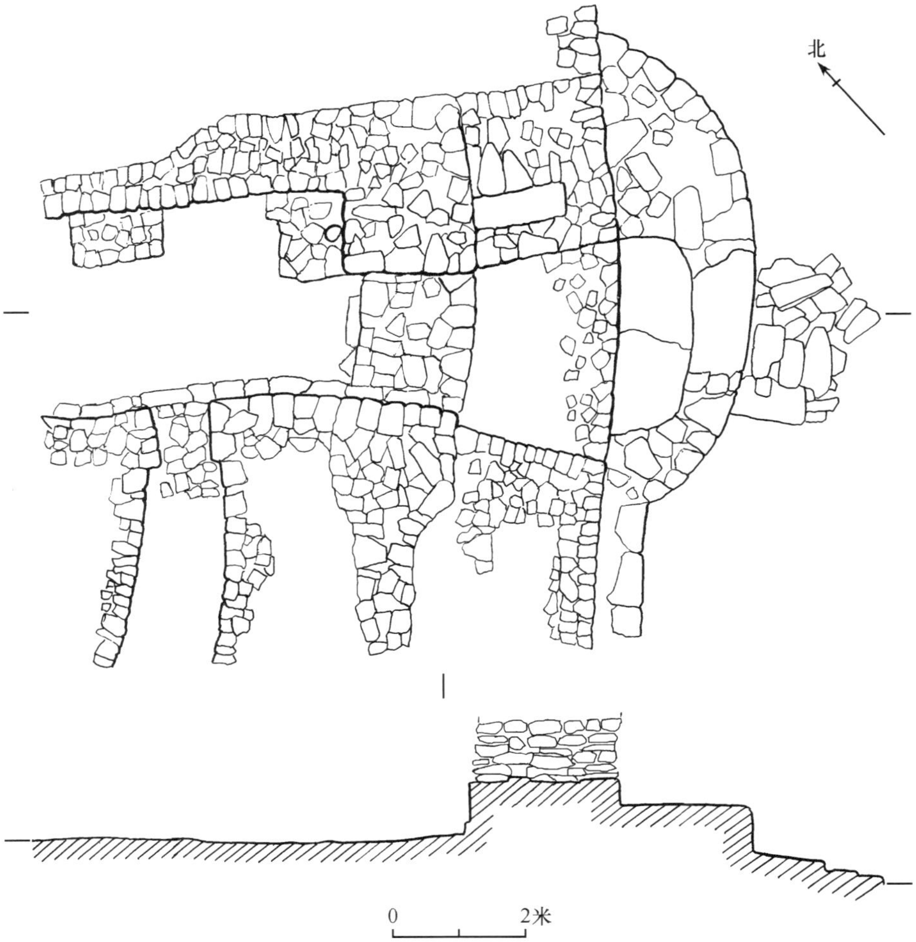

图3-21　小塘山城门平、剖面图

四、道　　路

清理主道路一条，编号为L1，处于遗址发掘区的东部，保存较完整。部分院落有通向主路的小路，有的保存较好。各院落及房址间的小路一般保存较差。L1现存长度约43.5、宽1.4～3.6、深0.6～2.7米。L1路面由西北向东南逐渐倾斜，其南部直接通向遗址城门（图3-22；图版一一，1、2）。

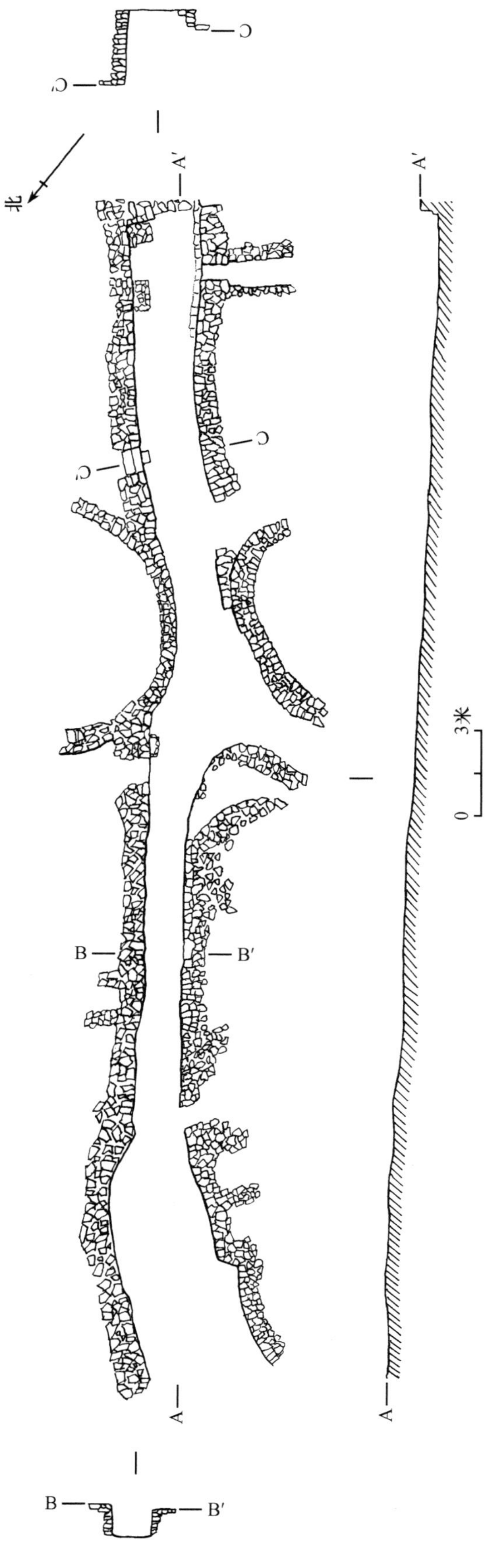

图3-22　小塘山道路L1平、剖面图

五、马　　面

小塘山遗址共清理马面3座。

MM1　位于城址的南部，紧贴南城墙外侧砌筑。东距MM3约7.5米。平面呈马蹄形，斜坡状。外墙面石块错缝垒砌，中间填以石块和黄土。马面下为生土。长2.86、宽2.05、残高0.58米（图3-23；图版一二，1）。

MM2　位于城址的西部，紧贴西城墙外侧砌筑。平面呈马蹄形，斜坡状。外墙面石块错缝垒砌，中间填以石块和黄土。起建于基岩之上。马面长约1.7、宽约1.1、残高约0.6米（图3-24）。

MM3　位于城址的南部，贴城墙外侧砌筑，西距MM1约7.5米。平面呈不规则半圆形。马面建在基岩之上，外墙面石块错缝垒砌。马面长4.75、宽2.6、残高1.05米。

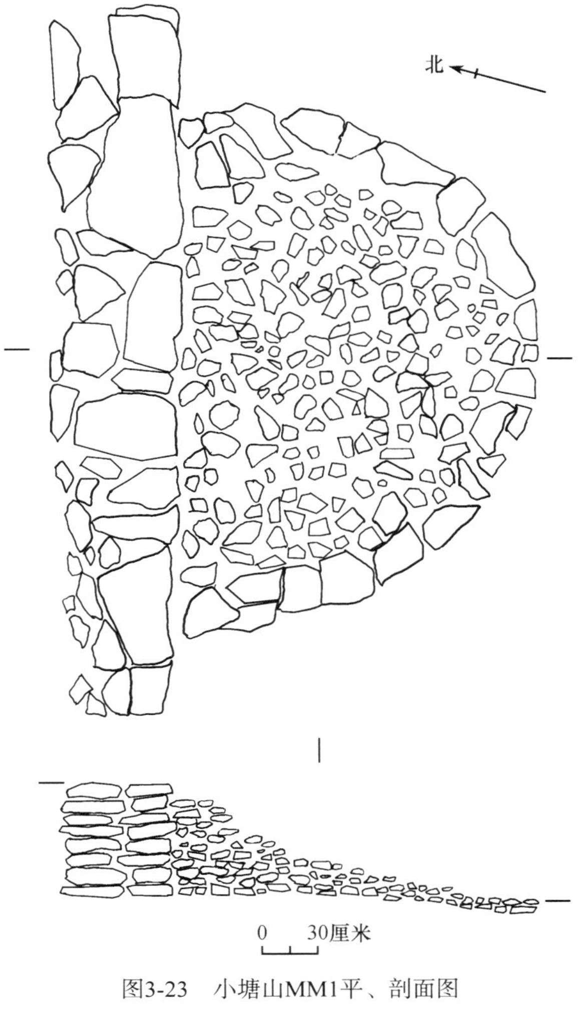

图3-23　小塘山MM1平、剖面图

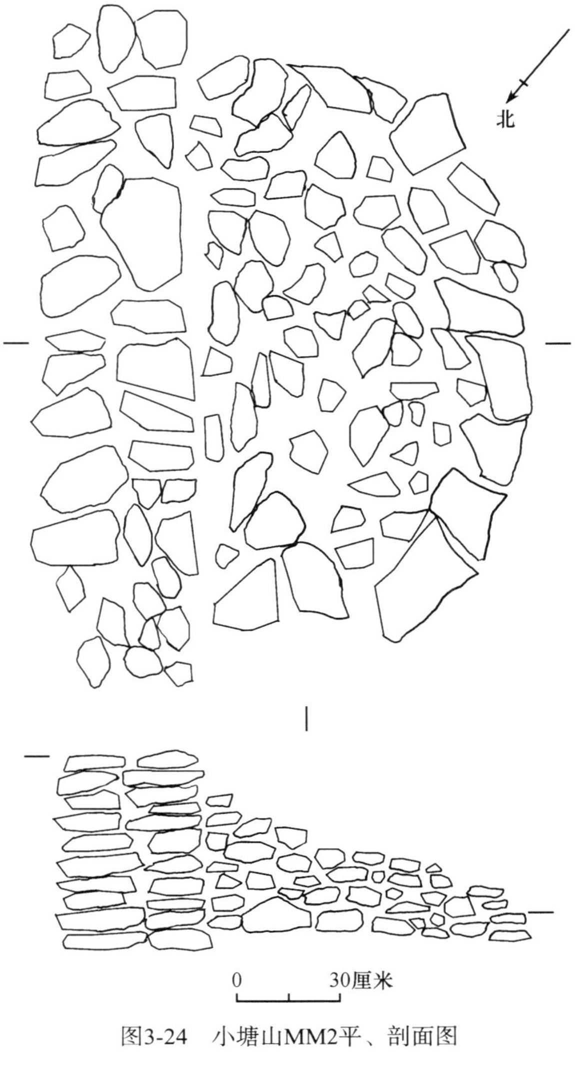

图3-24　小塘山MM2平、剖面图

六、墓　　葬

小塘山遗址共清理墓葬7座，其中5座位于石城墙内，2座在城墙外墙根附近。墓葬多为长方形土坑竖穴墓，少数为长方形土坑竖穴石板墓。葬式以仰身直肢为主，头向多为东南。未见葬具和随葬品。

M3　位于T30北部，开口于第1层下。墓葬保存较差。长方形土坑竖穴墓，墓底呈斜坡状。长178、宽53、深约17厘米。填土为黑褐土，夹杂少量石块。俯身直肢葬，未发现随葬品。墓向为14°（图3-25）。

M5　位于T46东部，开口于第2层下，墓葬紧邻南城墙。长方形土坑竖穴墓，墓圹西壁立砌有石板。长170、宽52、深16厘米。墓内填土为黄灰花土，土质疏松。仰身直肢葬，人骨保存较差，无随葬品。墓向为45°（图3-26）。

M7　位于T49的西南部，开口于第1层下。长方形土坑竖穴石板墓。长192、宽78、深约20厘米。墓圹原四壁立砌有石板，现北壁已不存。填土为灰褐土，土质较疏松。仰身直肢葬，墓内骨架保存较差。头骨上部有一个椭圆形穿孔，孔径0.7～0.9厘米。穿孔内、外两侧圆润光滑，疑死者生前曾做过手术，无随葬品（图版二八，3、4）。墓向为115°（图3-27）。

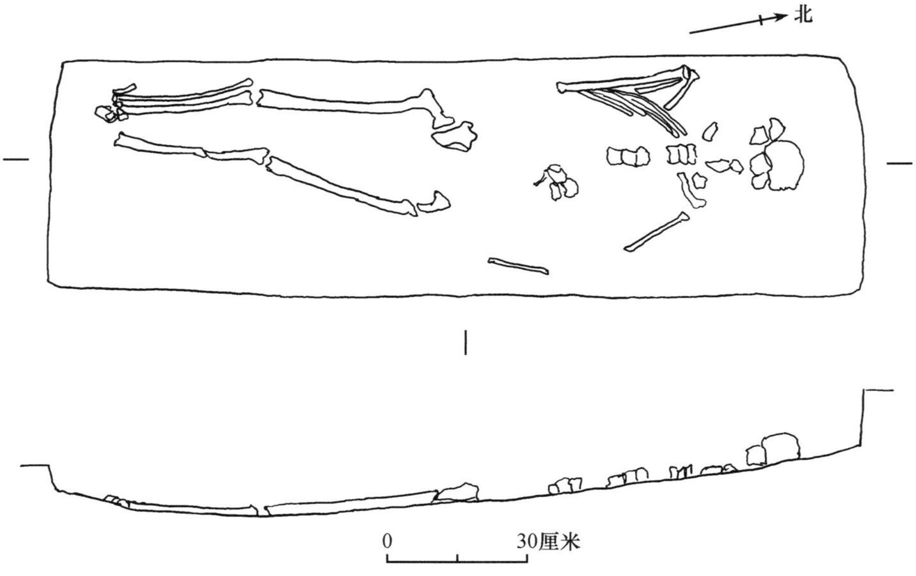

图3-25　M3平、剖面图

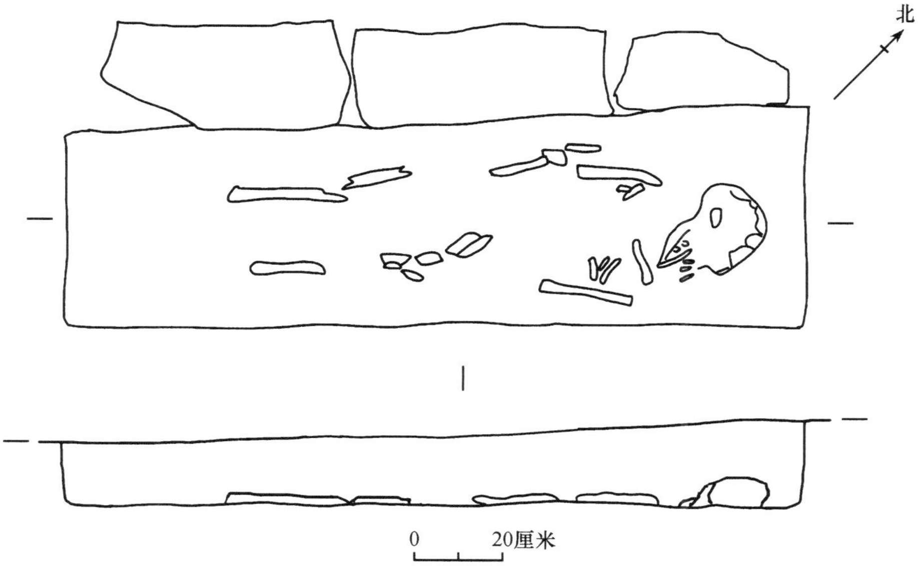

图3-26　M5平、剖面图

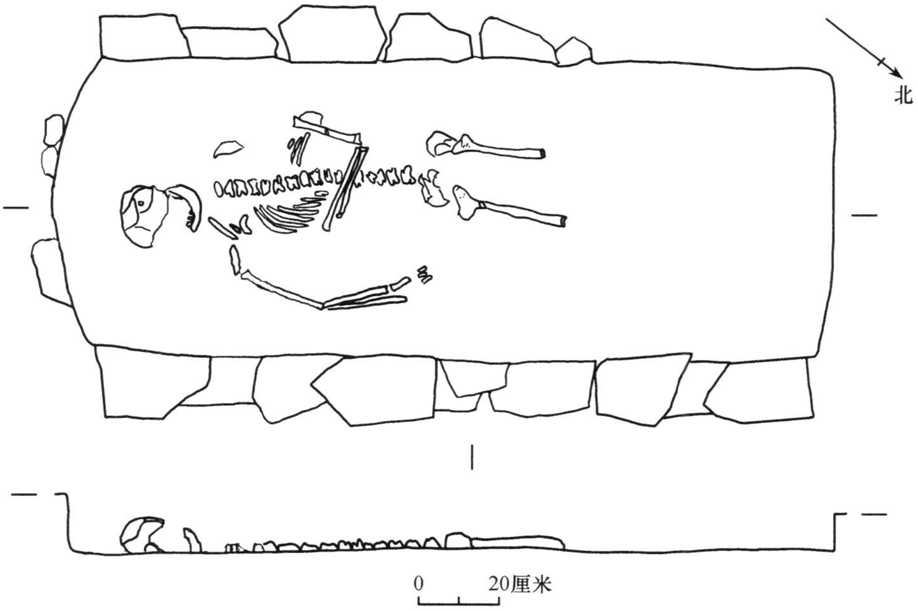

图3-27　M7平、剖面图

七、陶　　窑

发现两座，分别位于发掘区的南部和东北部。

Y1　位于发掘区南部，F18的东侧。开口于第1层下，打破第2、3层及生土。Y1与其东北部储存陶土的灰坑（窖穴）H12、H15距离很近。

窑室平面呈圆形，窑壁略呈袋状。底部较平整。窑室直径135～140、残高60～65厘米。窑室北侧发现火膛两个，其下铺有小石板。火膛壁已烧成青灰色，烧结面厚2～3厘米（图3-28；图版一二，2）。

窑室内堆积为黄色、黑褐色相杂的花土，土质较硬，有黏性，土中含有少量陶片及红烧土块、灰烬、兽骨。窑室底部出土一件较完整的陶鬲及一件蚌质制陶工具。

Y2　位于发掘区东北部，F26的西侧。开口于第2层下，打破生土。

窑室平面近圆形，直径约120厘米。顶部已残，残高75～80厘米。窑室东侧以F26墙体为壁，其余墙体为红黏土堆砌。窑室底部有厚3～5厘米的青灰色烧结面，部分烧结面下铺有石块。窑室内堆积为灰褐和灰黑土相杂，土质较硬。土中含有少量陶片及较多灰烬、红烧土块。窑室底部出土一件较完整的陶鬲。

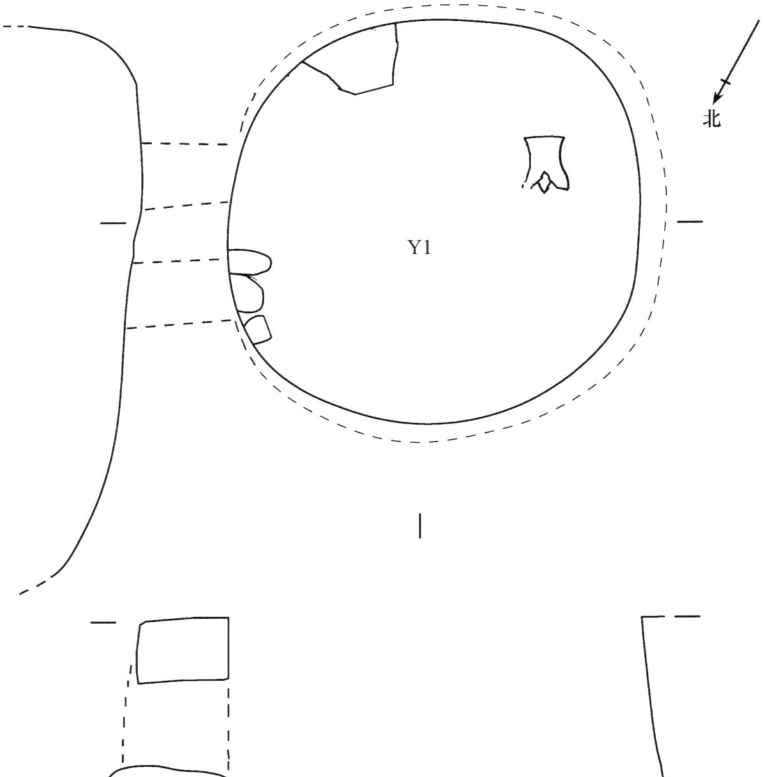

图3-28　Y1平、剖面图

八、城　　壕

城壕处于遗址的东部、东南及东北部坡下地势较平缓地带。现存长度约120米，西距遗址的东城墙约65米。经对城址东北侧一段城壕进行解剖发现，城壕宽10～11米。经解剖的一段宽10.5米，最深处约5.5米。城壕剖面呈倒梯形，底部较平（图版一〇，1）。

城壕内堆积分3层：

第1层：黑褐土，土质较软。厚60～220厘米。包含少量陶片、石块等。

第2层：黑褐土与黄褐土相杂，土质较硬，未见遗物。厚140～205厘米。

第3层：黄褐土，土质较硬，结构较紧密。厚85～120厘米。土中包含较多石块。

第3层下为生土。

第四章　遗　　物

主要有陶器、石器、骨角蚌器、青铜器等。还出土较多的动物骨骼，经鉴定有马、牛、猪、羊、狗、狼、鸡、鹿等。

一、陶　　器

按陶质分夹砂和泥质陶两大类。以夹砂陶占多数，泥质陶略少。陶色以灰陶、灰（红）褐陶为主，黑褐、红陶和磨光陶较少。器表多有纹饰，以绳纹、绳纹加划纹和弦断绳纹为主，其他有附加堆纹和戳印纹等，素面和磨光占一定比例。此外还出土少量彩绘陶片，上施红白二彩。器形主要有鬲、鼎、罐、瓮、甗、尊、壶、盆、碗、盅、箅、钵、豆、盘、杯、器盖以及纺轮等（图版一三～图版二〇）。制法多为泥条盘筑、分段套接，部分器物上有轮修痕迹。现选取典型器进行型式划分，后同。

鬲　20件。按口沿和腹部形态的不同分四型（图版一三～图版一五）。

A型　16件。敞口，器身呈筒状。根据口、腹部形态分二亚型。

Aa型　9件。大敞口，腹部内收。素面。以下介绍其中较完整的6件。

H28：2，泥质黑褐陶，器表陶色不均。圆唇，空袋足。上腹部饰一周泥条附加堆纹，其余部分磨光。口径19.2、高24.8厘米（图4-1，1）。

Y1：1，泥质陶，器表施一层黑色陶衣。厚圆唇，三筒状足下接三个实足跟。口径17、高19.6厘米（图4-1，2；图版一三，1）。

H28：17，泥质陶，器表施黑色陶衣。圆唇，筒状空足，足跟微撇。口径19.2、高25.2厘米（图4-1，3）。

H34：1，泥质红褐陶，器表陶色不均。卷沿圆唇，筒状空足，足跟微撇。口径17.6、高23.5（图4-1，4；图版一三，2）。

Y2：1，泥质陶，器表施一层黑色陶衣。口部残，筒状空足，实足跟外撇。残高14.8厘米（图4-1，5）。

F2：2，泥质红陶。厚圆唇，筒状空足。器表磨光。口径15、高18.2厘米（图4-1，6）。

Ab型　7件。敞口或微敞，腹部较直。器表饰绳纹。

H41：1，夹砂灰黑陶。敞口，圆唇，平沿，裆部较高。通体饰弦断绳纹。口径29、高33.6厘米（图4-2，1；图版一四，1）。

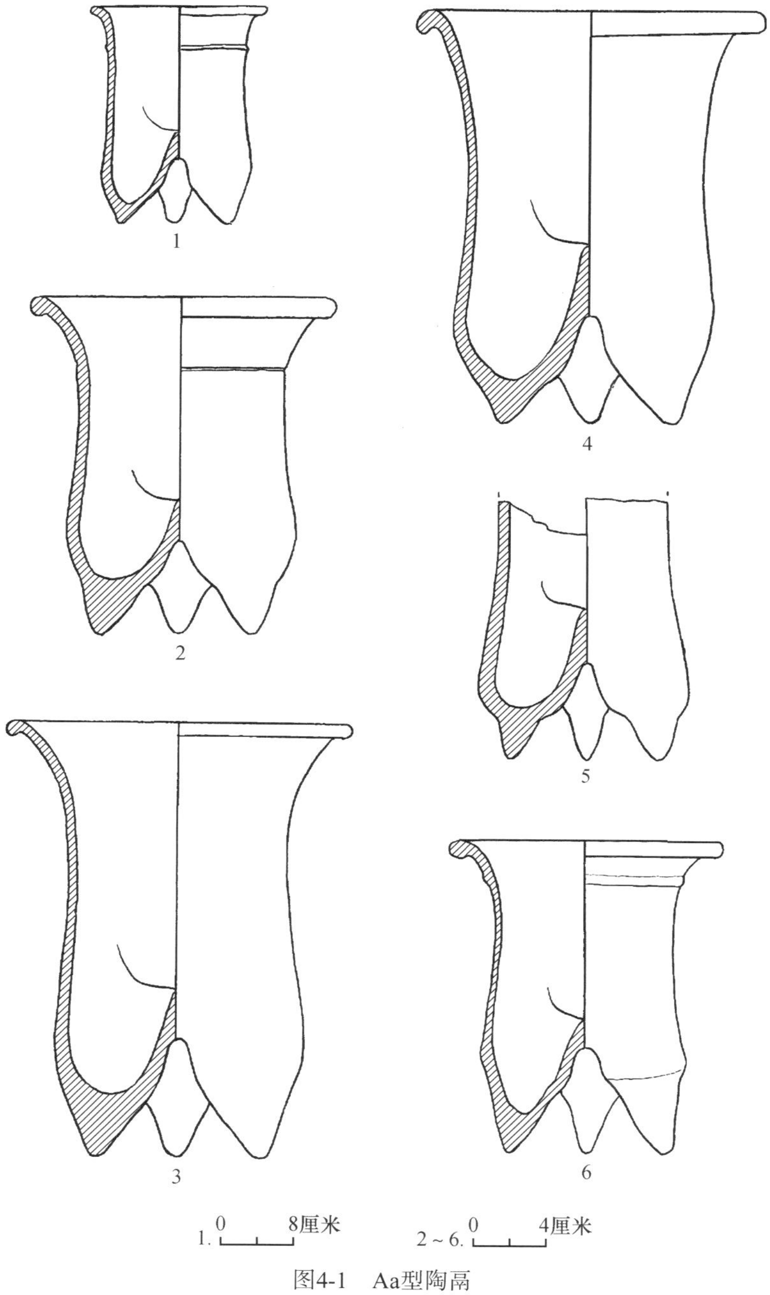

图4-1　Aa型陶鬲

1. H28：2　2. Y1：1　3. H28：17　4. H34：1　5. Y2：1　6. F2：2

H42：1，夹砂黑褐陶。敞口，圆唇，平沿，足大部残。口沿下饰一周泥条附加堆纹，其下饰弦断绳纹。口径23、残高23.2厘米（图4-2，2）。

F13：1，夹砂灰褐陶。口微敞，方圆唇，裆部较高，空足微外撇。口沿下饰一周泥条附加堆纹，附加堆纹上有戳印的浅坑，其下饰弦断绳纹。口径18、高23.2厘米（图4-2，3）。

Y2：5，夹砂灰黑陶。敞口，厚圆唇，沿部微卷，裆部较高。口沿下饰一周带戳印浅坑的附加堆纹，其下饰弦断绳纹。口径17.6、高19.6厘米（图4-2，4；图版一四，2）。

H7：1，夹砂红褐陶。敞口，厚圆唇，裆部较高，空心足。上腹部有两周泥条附加堆纹，

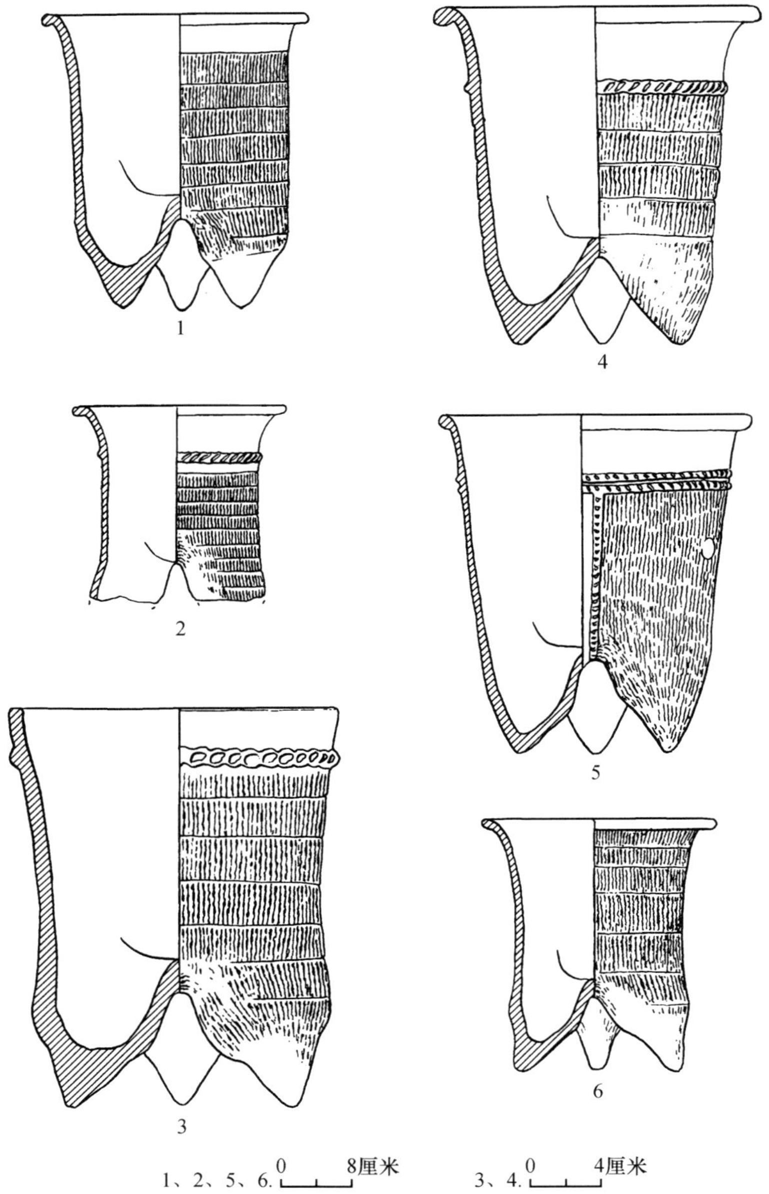

图4-2　Ab型陶鬲

1. H41：1　2. H42：1　3. F13：1　4. Y2：5　5. H7：1　6. F26：2

其上饰戳印纹。腹部以下饰竖绳纹，绳纹上有三等分乳钉纽。腹部到裆部贴有竖泥条附加堆纹。口径35、高39.7厘米（图4-2，5）。

F26：2，夹砂灰褐陶。敞口，圆唇，空足外撇。器身通体饰弦断绳纹。口径26、高29.6厘米（图4-2，6）。

T28②：1，夹砂磨光黑陶。敞口，圆唇，平沿，足部残缺。上腹饰一周泥条附加堆纹，其下饰弦断绳纹。口径23.3、残高19厘米（图4-3，5）。

B型　2件。微侈口，领部较高，鼓肩。

T41②：2，夹砂黑褐陶。圆唇，弧腹，裆部较高，空心足。素面磨光。口沿外有三个小鋬耳。口径8.5、高12.4厘米（图4-3，1；图版一四，3）。

T27②：1，夹砂灰黑陶。圆唇，束颈，斜弧腹。裆部较低，空心足，足微外撇。肩部有一周泥条附加堆纹，其上饰戳印纹，以下饰弦断绳纹。口径19.5、高26.3厘米（图4-3，2；图版一四，4）。

C型　1件。敞口，鼓腹。

T42②：4，夹砂红褐陶。圆唇，束颈，鼓腹，空袋足，裆部较高，袋足肥大。口沿部饰一周花边状压印纹，沿外有三个乳突状纽。颈部以下饰绳纹。口径13.7、高20.8厘米（图4-3，

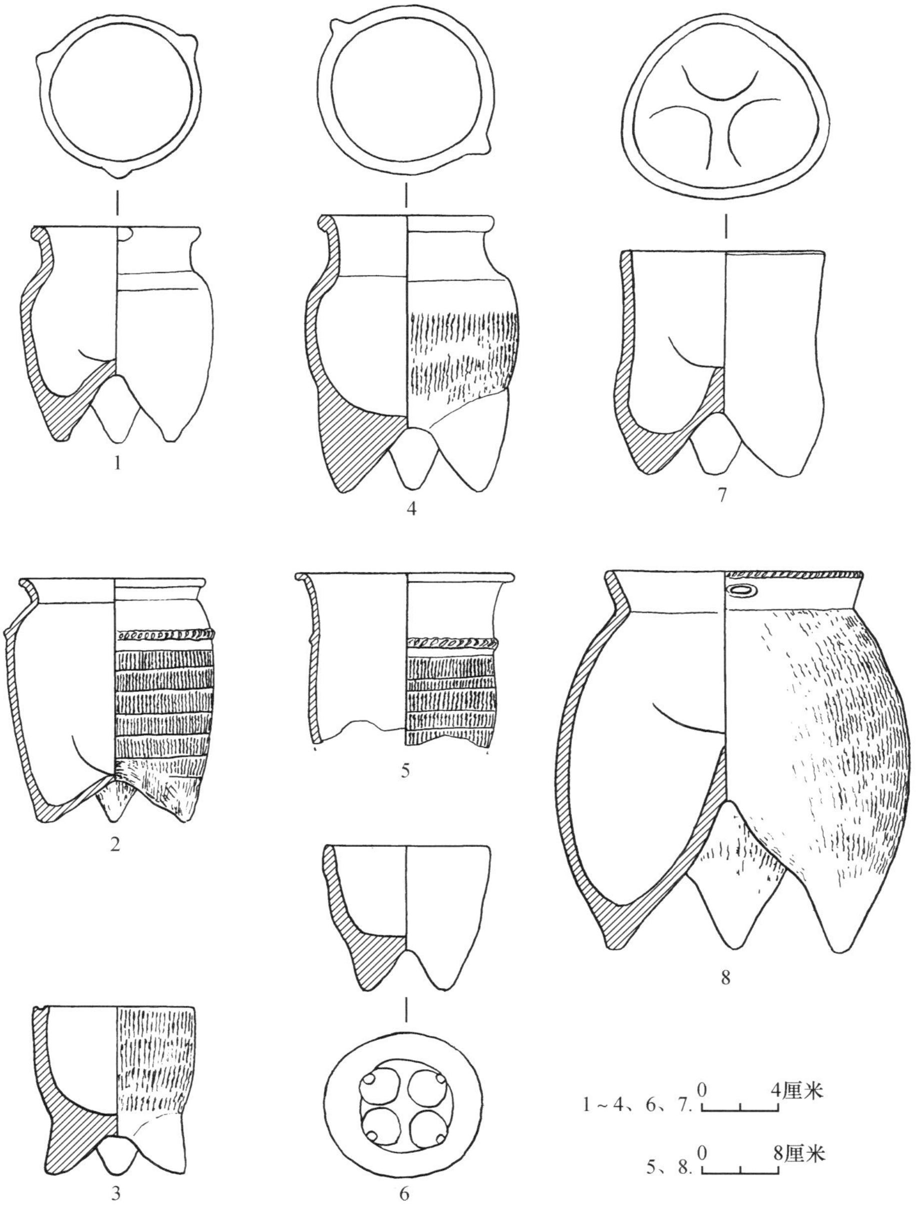

图4-3　陶鬲、鼎

1、2. B型鬲（T41②：2、T27②：1）　3、4、6. 鼎（F8：1、T1②：5、F10：1）　5. Ab型鬲（T28②：1）　7. D型鬲（T24②：1）　8. C型鬲（T42②：4）

8；图版一四，5）。

D型　1件。直口。

T24②：1，夹砂红褐陶，器表陶色不均。直口，口部近圆形，方圆唇。腹较直，空心足。器表素面磨光。口径10.4、高12.5厘米（图4-3，7；图版一四，6）。

鼎　3件。

F8：1，夹砂灰褐陶。直口，方唇内凹，微弧腹，圜底。底部接三个锥状实足跟，厚胎。器表饰浅绳纹。口径8.4、高9.1厘米（图4-3，3）。

T1②：5，夹砂灰褐陶。直口，圆唇，弧腹，圜底。上腹部磨光，其下饰竖绳纹，实心足。口沿外有两个对称小鋬耳。口径9、高15.5厘米（图4-3，4）。

F10：1，夹砂灰黑陶。敞口，圆唇，弧腹。底部接四个实心足，素面。口径8.5、高7.8厘米（图4-3，6）。

罐　15件。按口部及颈部形态的不同分五型（图版一六）。

A型　5件。敞口。根据口沿形态分二亚型。

Aa型　3件。折沿，器形大。

H17：2，夹砂红褐陶。圆唇，束颈，鼓肩，弧腹，小平底。通体饰细绳纹。口径26、底径12.8、高33.6厘米（图4-4，1）。

H28：1，夹砂褐陶，陶色不均。圆唇，短颈，鼓腹，平底。器身饰弦断绳纹。口径19.8、底径11.8、高29.7厘米（图4-4，4；图版一六，1）。

H17：1，夹砂灰褐陶。圆唇，鼓肩，平底，通体饰弦断绳纹。口径30、底径14、高37厘米（图4-4，5）。

Ab型　2件。卷沿。

H12：2，夹砂黑灰陶。圆唇，束颈，鼓肩，弧腹，平底。颈部为素面磨光，肩部以下饰弦断绳纹。口径24、底径13、高35.7厘米（图4-4，3）。

H44：1，磨光黑陶。圆唇，鼓腹，平底。肩部以下饰弦断绳纹。口径17、底径12、高21.4厘米（图4-5，2）。

B型　5件。口较直，短颈。

H17：3，夹砂灰褐陶。圆唇，鼓肩，弧腹。肩部饰一周小泥饼，其下为弦断绳纹，近底部残。口径20、残高20.5厘米（图4-4，2）。

F15：1，夹砂灰黑陶。圆唇，鼓腹，平底。器表口沿以下饰弦断绳纹。口径16.5、底径10.3、高19厘米（图4-5，1）。

H34：2，夹砂灰陶。圆唇，鼓肩，腹部以下残。肩部饰两周刻划纹，内饰菱形网格纹，其下饰弦断绳纹。口径32、残高17厘米（图4-5，4）。

F2：5，泥质灰黑陶。圆唇，鼓肩，弧腹，平底，素面。口径9、底径8.3、高12.8厘米（图4-5，3；图版一六，2）。

F5：1，泥质灰褐陶。圆唇，颈部较高，鼓腹，素面，底部残。口径10.5、残高8.2厘米（图4-6，2）。

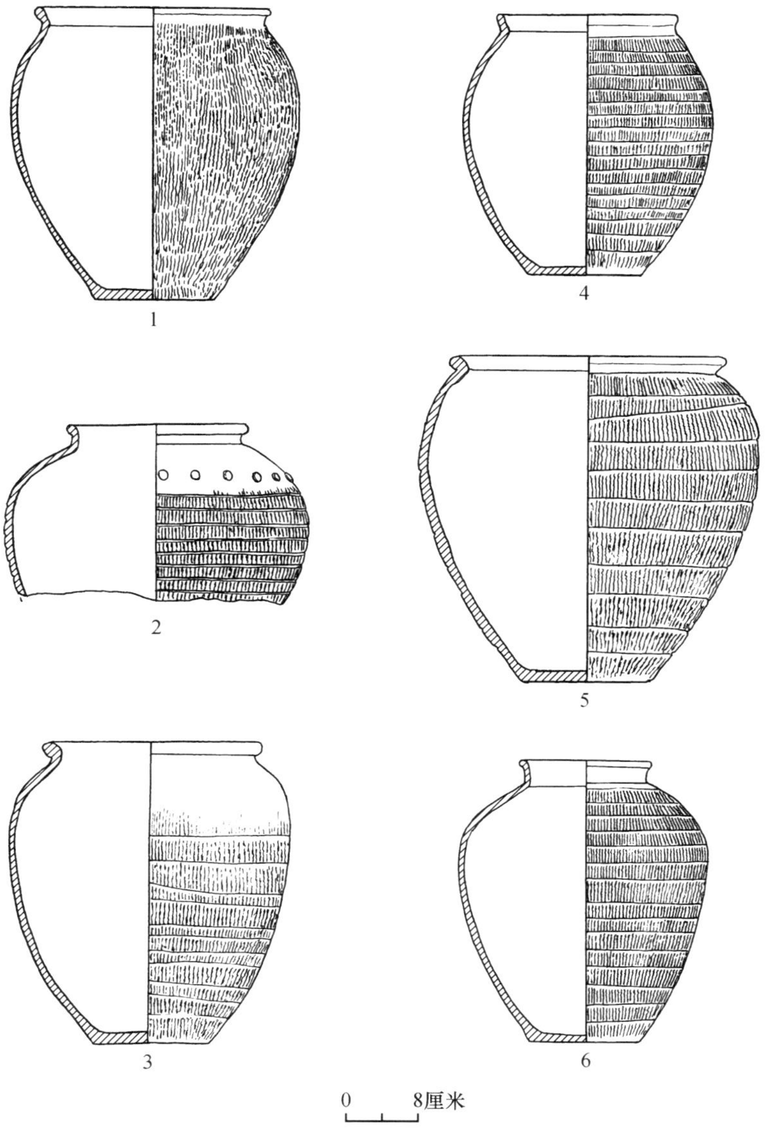

图4-4　陶罐

1、4、5. Aa型（H17：2、H28：1、H17：1）　2. B型（H17：3）　3. Ab型（H12：2）　6. C型（F1：33）

C型　2件。口微侈，颈部较高，鼓肩。

F1：33，夹砂灰黑陶。圆唇，弧腹，小平底。颈部磨光，颈部以下通体饰弦断绳纹。口径13.6、底径12、高32厘米（图4-4，6；图版一六，3）。

T13②：1，夹砂灰褐陶。圆唇，鼓腹，腹部以下残。颈部以下饰弦断绳纹。口径12、残高14.7厘米（图4-5，5）。

D型　1件。敛口，器形小。

F3：1，泥质灰褐陶，陶色不均。圆唇，鼓肩，平底微内凹。素面。口径7.5、底径8、高9.2厘米（图4-6，3；图版一六，4）。

E型　2件。带纽罐。侈口，束颈。

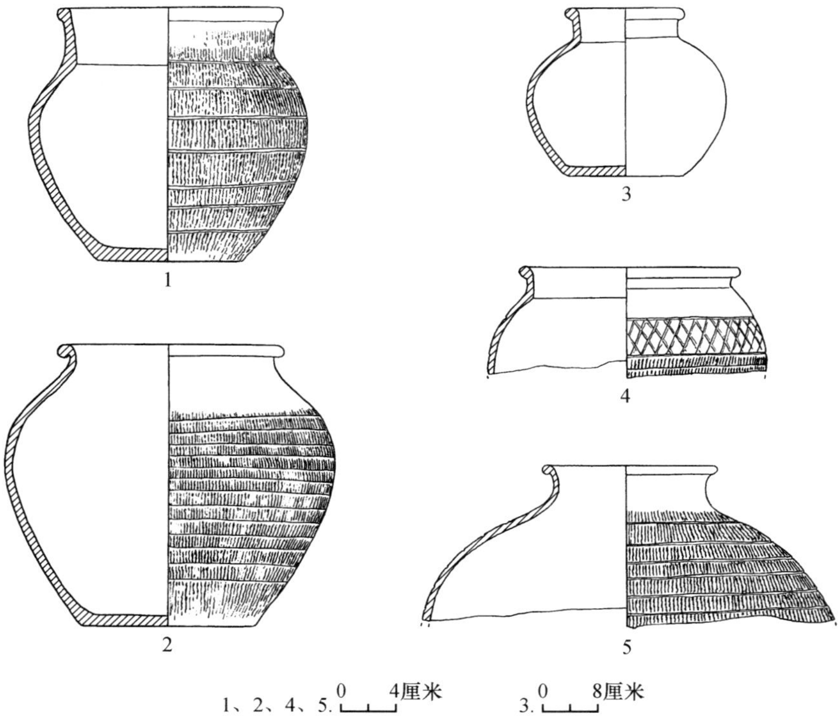

图4-5　陶罐

1、3、4. B型（F15：1、F2：5、H34：2）　2. Ab型（H44：1）　5. C型（T13②：1）

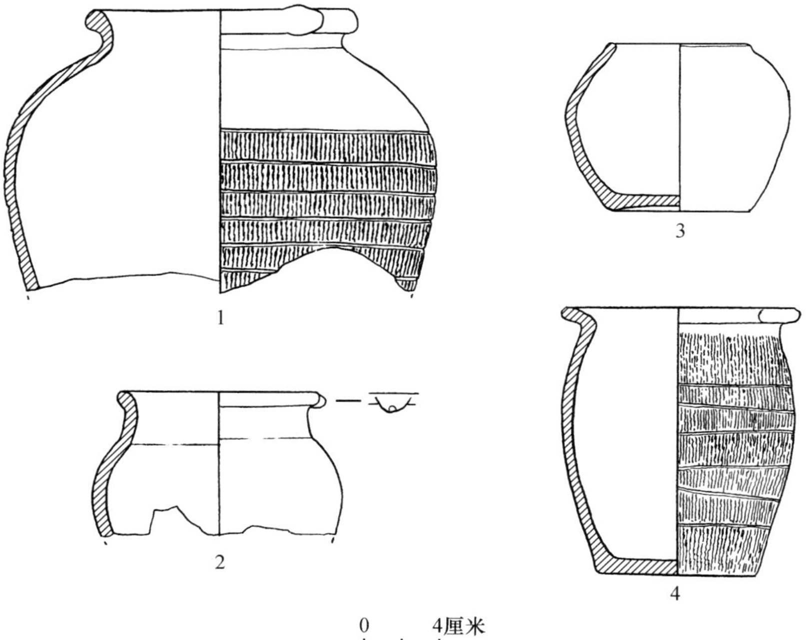

图4-6　陶罐

1、4. E型（F39：1、F1：6）　2. B型（F5：1）　3. D型（F3：1）

F39：1，夹砂黑褐陶。圆唇，鼓肩，弧腹，近底部残。口沿外有两对称錾耳，肩部以下饰弦断绳纹。口径14.5、残高16.4厘米（图4-6，1）。

F1：6，夹砂灰褐陶。圆唇，鼓腹，平底。口沿外有两对称的小錾耳，腹部饰弦断绳纹。口径11.7、底径8.5、高14.7厘米（图4-6，4；图版一六，5）。

瓮　3件。按口部形态的不同分二型。

A型　2件。敞口，鼓肩。

H34：3，夹砂灰黑陶。圆唇，束颈，弧腹，小平底。器表上中下分别饰三组泥条附加堆纹，三周附加堆纹之间饰竖绳纹。口径33.5、底径16、高45厘米（图4-7，2；图版一七，1）。

H34：4，夹砂灰黑陶。圆唇，短颈，肩部微鼓，弧腹，近底部残。肩及以下饰泥条附加堆纹。口径38.5、残高62.5厘米（图4-7，3）。

B型　1件。直口，矮领。

F48：1，夹砂灰褐陶。圆唇，腹部残。肩部以下饰泥条附加堆纹。口径22.4、残高12.7厘米（图4-7，1）。

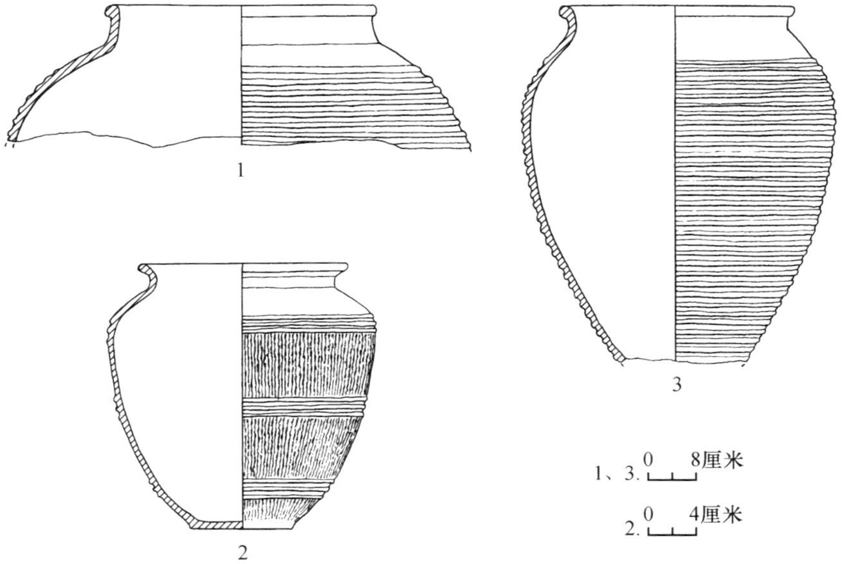

图4-7　陶瓮

1. B型（F48：1）　2、3. A型（H34：3、H34：4）

甗　5件。按腹部形态的不同分二型（图版一七）。

A型　4件。弧腹。

F1：45，夹砂灰黑陶。敞口，圆唇，平沿，腰部以下残缺。通体饰弦断绳纹。口径40.4、残高34.5厘米（图4-8，3）。

H32：1，夹砂灰陶。敞口，沿外卷，圆唇，腰部以下残。通体饰弦断绳纹。口径31.5、高24厘米（图4-8，1）。

H37：1，夹砂灰黑陶。敞口，圆唇，腰部以下残。口沿以下饰弦断绳纹。口径38、残高27.5厘米（图4-8，2）。

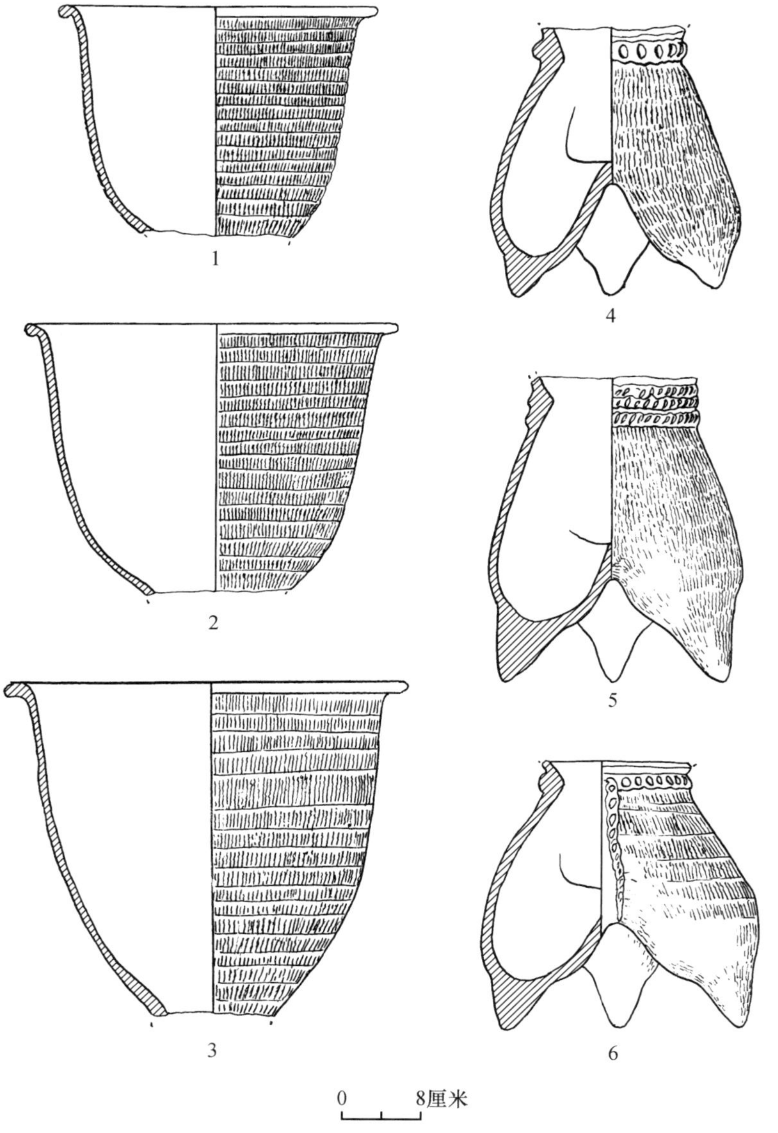

图4-8　陶甗

1～3. A型甗（H32：1、H37：1、F1：45）　4～6. 甗足（F15：2、T41②：10、F26：1）

F3：10，夹砂灰陶。敞口，圆唇，卷沿，下腹部以下残缺。腹部饰粗绳纹。口径21.8、残高12厘米（图4-9，1）。

B型　1件。腹部微弧。

F9：8，夹砂灰褐陶。口部微侈，圆唇，口沿下有对称双錾耳，下腹部以下残缺。腹部饰弦断绳纹。口径17.2、残高14.5厘米（图4-9，2）。

甗足　3件。

F15：2，夹砂灰黑陶。腰部以上部位残缺。束腰，空袋足肥大，乳突状足整体外撇。腰部饰一周宽附加堆纹，其上戳印一周浅坑，腰部以下通体饰粗绳纹。腰部内径9、残高29.5厘米（图4-8，4）。

T41②：10，夹砂灰黑陶。腰部以上残。腰部饰三道泥条附加堆纹，其上戳印浅坑。腰部以下饰竖绳纹。裆部较高，空心足，足外撇。腰部内径11、残高31.6厘米（图4-8，5；图版一七，2）。

F26：1，夹砂红褐陶。腰部以上残。腰部及裆部饰泥条附加堆纹，其上饰戳印纹。裆部较高，袋足肥大，其上饰弦断绳纹。空心足下接实足跟。腰部外径15、残高28.5厘米（图4-8，6；图版一七，3）。

尊　5件。敞口，按腹部深浅分二型。

A型　3件。深腹。

T25②：1，泥质磨光黑陶。圆唇，腹部内收，近底部内折，平底。近底部饰浅绳纹。口径25、底径9.7、高22厘米（图4-10，1）。

H36：2，泥质灰黑陶，陶色不均。腹部内凹，近底部内收，平底。素面。口径21.3、底径8.5、高19.2厘米（图4-10，2；图版一八，1）。

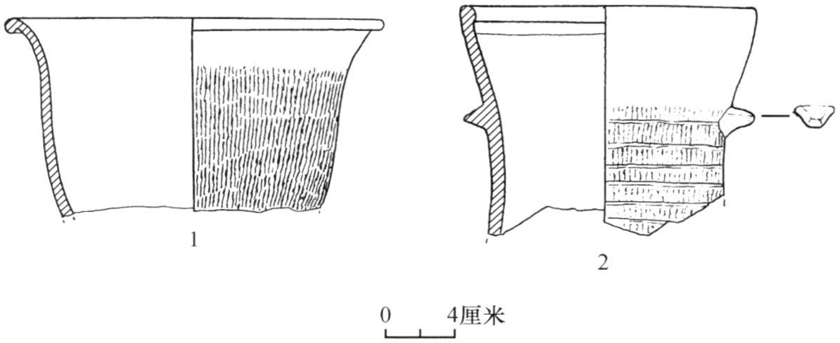

图4-9　陶甗

1. A型（F3：10）　2. B型（F9：8）

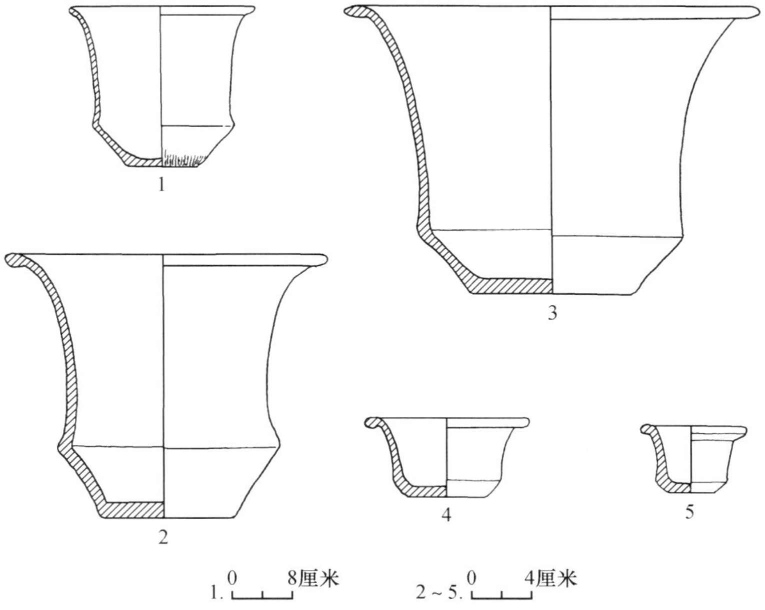

图4-10　陶尊

1～3. A型（T25②：1、H36：2、F15：3）　4、5. B型（F1：51、F6：6）

F15：3，泥质红褐陶。尖圆唇，腹部内收，近底部内折，平底。素面。口径27.7、底径11.3、高19.8厘米（图4-10，3；图版一八，2）。

B型　2件。浅腹。

F1：51，夹砂灰黑陶。腹部内凹，近底部内收，平底。素面。口径10.8、底径5.5、高5厘米（图4-10，4）。

F6：6，泥质灰褐陶。腹部微凹，近底部内收，平底。素面。口径6.4、底径3、高4.5厘米（图4-10，5）。

盆　5件。按腹部深浅和大小的不同分二型（图版一八）。

A型　3件。深弧腹，器形较大。

F9：5，夹砂红褐陶。敞口，圆唇，上腹部有两个对称的小鋬耳，小平底。通体饰弦断绳纹。口径34.8、底径13.3、高28厘米（图4-11，1）。

F9：6，夹砂灰陶。敞口，圆唇，平沿，平底。器身饰弦断绳纹。口径26、底径10.2、高16.8厘米（图4-11，5；图版一八，3）。

H12：1，夹砂灰陶。侈口，圆唇，平底。器表通体饰竖绳纹。口径18.8、底径8.4、高13.2厘米（图4-11，4）。

B型　2件。浅腹，器形较小。

T42②：3，夹砂灰褐陶。敞口，圆唇，平沿，弧腹，平底微内凹。器表上部饰浅刻划纹。口径12.8、底径6.8、高6.5厘米（图4-11，2）。

T42②：2，夹砂灰褐陶。侈口，圆唇，微弧腹，平底。近底部饰竖绳纹。口径16、底径9.6、高10.5厘米（图4-11，3）。

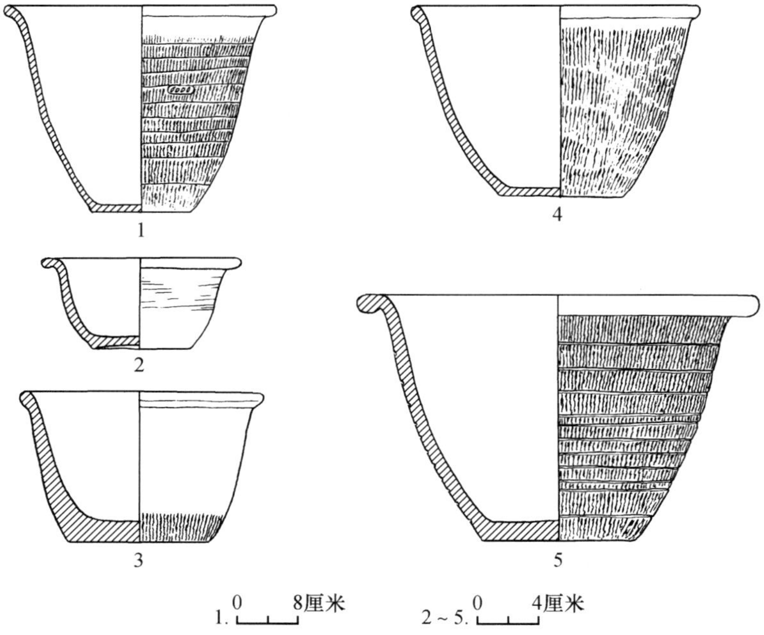

图4-11　陶盆

1、4、5. A型（F9：5、H12：1、F9：6）　2、3. B型（T42②：3、T42②：2）

碗　6件。按腹部形态的不同分二型。

A型　3件。弧腹。

T15②：2，夹砂灰黑陶。侈口，尖圆唇，平底。素面。口径13.5、底径7.5、高5.6厘米（图4-12，1）。

F9：19，夹砂磨光红陶。口微侈，方圆唇，平底。素面。口径12.5、底径8、高4.7厘米（图4-12，2）。

L1④：3，夹砂灰黑陶。侈口，圆唇，斜腹，平底。素面。口径18.5、底径10.1、高8.4厘米（图4-12，6）。

B型　3件。斜直腹。

H25：4，泥质灰黑陶。侈口，圆唇，平底。近底部饰浅绳纹。口径8.4、底径6.6、高4.5厘米（图4-12，4）。

T46②：9，泥质灰褐陶。侈口，圆唇，平底。近底部饰浅细绳纹。口径7.6、底径4.6、高4.8厘米（图4-12，5）。

H25：1，泥质灰褐陶。侈口，圆唇，平底。器底外侧饰浅细绳纹。口径11、底径8、高6厘米（图4-12，3）。

钵　9件。按其形态的不同分三型。

A型　4件。浅弧腹，平底。

T22②：22，夹砂灰陶。敛口，尖圆唇，平底。素面。口径13.3、底径9、高7.4厘米（图4-13，1；图版一八，5）。

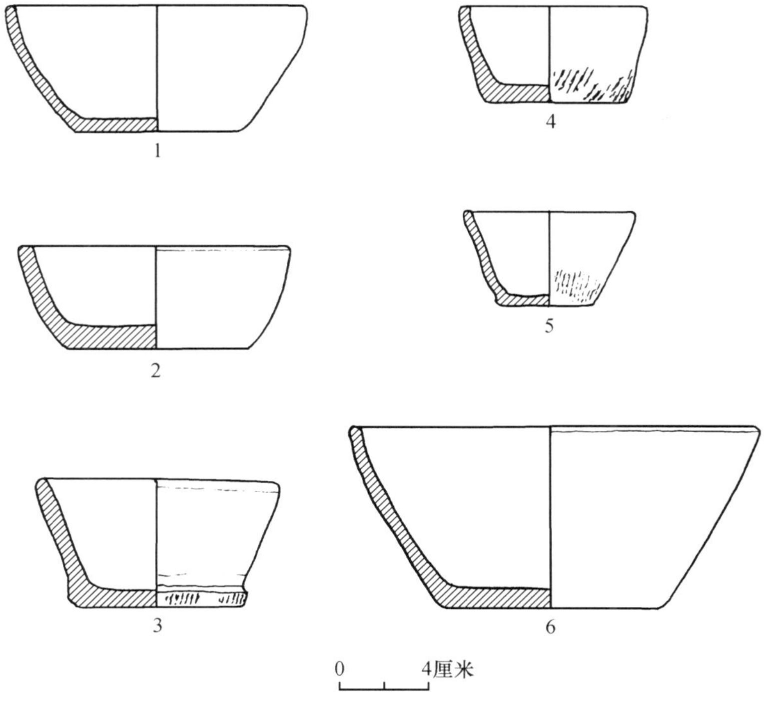

图4-12　陶碗

1、2、6. A型（T15②：2、F9：19、L1④：3）　3～5. B型（H25：1、H25：4、T46②：9）

H45：1，泥质黑陶。口部微敛，圆唇，平底。近底部饰细绳纹。口径11.1、底径7.2、高4.3厘米（图4-13，2）。

H15：1，泥质磨光黑灰陶。敛口，方圆唇，平底。素面。口径10.4、底径4.5、高5厘米（图4-13，3）。

T24②：6，泥质黑灰陶。敛口，圆唇，口沿下有两小鋬耳，平底。素面。口径18.7、底径11、高7.5厘米（图4-13，8）。

B型　3件。深弧腹，平底。

F9：12，夹砂灰褐陶。敛口，尖唇，平底。近底部饰绳纹。口径14、底径7.3、高8厘米（图4-13，4；图版一八，6）。

H23：1，泥质磨光灰黑陶。敛口，圆唇，平底。素面。口径8、底径6.6、高6厘米（图4-13，5）。

T1③：4，夹细砂灰陶。微敛口，圆唇，平底。近底部饰一周竖绳纹。口径12.8、底径8.5、高9厘米（图4-13，6）。

C型　2件。圜底。

T26②：9，夹砂红陶。敛口，斜方唇，弧腹，尖圜底。素面。口径11、高10.4厘米（图4-13，7）。

F21：1，夹砂灰褐陶。敛口，圆唇，弧腹，腹最大径接近底部，圜底。素面。口径10.3、

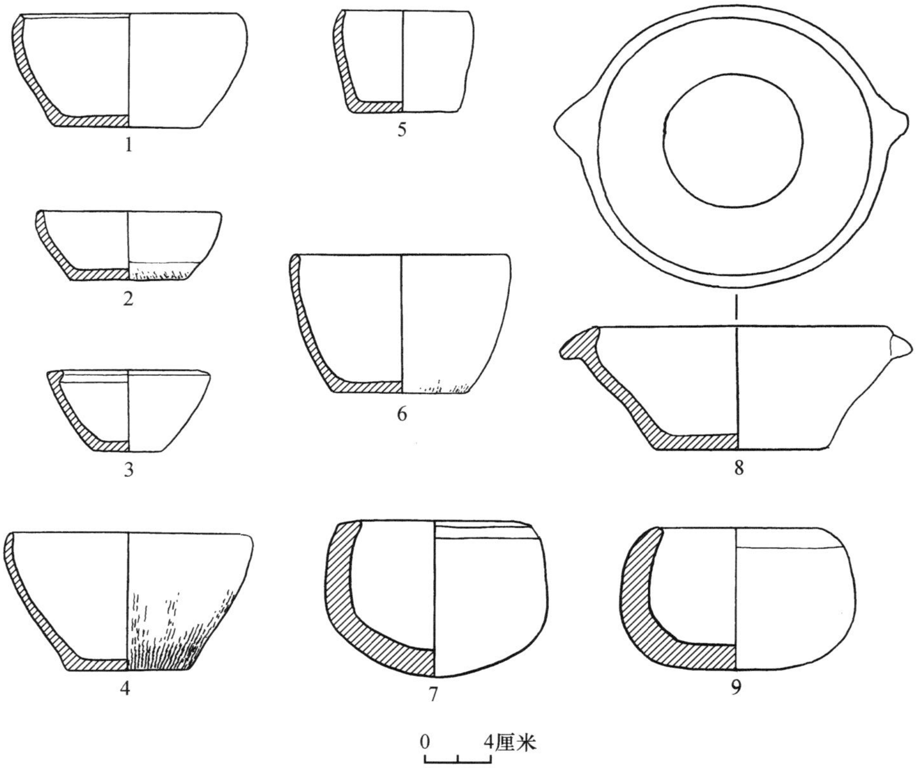

图4-13　陶钵

1～3、8. A型（T22②：22、H45：1、H15：1、T24②：6）　4～6. B型（F9：12、H23：1、T1③：4）　7、9. C型（T26②：9、F21：1）

高9.2厘米（图4-13，9）。

杯　3件。

F27：1，夹砂红褐陶。直口，圆唇，平底。素面。口径3.9、底径3.8、高4厘米（图4-14，1）。

T23②：9，夹砂灰褐陶。直口，斜方唇，平底。素面。口径7.7、底径6.8、高5.9厘米（图4-14，2）。

F10：5，泥质灰陶。直口，口部呈圆角方形，平底。素面。口径3.2、底径3.2、高2.4厘米（图4-14，3）。

盅　3件。按其形态分二型。

A型　2件。直口，腹壁较直。

H28：10，夹砂灰褐陶。圆唇，底部有凹坑。素面。口径3.2、底径3.5、高3.3厘米（图4-14，4）。

L1②：1，泥质灰黑陶。口部呈圆角方形，底端近长方形，平底。素面。口部边2.8、底部边1.8～2.2、通高2.4厘米（图4-14，5）。

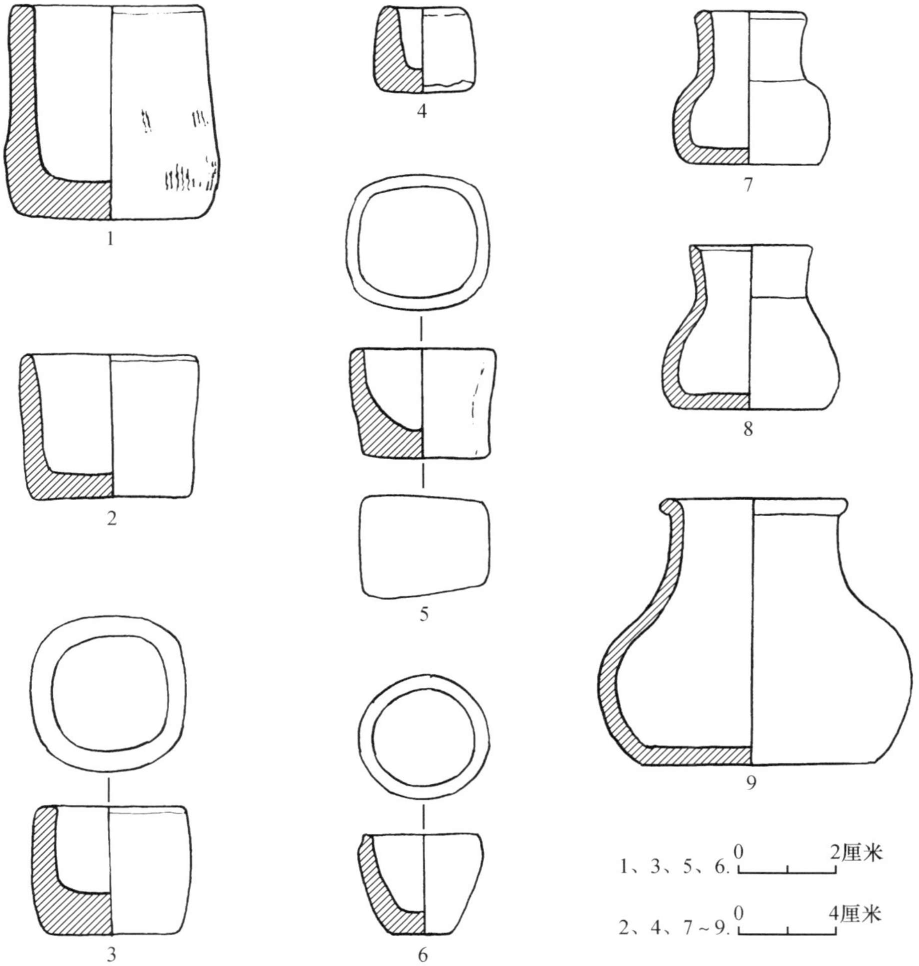

图4-14　陶杯、盅及壶

1～3. 杯（F27：1、T23②：9、F10：5）　4、5. A型盅（H28：10、L1②：1）　6. B型盅（F24：5）　7～9. 壶（F1：29、T28②：6、T6③：5）

B型　1件。敞口，弧腹。

F24：5，泥质灰褐陶。圆唇，平底。素面。口径2.4、底径1.3、高2.1厘米（图4-14，6）。

壶　3件。

F1：29，夹细砂灰褐陶。直口，圆唇，高领，鼓腹，平底。素面。口径4.5、底径5.5、高6.4厘米（图4-14，7；图版一九，1）。

T28②：6，泥质灰黑陶。口微侈，尖圆唇，垂腹，平底。素面。口径5、底径6.4、高7.1厘米（图4-14，8）。

T6③：5，泥质黑陶。口部较直，圆唇，高领，鼓腹，平底。素面。口径7.6、底径10、高11厘米（图4-14，9）。

盘　3件。

F24：3，泥质黑陶。敛口，圆唇，腹微内凹，浅腹，平底。素面。口径11.4、底径7.4、高3.8厘米（图4-15，3）。

F9：11，泥质灰黑陶。侈口，圆唇，微弧腹，平底。素面。口径17.2、底径9.7、高3.3厘米（图4-15，6）。

H14：10，夹砂红褐陶。用器底部位加工制成。器表有两周弦断绳纹，其下饰竖绳纹。口径15.2、底径11.5、高4.5厘米（图4-15，7）。

豆　3件。按柄部形态的不同分二型。

A型　2件。高柄。

H23：2，泥质灰黑陶。豆盘残，中空。底座饰绳纹。底径14.7、柄部径5.2、残高7.6厘米（图4-15，4）。

F2：7，泥质灰黑陶。侈口，圆唇，浅盘。豆柄中空，底座呈喇叭状。素面，通体磨光。口径14、底径11.2、高12.8厘米（图4-15，8；图版一九，2）。

B型　1件。短柄。

H28：9，泥质红褐陶。豆盘部残，底部内凹，素面磨光。底径11.7、残高6.4厘米（图4-15，5）。

箅　2件。

F25：10，夹砂褐陶。器身呈圆饼状，上部有多个小穿孔。直径9.2、厚1厘米（图4-15，1）。

F25：11，夹砂灰褐陶。直口，方唇，浅腹，平底。底部有几周小穿孔。直径13.4、高1.4厘米（图4-15，2）。

器盖　8件。按有无纽分二型（图版一九）。

A型　2件。有纽。

F6：5，泥质灰黑陶。顶部平面圆形，内凹，凹陷处中部有一柱状纽。底部平，中部内凹。顶径6.2、底径8.5、通高3.4厘米（图4-16，1）。

F1：47，泥质灰黑陶。顶部平面圆形，内凹，凹陷处中部有一纽，平底。顶径5.4、底径5.8、通高1.8厘米（图4-16，2）。

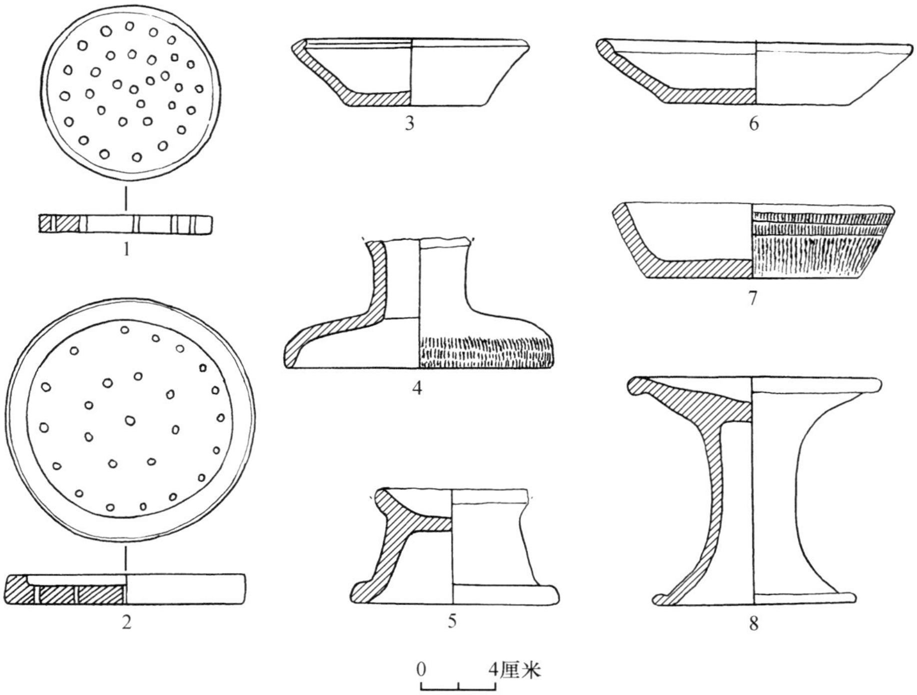

图4-15　陶箅、盘及豆

1、2. 箅（F25：10、F25：11）　3、6、7. 盘（F24：3、F9：11、H14：10）　4、8. A型豆（H23：2、F2：7）　5. B型豆（H28：9）

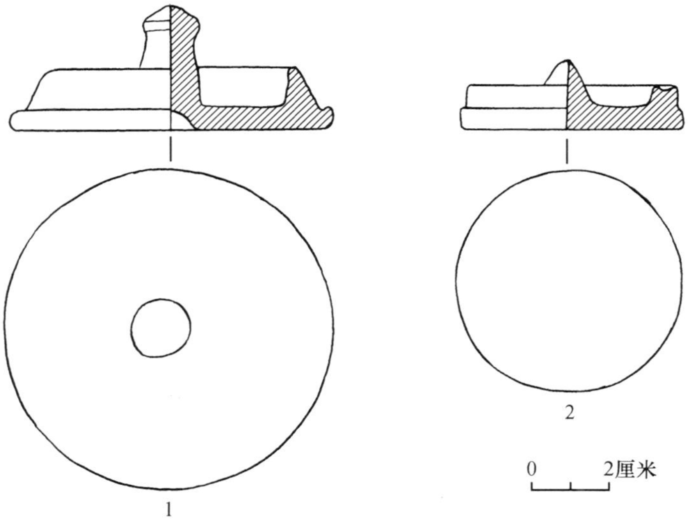

图4-16　A型陶器盖

1. F6：5　2. F1：47

B型　6件。无纽。

F25：13，泥质灰褐陶。覆钵状。顶径10.8、底径12.6、高1.4厘米（图4-17，1）。

T29①：1，泥质灰陶。覆钵状。顶径8.7、底径11.2、高2.2厘米（图4-17，2）。

F1：52，泥质灰陶。覆钵状。器盖周边饰竖绳纹。直径12.6、高1.6（图4-17，3）。

Y2：6，夹砂灰陶。覆钵状。顶径10.9、底径13.2、高1.8厘米（图4-17，4；图版一九，3）。

F37：1，夹砂褐陶。覆钵状。外侧饰一周竖绳纹。顶径10.6、底径12.2、高3.5厘米（图4-17，5）。

F25：14，泥质灰陶。覆钵状。直径5.8、高1厘米（图4-17，6）。

陶模具　3件。

F4：5，夹砂红褐陶。微敛口，直腹，中空，圜底。器身饰绳纹。口径4.8、高9、厚0.8厘米（图4-18，1；图版一九，5）。

T41②：5，泥质灰黑陶。直口，方唇，直壁，中空，尖底。器表饰绳纹。口径4.6、高7.5、厚1厘米（图4-18，2）。

T21②：12，夹砂红陶。直口，方圆唇，腹较直，中空，圜底。器身饰绳纹。口径5、高8.3、厚1厘米（图4-18，3；图版一九，6）。

纺轮　25件。根据形状的不同分四型（图版二〇）。

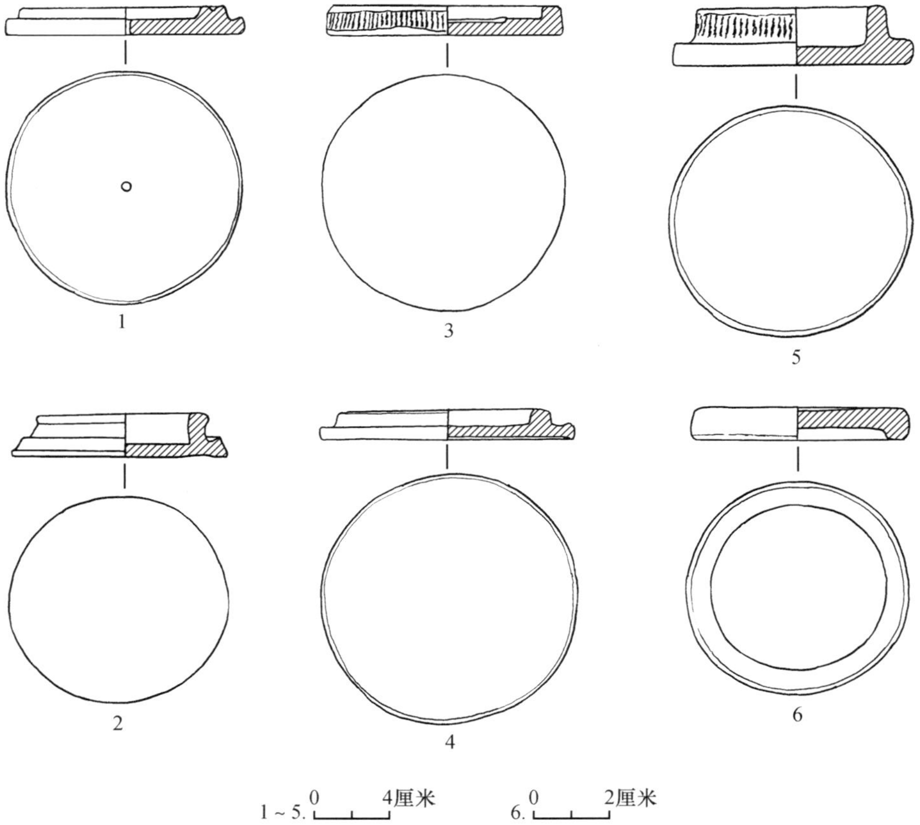

图4-17　B型陶器盖

1. F25：13　2. T29①：1　3. F1：52　4. Y2：6　5. F37：1　6. F25：14

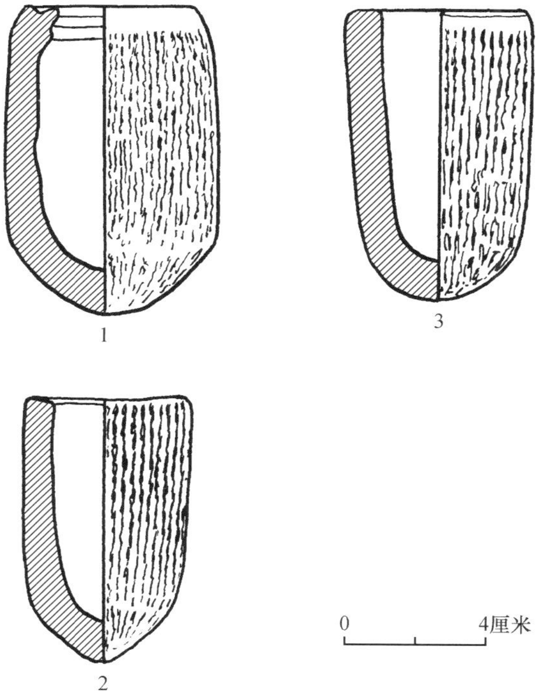

图4-18　陶模具
1. F4：5　2. T41②：5　3. T21②：12

A型　17件。算珠状。根据纹饰特征分三亚型。

Aa型　6件。素面。

T22②：10，泥质灰陶。整体呈菱形，两端略弧，中腰处有一明显棱脊。中心有一贯穿中央的圆孔。最大径3.4、孔径0.5、厚2.5厘米（图4-19，1）。

F1：46，泥质灰陶。整体呈菱形，两端略弧，中心有一贯穿中央的圆孔。最大径3.9、孔径0.5、厚2.3厘米（图4-19，2）。

T21②：9，泥质灰黑陶。整体呈椭圆形，两端平整，中心有一贯穿的圆孔。最大径3.3、孔径0.6、厚1.6厘米（图4-19，3）。

T41②：4，泥质灰陶。整体呈菱形，两端略弧，中腰处有一明显棱脊。中心有一贯穿的圆孔。最大径3.5、孔径0.4、厚1.8厘米（图4-19，4）。

T20②：1，泥质红褐陶。整体呈鼓形，两端平整，中腰处有一明显凸起。中心有一贯穿中央的圆孔，部分残缺。最大径3.4、孔径0.5、厚2.4厘米（图4-19，5）。

F24：7，泥质灰陶。整体呈略扁椭圆形，两端平整，中心有一贯穿的圆孔。最大径3.2、孔径0.5、厚1厘米（图4-19，6）。

Ab型　8件。有纹饰。

T29③：3，泥质灰陶。整体呈橄榄形，器表饰圆圈纹，中心有一贯穿中央的圆孔。最大径3.5、孔径0.6、厚2.2厘米（图4-19，7）。

H17：10，泥质灰黑陶。整体呈橄榄形，饰篦点纹，中心有一贯穿中央的圆孔。最大径

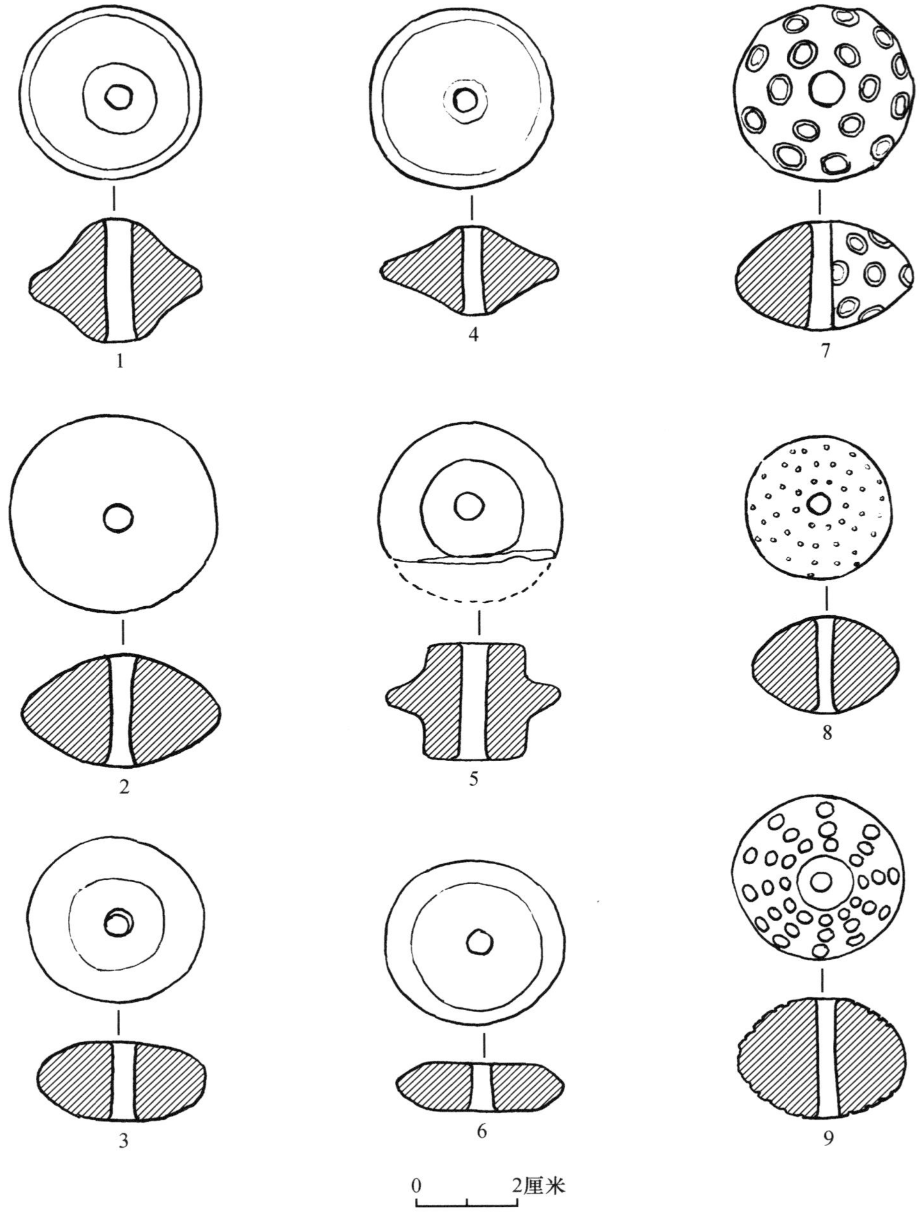

图4-19　陶纺轮

1～6. Aa型（T22②：10、F1：46、T21②：9、T41②：4、T20②：1、F24：7）　7～9. Ab型（T29③：3、H17：10、T29③：2）

2.9、孔径0.4、厚1.9厘米（图4-19，8）。

T29③：2，泥质灰陶。整体呈橄榄形，饰戳印的放射状坑点纹，中心有一贯穿中央的圆孔。最大径3.3、孔径0.4、厚2.5厘米（图4-19，9）。

T26②：1，泥质灰陶。整体呈菱形，两端略弧。外圈饰戳印花边，中心有一贯穿中央的圆孔。最大径3.5、孔径0.4、厚2.4厘米（图4-20，1）。

T13②：6，泥质灰陶。整体呈椭圆形，两端略弧。外圈饰戳印十字纹花边，中心有一贯穿中央的圆孔。最大径3.2、孔径0.4、厚1.9厘米（图4-20，2）。

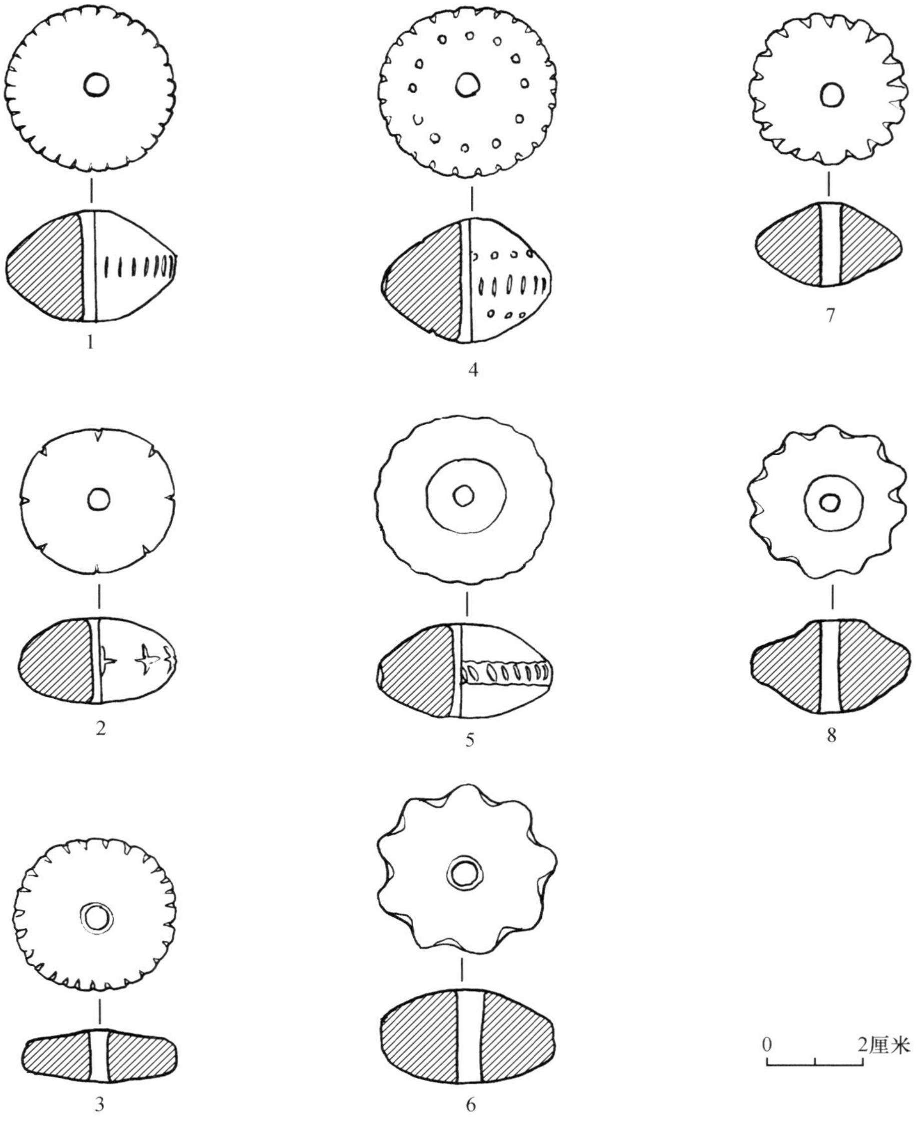

图4-20　陶纺轮

1～5. Ab型（T26②：1、T13②：6、F25：19、F1：26、T10②：3）　6～8. Ac型（T36②：2、T27③：6、H11：6）

F25：19，泥质灰褐陶。整体呈扁椭圆形，两端略凸。外圈饰戳印花边，中心有一贯穿的圆孔。最大径3.2、孔径0.5、厚1.1厘米（图4-20，3）。

F1：26，泥质灰陶。整体呈菱形，两端较凸。外圈饰戳印花边，上、下面各饰一圈篦点纹，中心有一贯穿中央的圆孔。最大径3.5、孔径0.4、厚2.7厘米（图4-20，4）。

T10②：3，泥质灰陶。整体呈橄榄形，两端较平。外圈饰戳印花边，中心有一贯穿中央的圆孔。最大径3.6、孔径0.4、厚2厘米（图4-20，5）。

Ac型　3件。侧边有齿形凸起。

T36②：2，泥质灰褐陶。整体呈橄榄形，两端略凸。侧边有齿形凸起，中心有一贯穿中央的圆孔。最大径3.6、孔径0.6、厚2厘米（图4-20，6）。

T27③：6，泥质灰陶。整体呈菱形，两端略凸。侧边有齿形凸起，中心有一贯穿中央的圆孔。最大径3、孔径0.4、厚1.8厘米（图4-20，7）。

H11：6，泥质灰黑陶。整体呈菱形，两端较平。侧边有齿形凸起，中心有一贯穿中央的圆孔。最大径3.3、孔径0.4、厚2厘米（图4-20，8）。

B型　5件。馒首状。根据剖面形态分二亚型。

Ba型　4件。剖面呈阶梯状。

T26②：2，泥质灰陶。底部呈圆形饼状，较矮，顶部呈圆台状，较高，中心有一贯穿中央的圆孔。最大径2.8、孔径0.4、厚1.9厘米（图4-21，1）。

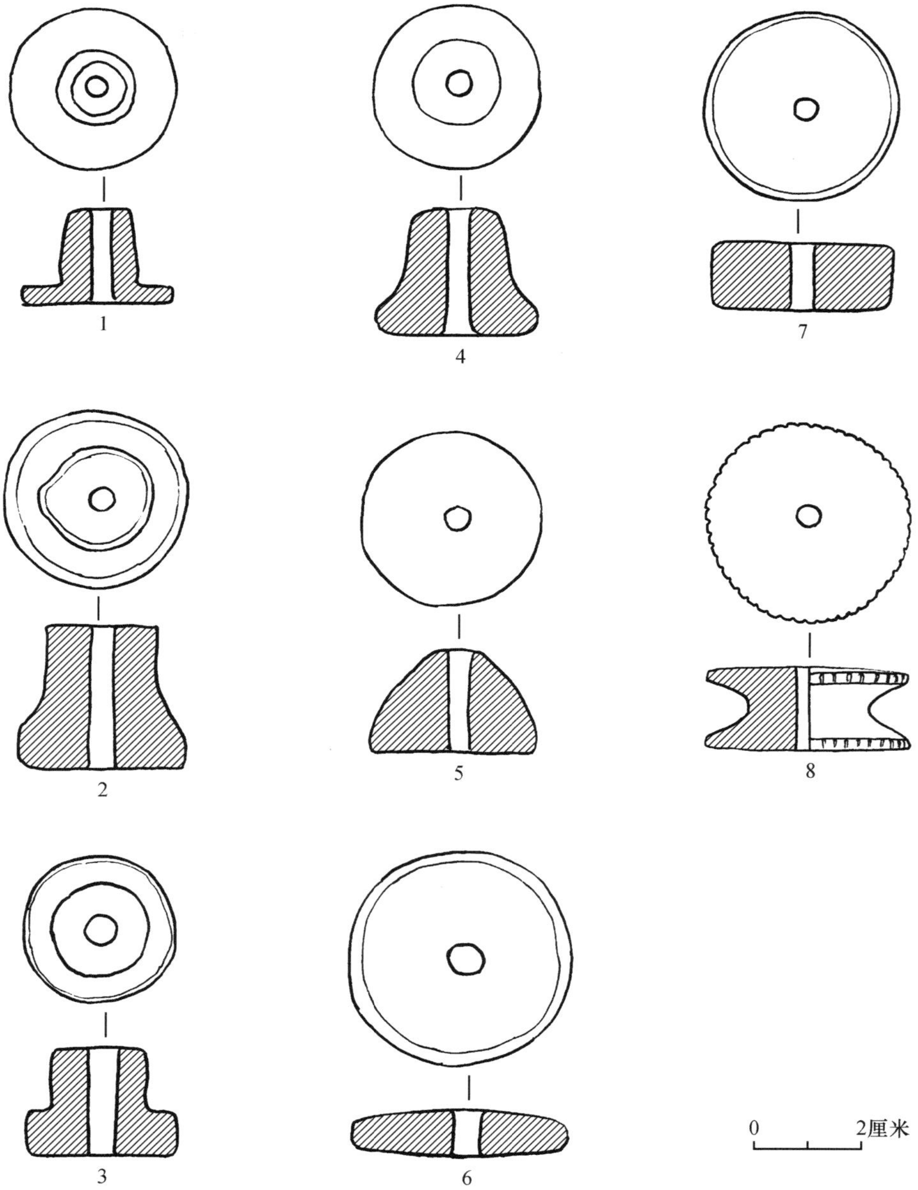

图4-21　陶纺轮

1～4. Ba型（T26②：2、T34②：20、T41②：3、H41：9）　5. Bb型（T13②：5）　6. Ca型（T22②：1）　7. Cb型（F25：16）　8. D型（T5②：4）

T34②：20，泥质红褐陶。底部呈馒首状，顶部呈圆台状，中心有一贯穿中央的圆孔。最大径3.1、孔径0.5、厚2.8厘米（图4-21，2）。

T41②：3，泥质灰陶。底部呈圆形饼状，顶部呈圆台状，中心有一贯穿中央的圆孔。最大径2.8、孔径0.6、厚2厘米（图4-21，3）。

H41：9，泥质灰陶。底部呈馒首状，顶部呈圆台状，中心有一贯穿中央的圆孔。最大径3、孔径0.5、厚2.5厘米（图4-21，4）。

Bb型　1件。剖面呈梯形。

T13②：5，泥质灰褐陶。整体呈馒首状，中心有一贯穿中央的圆孔。最大径3、孔径0.5、厚2厘米（图4-21，5）。

C型　2件。圆饼状。根据边缘形态分二亚型。

Ca型　1件。边缘略弧。

T22②：1，泥质灰陶。中心有一贯穿的圆孔。最大径4、孔径0.5、厚0.9厘米（图4-21，6）。

Cb型　1件。边缘竖直。

F25：16，泥质灰黑陶。中心有一贯穿中央的圆孔。最大径3.4、孔径0.4、厚1.3厘米（图4-21，7）。

D型　1件。亚腰形。

T5②：4，泥质灰黑陶。上、下面边缘饰花边纹，中心有一贯穿中央的圆孔。最大径3.8、孔径0.4、厚1.6厘米（图4-21，8）。

陶拍　2件。

T29②：5，泥质灰褐陶。平面呈圆形，顶部凸起，底部微弧。饰浅绳纹。直径5.1、厚1.4厘米（图4-22，1）。

T41②：6，泥质灰褐陶。器身呈柱状，侧面微内凹，两端微弧。通体饰戳印纹。底部直径3.6～4、高5.3厘米（图4-22，2）。

陶埙　3件。

T28②：3，泥质灰褐陶。整体呈橄榄形。两侧及中间有钻孔，两侧钻孔相连通。素面。长6.2、最宽处2.8、最厚处2厘米（图4-22，3）。

T30②：5，夹砂灰陶。整体呈“T”形。两侧及中间有钻孔，两侧钻孔相通。素面。两侧孔径0.3、顶端孔径0.5、长4.4、宽4.2、厚2厘米（图4-22，4；图版二〇，2）。

F8：3，泥质红褐陶。整体呈倒三角形。两侧有穿孔，顶部有一较大穿孔。顶部宽，底端窄。素面。两侧孔径0.2、顶部孔径0.5、长3.7、宽3厘米（图4-22，5）。

齿轮状陶器　1件。

H43：2，泥质灰褐陶。系捏塑制成，器身呈圆形，周边有五个乳突，顶部有一柱状凸起，已残断。最大径4.2、残高4厘米（图4-22，6）。

陶饼　8件。

F29：5，泥质灰褐陶。器表饰弦断绳纹。直径5.8、厚0.8厘米（图4-23，1）。

F5：2，泥质灰陶。器表饰弦纹。直径4.7、厚1.1厘米（图4-23，2）。

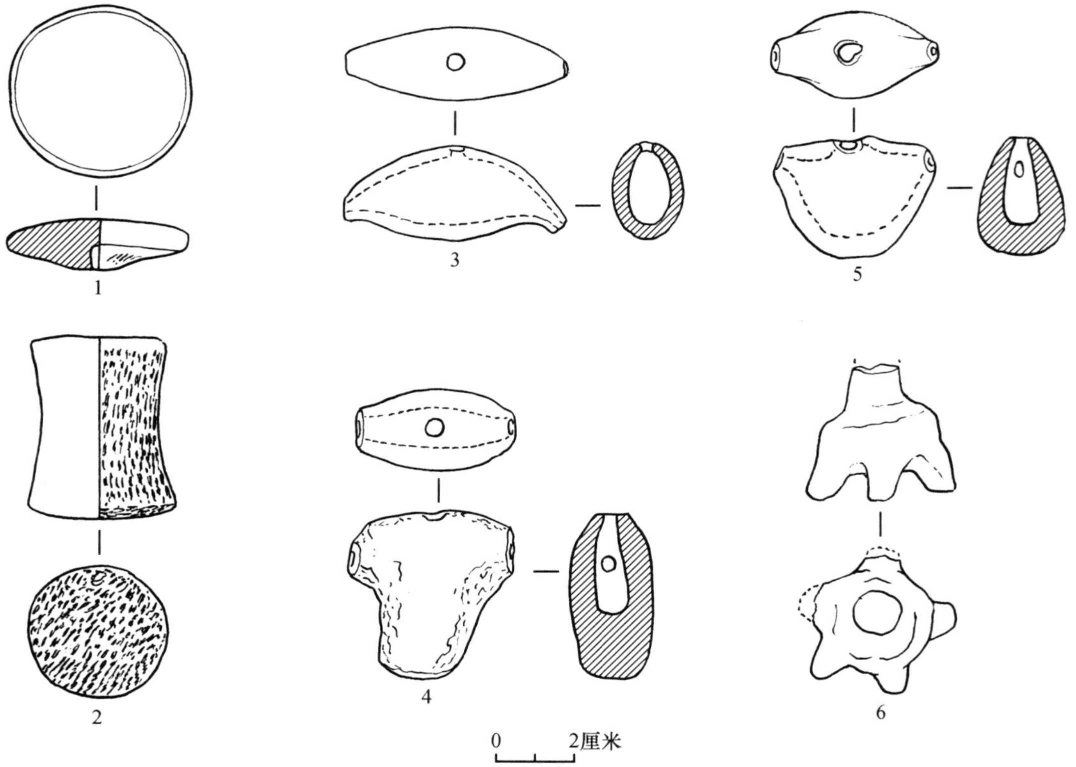

图4-22　陶拍、埙及齿轮状陶器

1、2. 陶拍（T29②：5、T41②：6）　3～5. 陶埙（T28②：3、T30②：5、F8：3）　6. 齿轮状陶器（H43：2）

T32②：4，泥质灰黑陶。器表饰一道弦纹。直径4.8、厚0.6厘米（图4-23，3）。

H14：12，泥质灰褐陶。器表饰弦纹及绳纹。直径9.2、厚1.2厘米（图4-23，4）。

L1④：5，泥质红褐陶。器表素面。直径3.8、厚0.8厘米（图4-23，5）。

T28②：4，泥质灰褐陶。器表素面。直径7.5、厚1.2厘米（图4-23，6）。

L1④：6，泥质灰褐陶。器表饰弦断绳纹。直径3.7、厚0.6厘米（图4-23，7）。

F9：18，泥质灰陶。器表饰弦纹。直径4.6、最厚处1厘米（图4-23，8）。

纹饰陶片　2件。

H46：1，泥质灰黑陶。器表饰叶脉纹及多道弦纹。残长21、厚0.8厘米（图4-24，1）。

T31②：3，泥质灰褐陶。平面近长方形，器表饰弦断绳纹。打磨加工制成。长4.8、宽3、厚0.9厘米（图4-24，2）。

二、石　　器

小塘山遗址出土石器数量较多，种类丰富。石器种类主要有斧、铲、刀、凿、锛、磨棒、磨盘、盘状石器、石臼、石球、石拍、石鞋楦、石环、石璧、石核、石叶、石珠、镞等，按使用方法可分为砍伐工具、挖掘工具、研磨工具、装饰品等几类（图版二一～图版二五）。

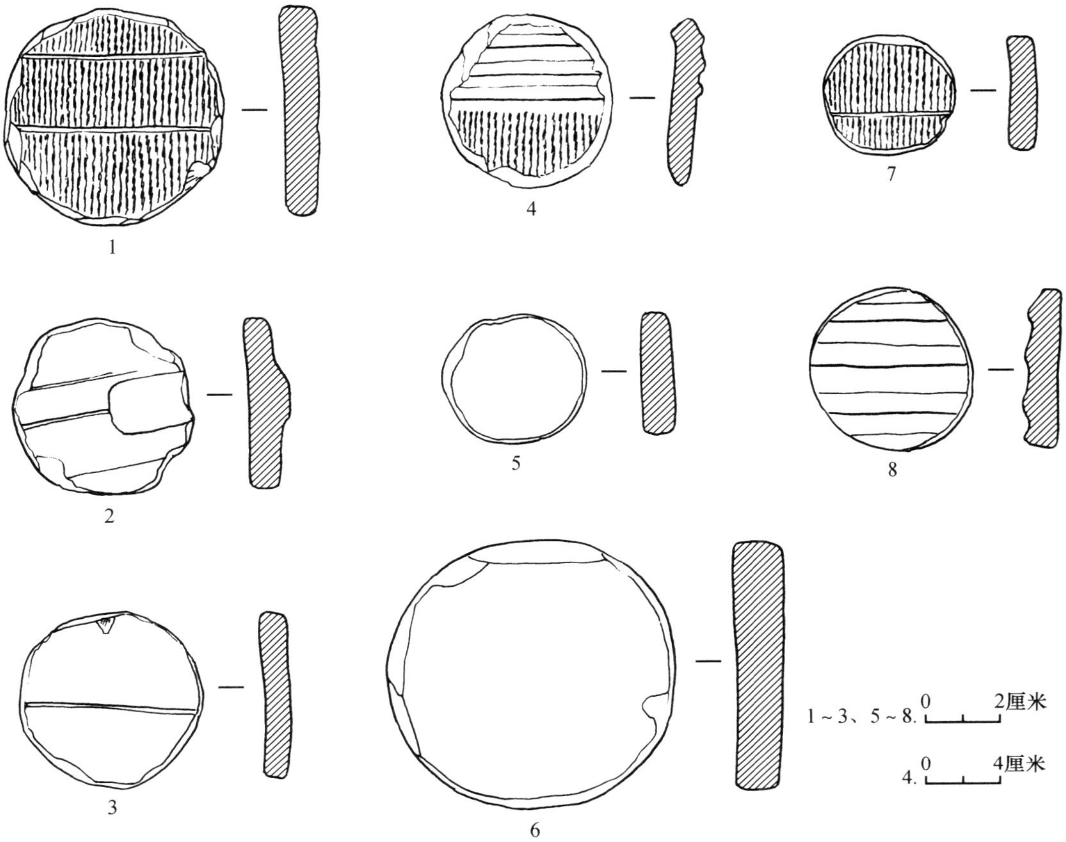

图4-23 陶饼

1. F29：5 2. F5：2 3. T32②：4 4. H14：12 5. L1④：5 6. T28②：4 7. L1④：6 8. F9：18

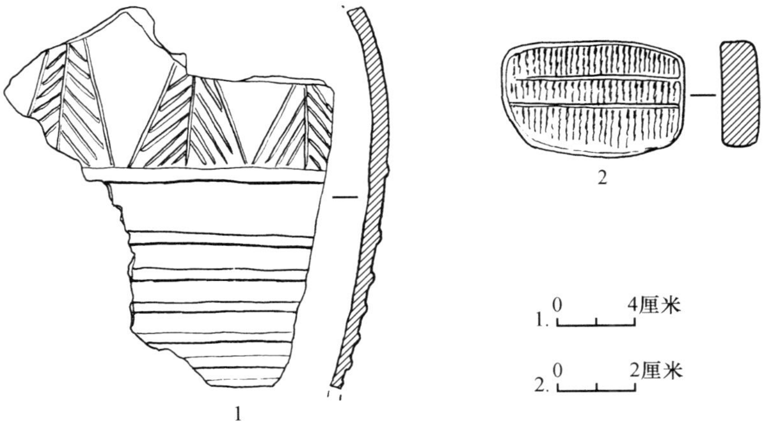

图4-24 纹饰陶片

1. H46：1 2. T31②：3

斧　20件。根据其形状的不同可分为三型。

A型　13件。平面略呈梯形，根据侧边形态分二亚型。

Aa型　7件。两侧边较直。

T20②：2，青灰色砂岩，磨制。刃略斜，有崩口。长11.4、宽6、厚4厘米（图4-25，1）。

F13：26，青灰色砂岩，磨制。器身厚重。刃部微弧，略残。长11.2、宽6.1、厚4.7厘米（图4-25，2）。

T24③：12，灰色砂岩，通体磨制光滑。器身厚重。顶部呈弧形。长8.7、宽5.3、厚3厘米（图4-25，3；图版二一，1）。

H34：21，灰褐色凝灰岩，磨制。刃中部残，顶部略薄。长11、宽7、厚2.2厘米（图4-25，4）。

F13：17，青灰色砂岩，通体磨制光滑。刃部略斜。长10.2、宽6、厚3.3厘米（图4-25，5）。

F8：11，青灰色砂岩，磨制。顶部有琢制痕迹。长12.1、宽5.4、厚4厘米（图4-25，6；图版二一，2）。

F1：22，灰色砂岩，磨制精致。刃略弧。长10、宽5.2、厚2.9厘米（图4-25，7；图版二一，3）。

Ab型　6件。两侧边弧。

T33②：5，灰色砂岩，磨制。刃部圆弧，顶部平。长9.7、宽5.2、厚3.4厘米（图4-26，1）。

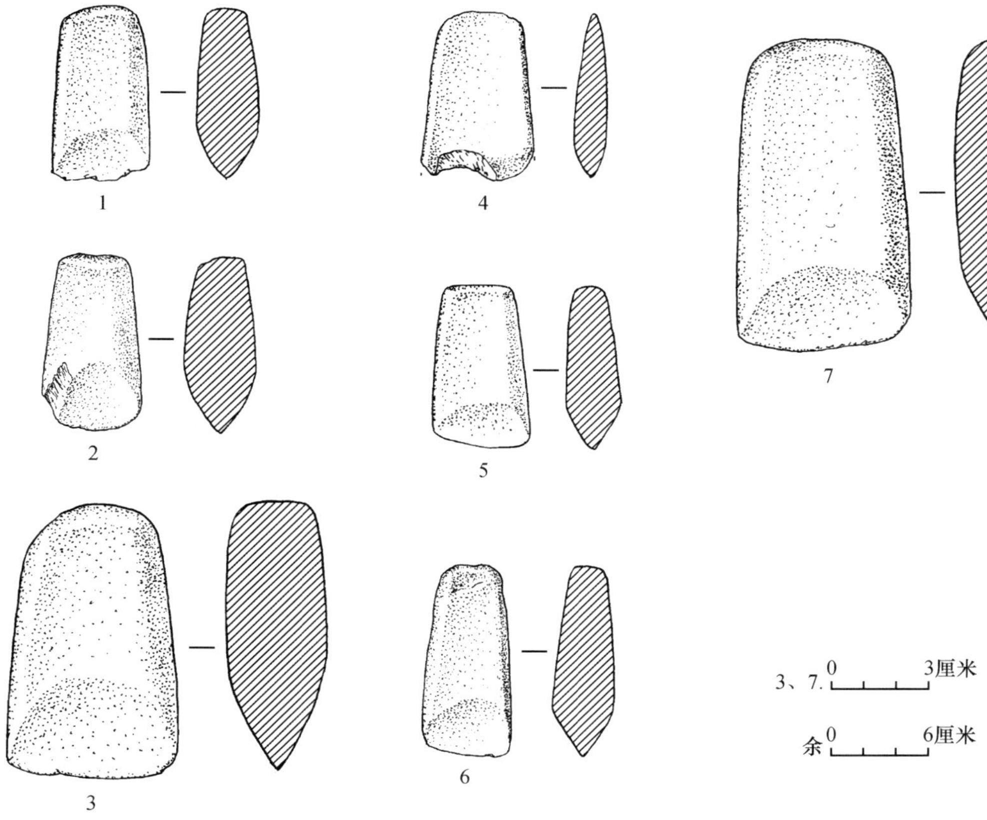

图4-25　Aa型石斧

1. T20②：2　2. F13：26　3. T24③：12　4. H34：21　5. F13：17　6. F8：11　7. F1：22

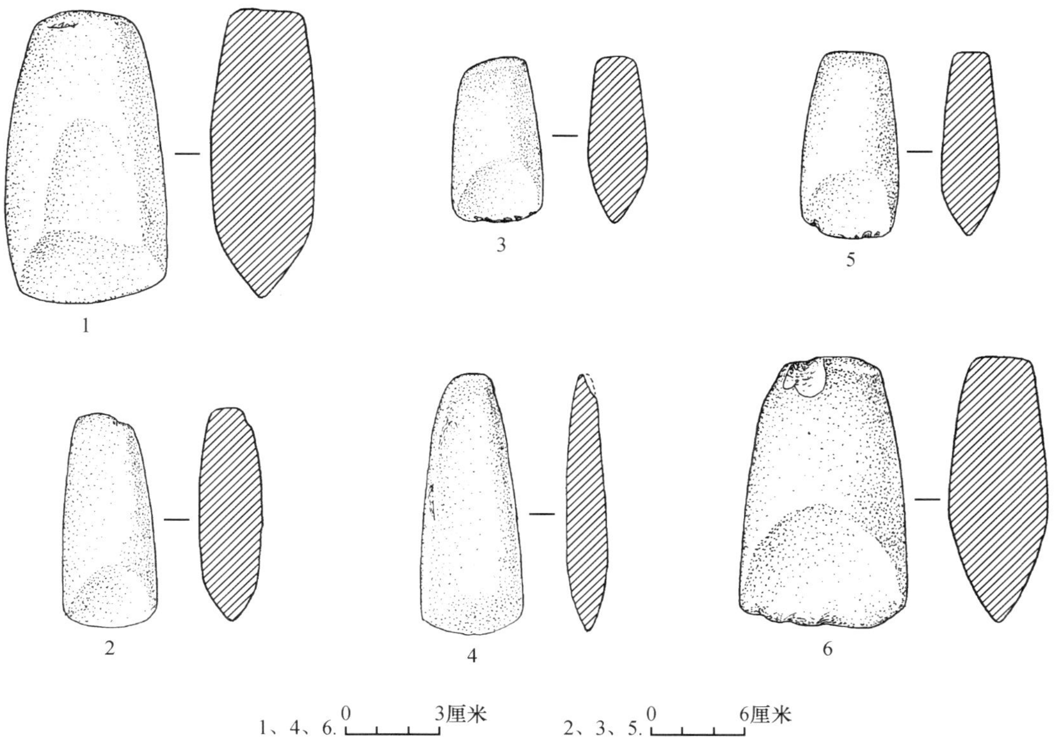

图4-26　Ab型石斧

1. T33②：5　2. T33②：1　3. T23②：7　4. F2：10　5. F15：6　6. T11②：6

T33②：1，青灰色砂岩，磨制精致。长14.6、宽6.2、厚4.3厘米（图4-26，2）。

T23②：7，青灰色砂岩，磨制。刃部有使用痕迹。长11.2、宽6、厚4厘米（图4-26，3）。

F2：10，灰褐色细砂岩，磨制。刃为弧形，顶部略残。长8.8、宽3.3、厚1.3厘米（图4-26，4）。

F15：6，灰色砂岩，磨制。刃略斜，刃部有使用痕迹。长12.6、宽6.6、厚3.8厘米（图4-26，5）。

T11②：6，灰褐色砂岩，磨制。刃及顶部略残。长9.1、宽5.5、厚3.2厘米（图4-26，6）。

B型　4件。平面略呈长方形，两侧边微弧。

F13：30，灰色凝灰岩，磨制。刃呈弧状，顶部残。长11.4、宽5.1、厚5.8厘米（图4-27，1）。

T5②：1，灰色砂岩，磨制。刃微弧，顶部略残。长12.4、宽5.2、厚4.4厘米（图4-27，2）。

H34：6，青灰色砂岩，磨制精致。刃略弧，顶部较平。长10.6、宽5.7、厚4.2厘米（图4-27，3）。

F13：8，灰色砂岩，磨制。器身较细长，刃部磨光。长15.6、宽5.8、厚3.6厘米（图4-27，4；图版二一，4）。

C型　3件。顶部带穿孔。

T31②：2，灰褐色花岗岩，磨制。器身呈长条状。刃部有轻微崩损，顶部较平。在斧上端有一孔，为双面钻。长16.4、宽5、厚2.2厘米（图4-28，1；图版二一，5）。

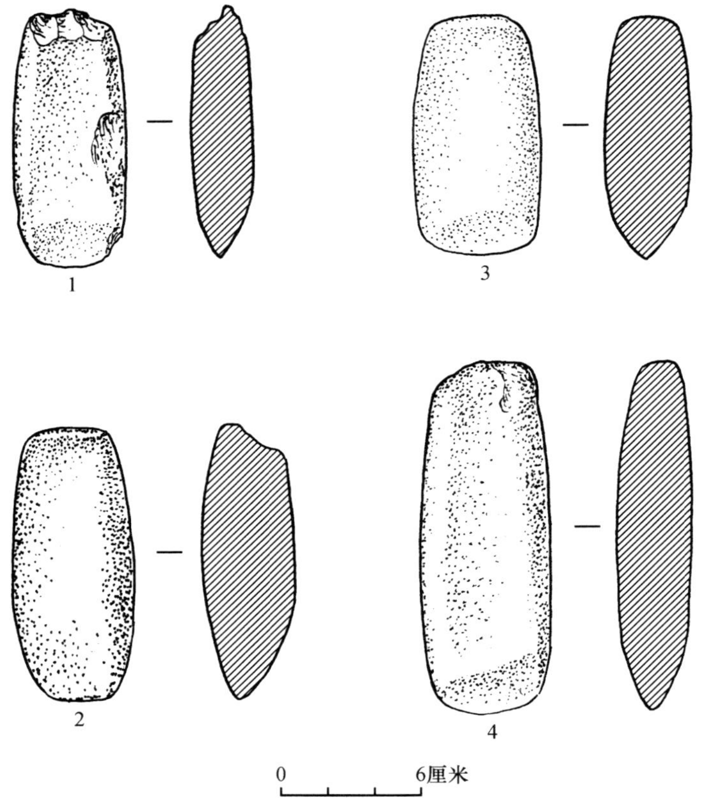

图4-27　B型石斧

1. F13：30　2. T5②：1　3. H34：6　4. F13：8

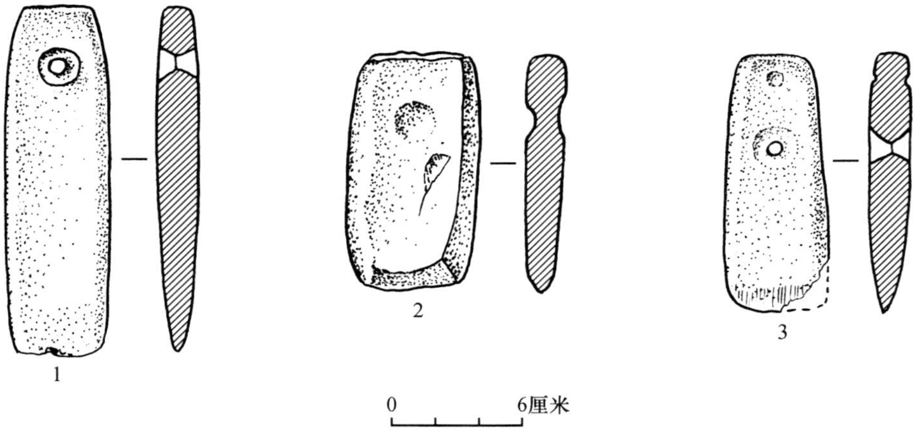

图4-28　C型石斧

1. T31②：2　2. F13：14　3. F26：12

F13：14，白色大理岩，磨制。器身呈长方形。斧身上半部两面各钻一浅坑，刃较钝。长11.2、宽6、厚1.8厘米（图4-28，2）。

F26：12，黑灰色砂岩，磨制。器身平面近梯形。斧上端两面各有一浅坑，中上部有一孔，为两面钻。刃部略残。长12、宽4.6、厚2厘米（图4-28，3；图版二一，6）。

铲　15件。根据其形状的不同可分为三型。

A型　5件。两边竖直，整体呈长方形。

T34②：16，灰色凝灰岩，磨制。铲身上部残断，刃部有崩损。残长11.5、宽8.7、厚0.7厘米（图4-29，1）。

T6③：4，灰色凝灰岩，磨制。单刃略弧，顶部斜状。两面磨平，使用痕迹明显。长15.6、宽9.8、厚0.7厘米（图4-29，2）。

F9：17，灰色泥质板岩，磨制。刃部呈弧状。长14.3、宽9、厚0.9厘米（图4-29，3；图版二二，1）。

H11：1，灰色凝灰岩，磨制。铲上部残断一角。长17.1、宽10.2、厚1.2厘米（图4-29，4；图版二二，2）。

T22②：15，青灰色花岗岩，磨制精致。器身窄长，刃较平，使用痕迹明显，铲顶端残断。残长40、宽13、厚1.5厘米（图4-29，5；图版二二，3）。

B型　6件。平面近梯形。

H42：2，灰色凝灰岩，磨制。宽弧刃，使用痕迹明显。长10.2、宽8.3、厚0.8厘米（图4-30，1；图版二二，4）。

T31③：7，灰色凝灰岩，磨制。单刃略弧，铲顶斜直。长22.9、宽10.4、厚0.8厘米

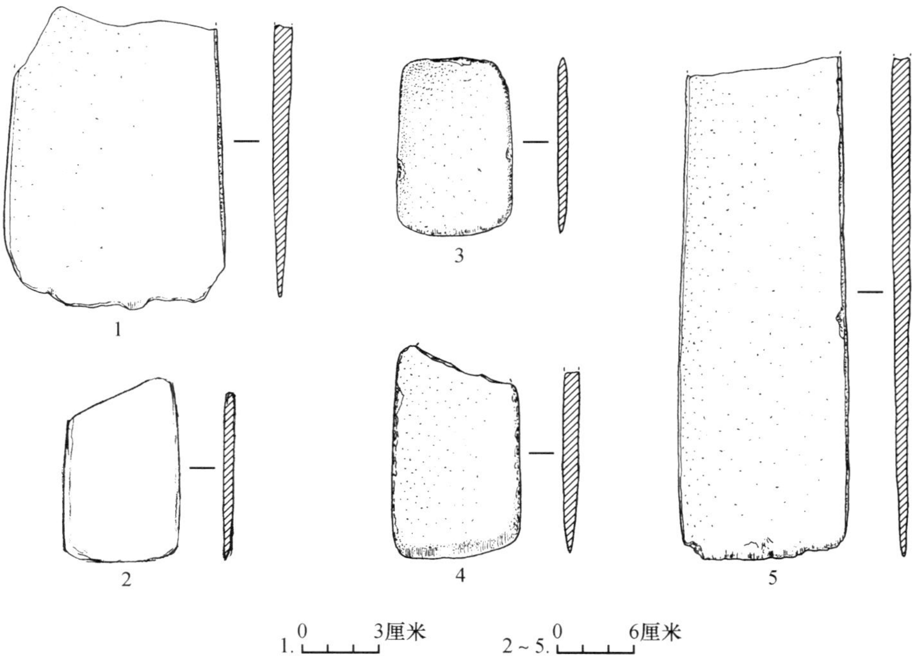

图4-29　A型石铲

1. T34②：16　2. T6③：4　3. F9：17　4. H11：1　5. T22②：15

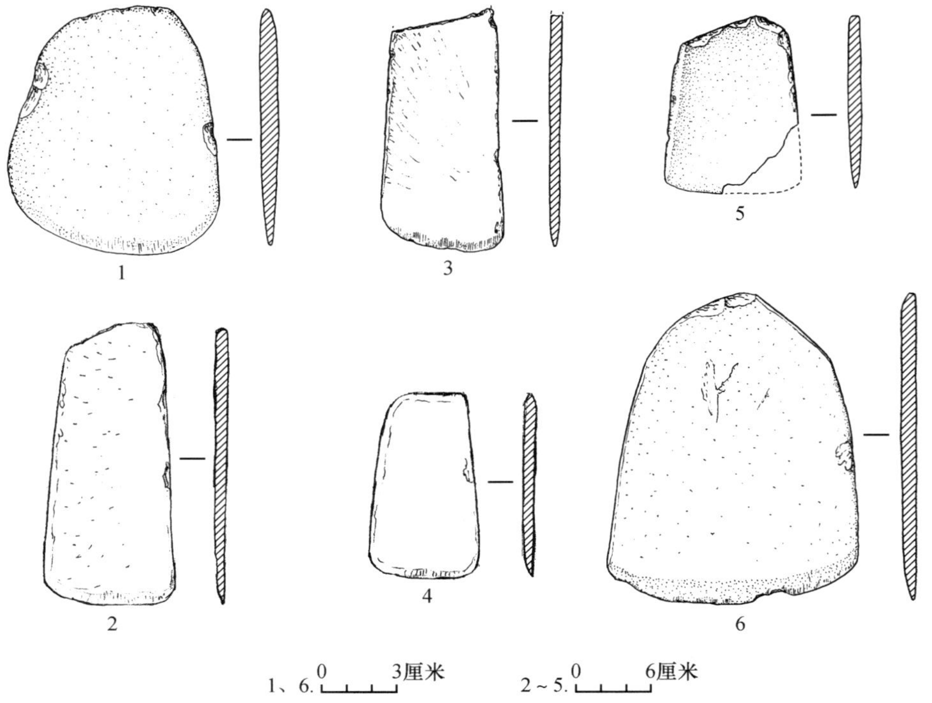

图4-30　B型石铲

1. H42：2　2. T31③：7　3. T6②：7　4. T6③：6　5. F24：1　6. T24③：11

（图4-30，2）。

T6②：7，灰色凝灰岩，磨制。铲上部残断，使用痕迹明显。斜刃。残长20.4、宽10、厚0.9厘米（图4-30，3；图版二二，5）。

T6③：6，深灰色凝灰岩，磨制。刃略弧，使用痕迹明显。长14.9、宽9.1、厚0.8厘米（图4-30，4）。

F24：1，灰色凝灰岩，磨制。刃部微弧，一角部残。长14.6、宽10.8、厚0.9厘米（图4-30，5）。

T24③：11，灰色凝灰岩，磨制。单面刃，刃部使用痕迹明显。长12.8、宽10、厚0.6厘米（图4-30，6；图版二二，6）。

C型　4件。有肩部。

H18：1，灰色凝灰岩，打制，两面磨平。铲身残断，只存柄部。残长7.6、宽8.8、厚1.1厘米（图4-31，1）。

T25③：9，灰色凝灰岩，打磨制成。铲的一侧打制痕迹明显，铲刃有崩痕。长13.2、宽7.4、厚0.6厘米（图4-31，2；图版二三，1）。

F23：2，浅灰色泥质板岩，打制。柄部一角残缺，单面刃。残长10.7、宽9、厚0.8厘米（图4-31，3）。

F21②：14，灰色凝灰岩，打磨制成，柄部边缘打制痕迹明显。刃部呈弧状，有崩损。长11.2、宽9、厚0.8厘米（图4-31，4；图版二三，2）。

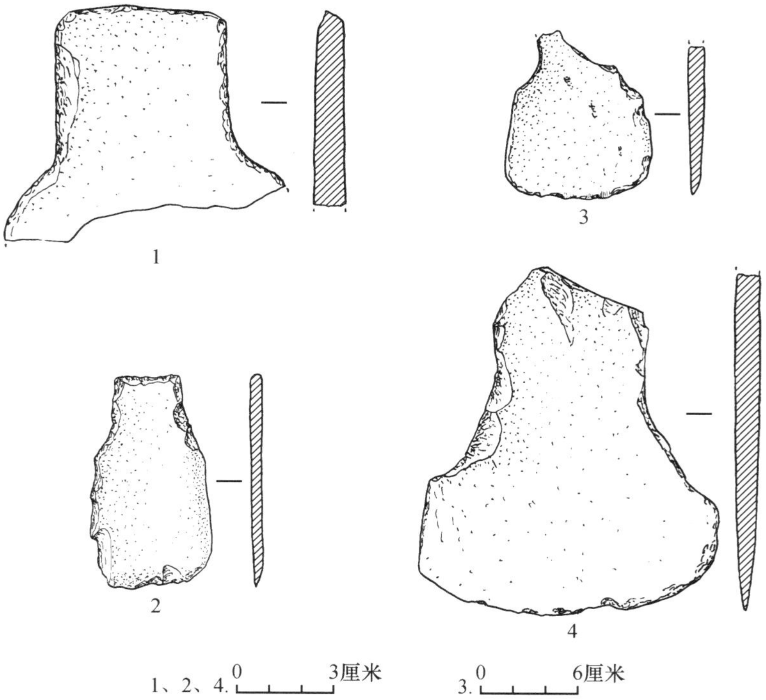

图4-31　C型石铲

1. H18：1　2. T25③：9　3. F23：2　4. F21②：14

刀　6件。

T1③：14，灰色砂岩，磨制，已残断。器身一面有凸棱，单刃，刃部有崩口。残长9.5、宽4.4、厚1厘米（图4-32，1）。

T38②：1，灰色砂岩，磨制，已残断。器身一面凸起有棱，截面为三角形。残长8.5、宽3、厚1.5厘米（图4-32，2；图版二三，3）。

T14②：4，灰色砂岩，磨制，已残断。器身一面起棱，截面为三角形。一端有一穿孔。残长7.5、宽2.5、厚1.1厘米（图4-32，3；图版二三，4）。

T37②：4，灰色凝灰岩，磨制，已残断。器身一面起棱，单刃，刀残，只存一半。残长12、厚1厘米（图4-32，4）。

F14：2，灰褐色砂岩，磨制，已残断。器身一面凸起有棱，单刃。残长5.1、宽2.6、厚0.6厘米（图4-32，5）。

T25②：2，青灰色砂岩，磨制，已残断。器身一面凸起，中部有一残孔，孔为两面对钻。残长8.8、宽3.8、厚0.9厘米（图4-32，6）。

凿　3件。

T13②：10，灰色凝灰岩，磨制精致，平刃。长5.3、宽1.3、厚0.6厘米（图4-33，1；图版二三，5）。

H28：11，灰色凝灰岩，磨制。顶部微残，单面刃。长3.8、宽1.5、厚1厘米（图4-33，2）。

H11：4，灰白色玉，磨制。在凿身上端有小孔未钻透。顶部较平，单面刃。长7.5、宽

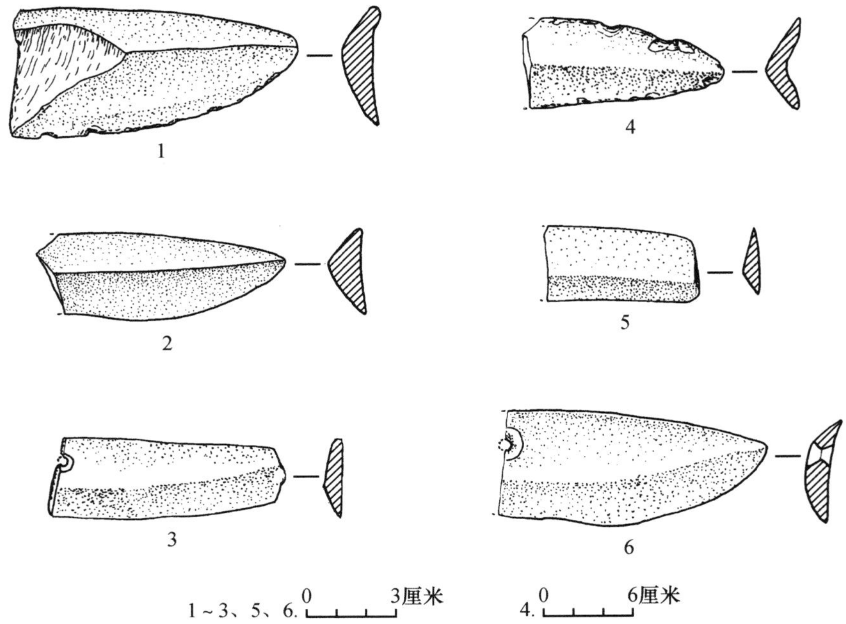

图4-32　石刀

1. T1③：14　2. T38②：1　3. T14②：4　4. T37②：4　5. F14：2　6. T25②：2

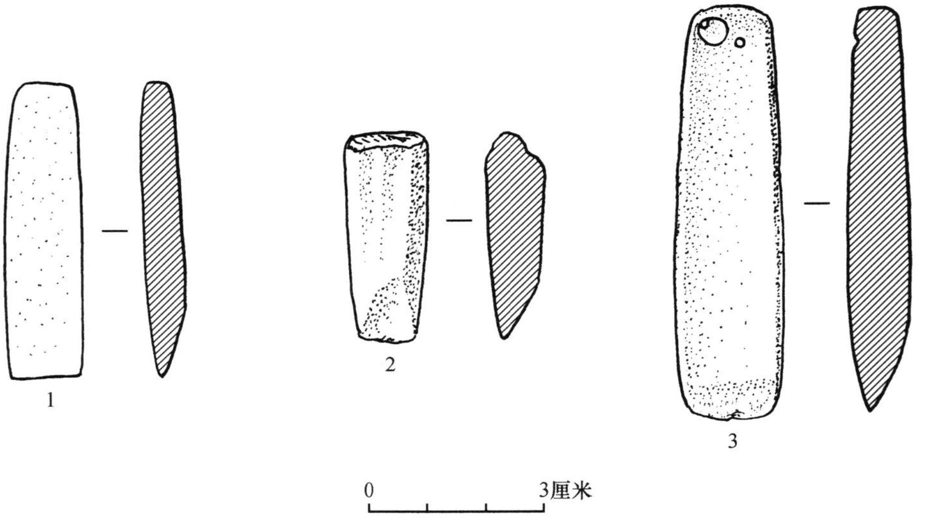

图4-33　石凿

1. T13②：10　2. H28：11　3. H11：4

1.9、厚1厘米（图4-33，3）。

锛　3件。

T13②：15，灰色凝灰岩，磨制。上窄下宽，单面刃。长8.1、宽3.5、厚1厘米（图4-34，1；图版二三，6）。

F3：6，灰白色泥质板岩，磨制。上部残，上端有一孔未钻透。残长5、宽2.7、厚0.6厘米（图4-34，2）。

H24：1，灰白色砂岩，磨制。平面近长方形。单面刃，刃部使用痕迹明显。长8.8、宽4.5、厚1.3厘米（图4-34，3；图版二四，1）。

磨棒　4件。

F1：57，青灰色砂岩，琢磨制成。器身呈扁柱状，一端略细。长17.2、截面直径3.5～5.4厘米（图4-35，1）。

F23：9，青灰色砂岩，琢磨制成。器身呈扁柱状，截面为圆角方形，使用痕迹明显。长12.6、宽4.2、厚3.6厘米（图4-35，2）。

F1：42，灰色砂岩，琢磨制成，残断。器身呈柱状，截面为圆形。残长13.5、截面直径4～5厘米（图4-35，3）。

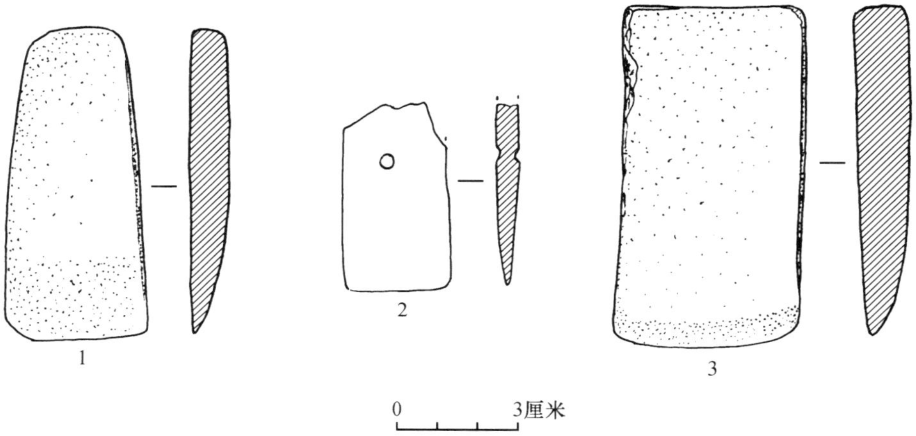

图4-34　石锛

1. T13②：15　2. F3：6　3. H24：1

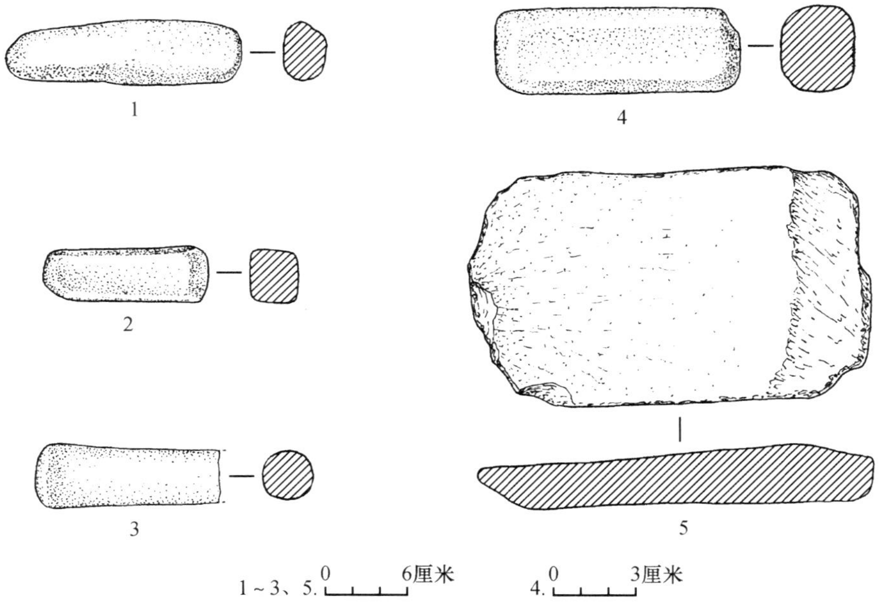

图4-35　石磨棒、磨盘

1～4. 磨棒（F1：57、F23：9、F1：42、F19：1）　5. 磨盘（T4②：7）

F19：1，灰褐色砂岩，磨制，边棱处使用痕迹明显。长9、宽3.3、厚2.7厘米（图4-35，4）。

磨盘　1件。

T4②：7，灰色砂岩，琢磨制成。器身厚重，平面呈圆角长方形，有明显使用痕迹。长29.6、宽18、厚4.2厘米（图4-35，5）。

盘状器　9件。

F14：1，褐色花岗岩，打制。平面近圆形，一面略凸。直径8.4～9.4、厚1.5厘米（图4-36，1）。

T11②：8，灰褐色凝灰岩，打制，打制痕迹明显。平面呈圆形，边部为刃状。直径11.8～12.4、厚1.6厘米（图4-36，2）。

F28：5，灰白色粗砂岩，打制。近圆形，边部略薄。直径11.5、厚1.3厘米（图4-36，3）。

H44：2，灰色花岗岩，打制，打制痕迹明显。直径12.4、厚1厘米（图4-36，4）。

F23：1，褐色花岗岩，打制。两面较平。直径10～11、厚1～1.4厘米（图4-36，5）。

F4：1，灰色泥质板岩，打制。中部厚，边沿薄，呈刃状。直径8.2、厚1.2厘米（图4-36，6）。

T24③：14，灰褐色花岗岩，打制，打制痕迹明显。平面呈圆形。直径14、厚2.2厘米（图4-36，7）。

H6：2，黄褐砂岩，磨制。平面呈圆形，中间厚。直径10、厚3厘米（图4-36，8）。

F13：9，黄褐色石英岩，打制。平面呈圆形，边缘为刃状。直径8.4、厚1厘米（图4-36，9）。

石臼　4件（图版二四）。

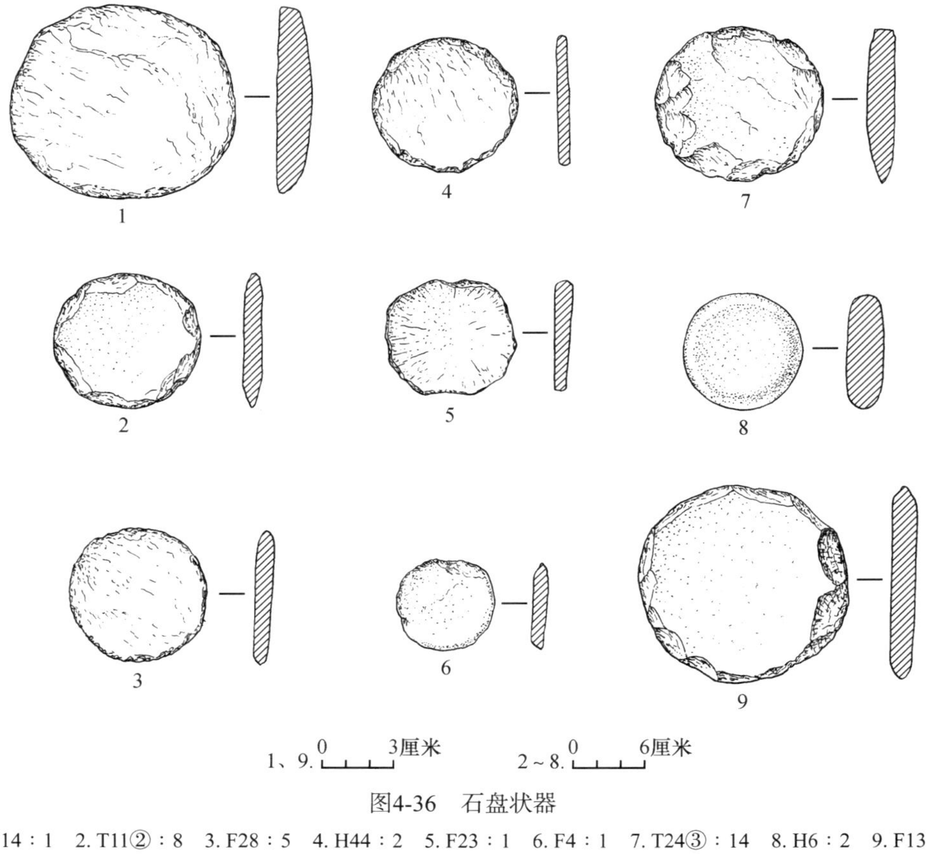

图4-36　石盘状器

1. F14：1　2. T11②：8　3. F28：5　4. H44：2　5. F23：1　6. F4：1　7. T24③：14　8. H6：2　9. F13：9

T25②：15，灰白色凝灰岩，磨制。直口，方唇，壁微弧，厚平底。口径12、高6.9、底径8.8厘米（图4-37，1）。

T21③：11，白色石英岩，琢制，口部略残。直壁平底，内壁呈锅底状。长7.7、宽10.5、深3.2厘米（图4-37，2）。

F13：28，乳白色密质大理岩，磨制。直口，方圆唇，壁微弧，平底较厚。最大径8、高7.6、底径6厘米（图4-37，3）。

T23③：13，褐色粗砂岩，琢制。圆唇，壁微弧，厚底，内壁锅底状。最大径16.6、高10、底厚7.3厘米（图4-37，4）。

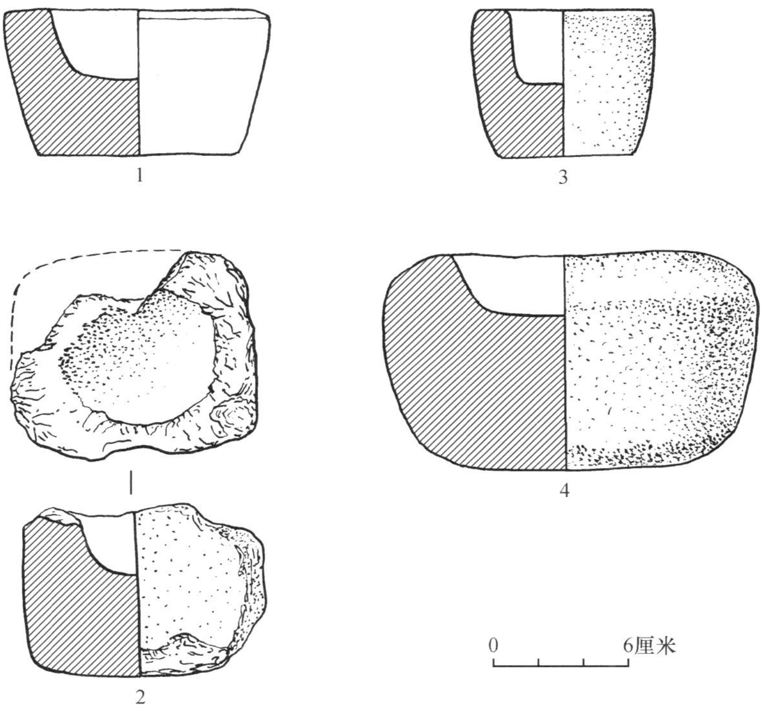

图4-37　石臼

1. T25②：15　2. T21③：11　3. F13：28　4. T23③：13

石球　2件。

F15：19，黄白色石英岩，打磨制成。底部有自然形成的孔洞，使用痕迹明显。直径4.8～10厘米（图4-38，1）。

L1④：4，灰色砂岩，磨制。圆球形。直径4.5厘米（图4-38，2）。

石拍　5件。

T17②：11，灰色砂岩，磨制精致。由柄合拍组成，整体呈倒“T”形。柄为柱状，拍面近圆形，使用痕迹明显。通高7、柄直径3.6、拍直径4.8～5.4、柄长5厘米（图4-39，1）。

H23：18，灰色花岗岩，磨制。由柄和拍组成，柄为柱状，拍面近圆角方形。通高8、柄长6.1厘米，拍面长5.1、宽4.6厘米（图4-39，2）。

T12②：6，灰色砂岩，琢制，已残。器柄呈柱状，拍为椭圆状，拍面磨光。残高6.1、拍

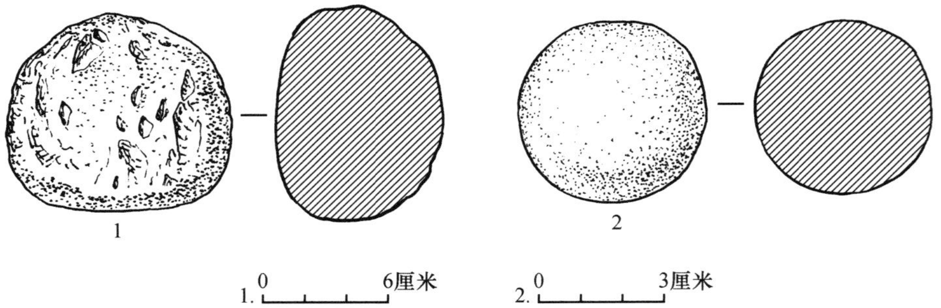

图4-38　石球

1. F15：19　2. L1④：4

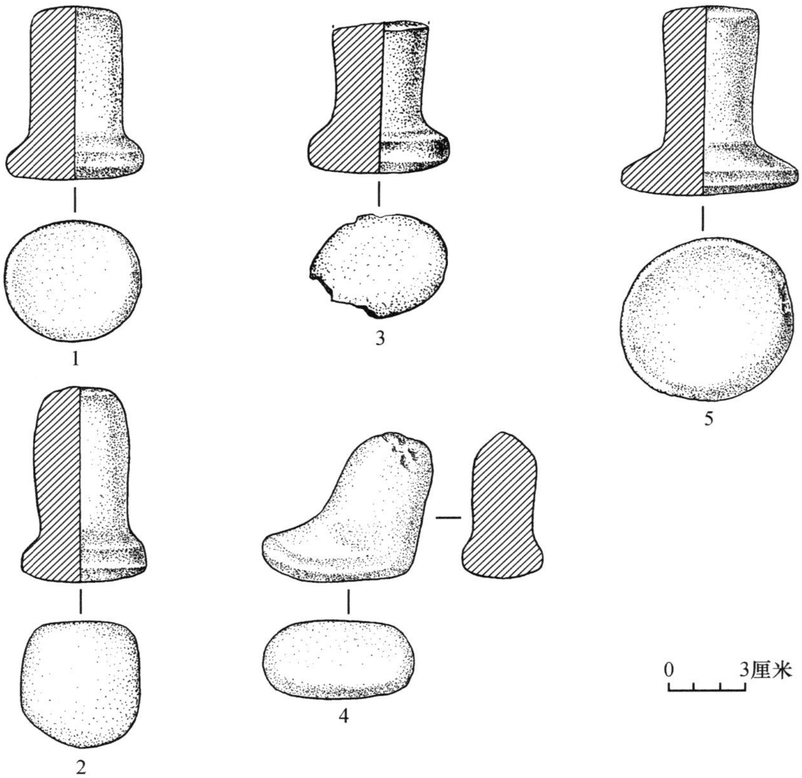

图4-39　石拍

1. T17②：11　2. H23：18　3. T12②：6　4. F24：15　5. H17：11

面直径4.2～5.4厘米（图4-39，3）。

F24：15，灰色凝灰岩，琢磨制成。器身呈靴形，底部近椭圆形。高6.1、宽6、厚3.2厘米（图4-39，4）。

H17：11，黄白色大理岩，磨制精致。由柄和拍组成，柄为柱状，拍呈圆形，拍面磨光。通高7.8、柄长6.6、拍直径6.6、柄径3.3～3.7厘米（图4-39，5；图版二四，3）。

石鞋楦　1件。

T13②：13，灰色砂岩，磨制精致。器身呈靴形，底部较平，上端略薄。截面近三角形。长23.8、高11、宽7.4厘米（图4-40；图版二四，4）。

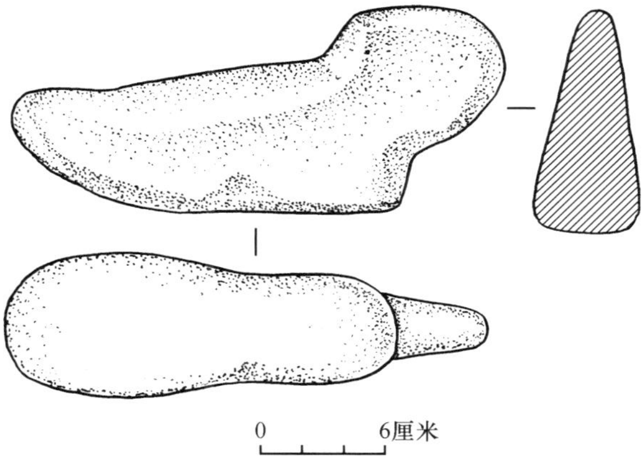

图4-40　石鞋楦（T13②：13）

石环　2件。

F24：14，乳黄色玛瑙，磨制，已残断。平面呈圆形，单面钻孔。直径3.5、厚0.6、孔径0.9厘米（图4-41，1；图版二四，5）。

H1：4，乳白色玛瑙，磨制，已残。平面呈圆形，截面近椭圆形。外径4、内径2.2厘米（图4-41，2；图版二四，6）。

石璧　1件。

H20：1，灰褐色泥灰岩，磨制，已残。平面呈圆形，中间有穿孔。直径4.8、厚0.5、孔径0.6厘米（图4-41，3）。

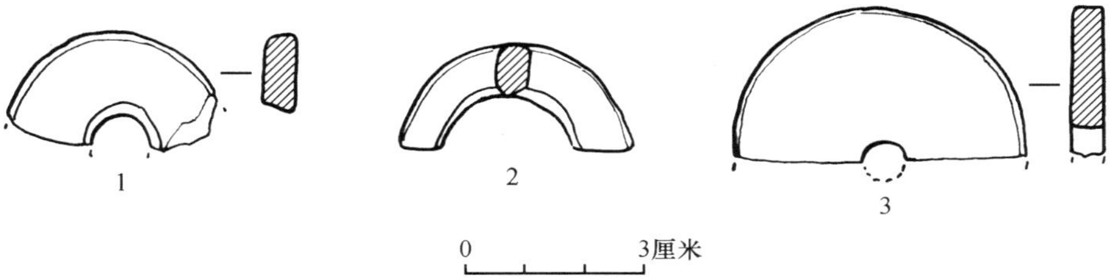

图4-41　石环、石璧

1、2. 石环（F24：14、H1：4）　3. 石璧（H20：1）

石核　5件。

T11③：19，红色碧玉，压制。平面近梯形，刃部锋利。长3.3、宽1.9、厚0.3厘米（图4-42，1）。

F19：3，灰白色玛瑙，压制。一面平，一面起棱，刃部锋利。长3.2、宽2、厚0.5厘米（图4-42，2）。

L1③：21，灰白色玛瑙，压制。整体略呈椭圆形。一面起棱，刃部锋利。长3.3、宽2.8、厚0.7厘米（图4-42，3）。

F52①：2，灰绿色玛瑙，压剥制成。平面近椭圆形，刃部锋利，压制痕迹明显。长4、宽2.9、厚1.1厘米（图4-42，4）。

T28③：5，红色碧玉，压制。平面略呈长方形，截面呈菱形。长3.4、宽2.5、厚0.9厘米（图4-42，5）。

石叶　2件。

T23②：2，红碧玉，压制。平面呈长条状，一面平，另一面凸起有棱，截面呈三角形。长2.3、宽0.9、厚0.2厘米（图4-42，6）。

T30②：14，灰白色玛瑙，压制。平面呈窄长条状，截面略呈梯形。长3.8、宽0.6、厚0.3厘米（图4-42，7）。

石珠　3件。

T23③：9，乳白色玉料，磨制。平面呈圆形，中间有穿孔。外径0.8、内径0.3～0.4、高0.4厘米（图4-43，1）。

T35②：8，绿松石，磨制。平面呈椭圆形，中间有一孔，为两面对钻。长1.15、宽0.85、厚0.3、孔径0.1～0.3厘米（图4-43，2；图版二五，1左）。

T22①：2，绿松石，磨制精细。整体略呈柱状，中部有一对钻孔。长0.9、直径0.5～0.8、孔径0.2厘米（图4-43，3；图版二五，1右）。

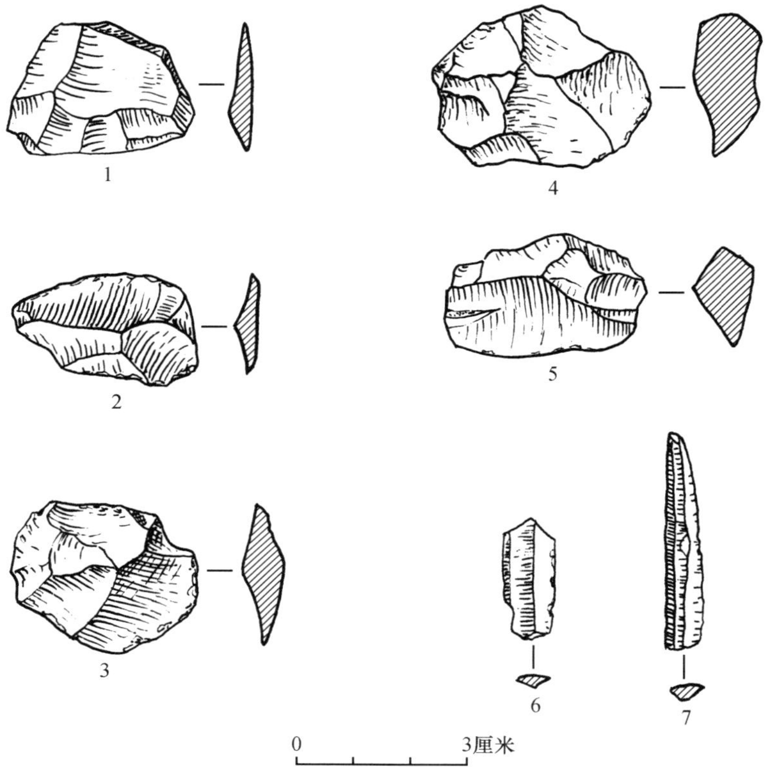

图4-42　石核、石叶

1～5. 石核（T11③：19、F19：3、L1③：21、F52①：2、T28③：5）　6、7. 石叶（T23②：2、T30②：14）

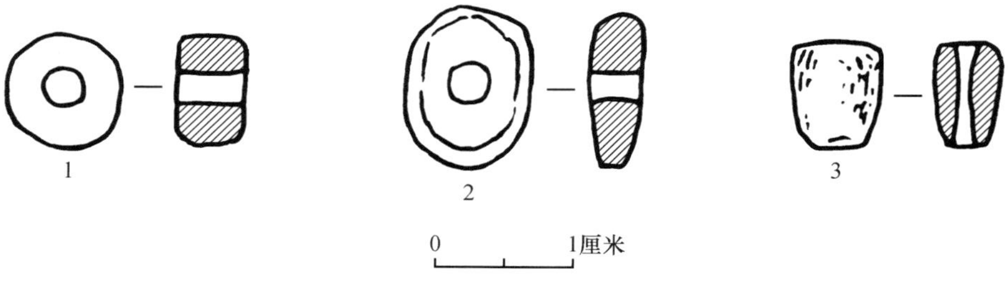

图4-43　石珠

1. T23③：9　2. T35②：8　3. T22①：2

镞　4件。

T34②：15，白色玛瑙，压剥制成。器体扁薄，整体呈长三角形，通体有压剥加工痕迹。两面外鼓，中间起棱，凹尾，有双翼。长2.8、宽1.5、厚0.3厘米（图4-44，1；图版二五，2）。

H27：4，灰白色玛瑙，压剥制成。整体呈长三角形，通体有压剥加工痕迹。中间厚，起棱，凹尾，底部有双翼。长3、宽1.4、厚0.5厘米（图4-44，2）。

T23②：1，黄白相间玛瑙，压剥制成。整体呈等腰三角形。长1.9、宽1、厚0.4厘米（图4-44，3）。

L1④：9，灰褐色玛瑙，压剥制成。整体呈长三角形，凹尾，底部有双翼。长3.3、宽1.5、厚0.3厘米（图4-44，4）。

写有疑似朱砂文字的石块　1件。F15：24，出土于F15南墙内侧近地面处，石块写有疑似文字的一面较平整光滑。书写颜料似为朱砂，在石块表面可抹掉。石块高37、宽22、厚19厘米（图版二五，3）。

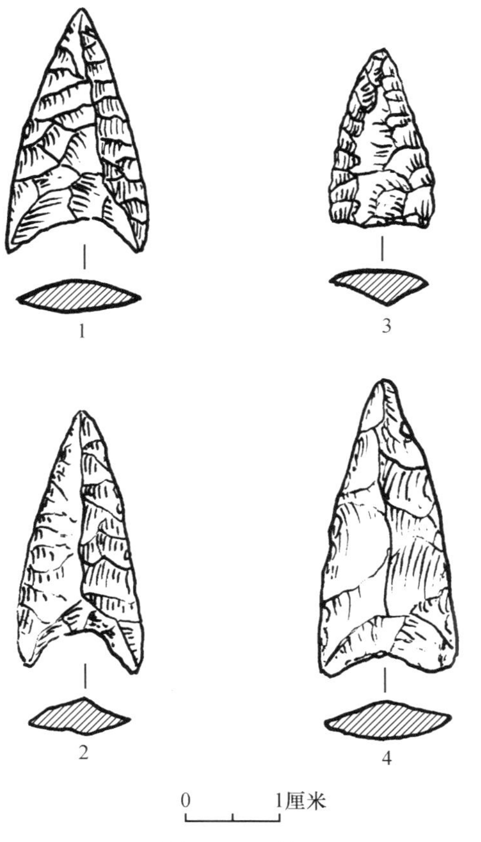

图4-44　石镞

1. T34②：15　2. H27：4　3. T23②：1　4. L1④：9

三、骨角蚌器

发现数量较多。器类有骨铲、骨刀、骨笄、制陶工具、骨锥、骨管、角锥、骨针、骨镞等（图版二六～图版二八）。

骨铲　4件。

T38②：2，用大型动物头骨磨制而成。平面略呈靴形。长12、宽6.7、厚0.9厘米（图4-45，1；图版二六，1）。

T4③：4，平面近长方形。顶端微凹，另一端有斜刃。长8.2、宽5.4、厚2.1厘米（图4-45，2）。

H6：1，用动物头骨磨制而成。平面呈不规则形。长11.4、宽4.5、厚1厘米（图4-45，3）。

F15：4，整体呈铲状，器身微曲，弧刃。长5.6、宽3.2、厚0.7厘米（图4-45，4）。

骨刀　5件。

T4③：17，用动物肢骨磨制而成。器身呈扁平条状，两侧微弧。长13、宽2.2、厚0.3厘米（图4-46，1）。

F39：4，整体呈扁平条状，一侧有弧刃。长19、宽2.2、厚0.3厘米（图4-46，2）。

T31③：1，兽骨磨制。器身扁平，一侧有弧刃。长7.5、宽0.9、厚0.2厘米（图4-46，4）。

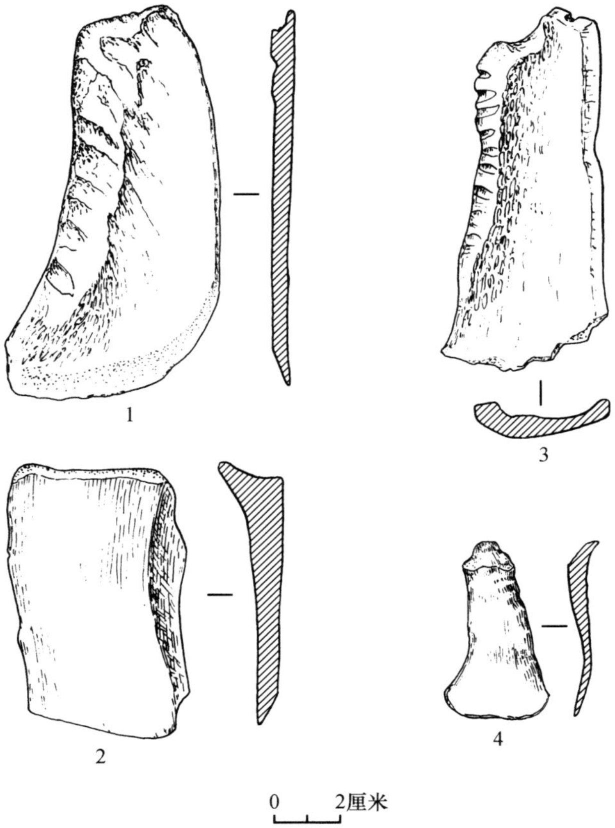

图4-45　骨铲

1. T38②：2　2. T4③：4　3. H6：1　4. F15：4

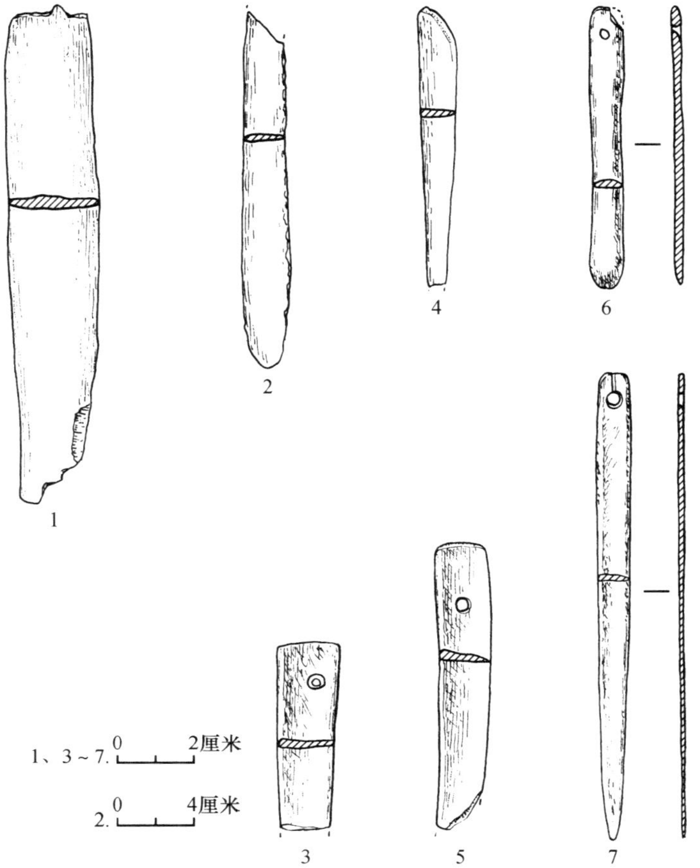

图4-46　骨刀、笄

1～5. 骨刀（T4③：17、F39：4、T32②：1、T31③：1、F4：8）　6. 制陶工具（T32②：6）　7. 骨笄（H1：3）

T32②：1，残断。平面近梯形，近顶部有圆形穿孔。残长5、宽1.6、厚0.2厘米（图4-46，3）。

F4：8，残断。器身微曲，近顶端有一圆形穿孔。器表两侧有朱砂残留痕迹。残长7.8、宽1.4、厚0.25厘米（图4-46，5）。

骨笄　1件。

H1：3，用动物长骨剖磨而成，通体磨制光滑。器身呈扁平长条形，近顶端有圆形穿孔，另一端有尖刃。截面呈扁平长方形。长12.7、宽0.9、厚0.2厘米（图4-46，7；图版二六，2）。

制陶工具　8件。

T32②：6，器身呈扁平长条状，近顶端有一圆形穿孔。长8.1、宽1、厚0.2厘米（图4-46，6；图版二六，3）。

T35②：17，用兽骨磨制而成。平面近靴形。长5.2、宽1.7、厚0.3厘米（图4-47，1）。

T1③：7，用动物肢骨磨制而成。平面近梯形，中空，一端有刃。长13.2、宽5.3、厚2.8厘米（图4-47，3；图版二六，4）。

T24③：10，器身扁平。两侧内凹，两端有尖刃。截面呈长条形。长9.5、宽1.5、厚0.2厘米（图4-47，5）。

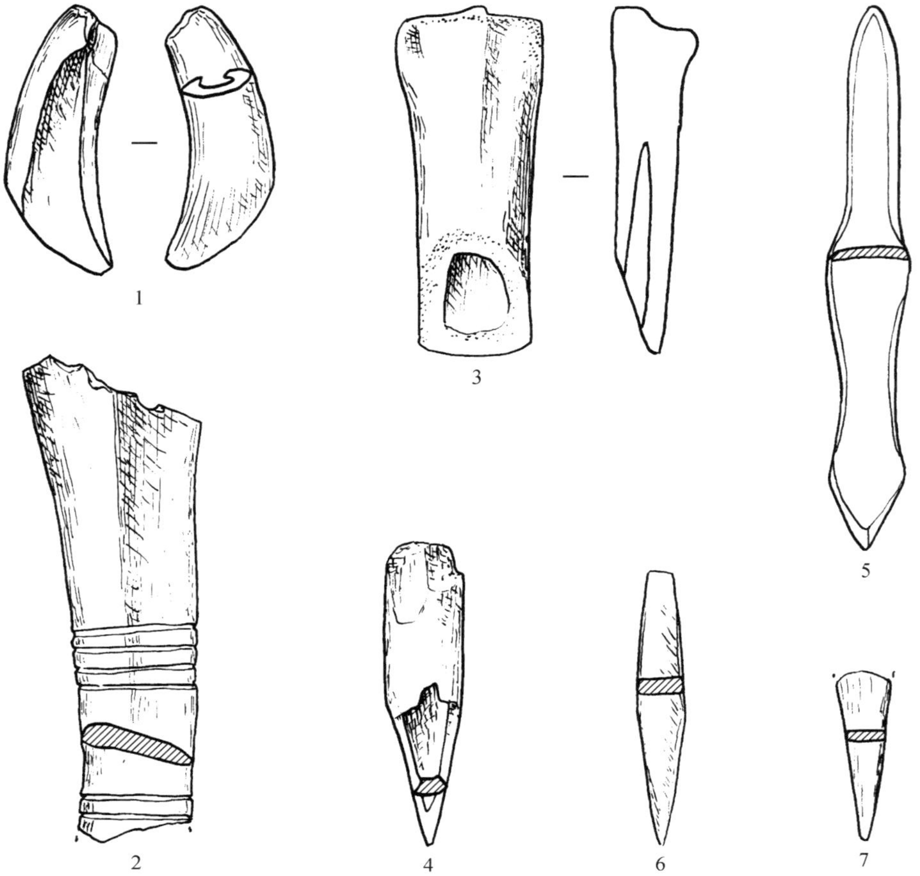

图4-47　制陶工具

1. T35②：17　2. T21③：4　3. T1③：7　4. T5②：3　5. T24③：10　6. T36②：1　7. T29②：8

T21③：4，刃部已残。顶端有圆形穿孔，器表有数周刻划纹。长8.8、宽3、厚0.7厘米（图4-47，2）。

T5②：3，整体呈锥状，中空，一端有尖，尖部磨制锋利。截面近梯形。长5.4、宽1.3、厚0.5厘米（图4-47，4；图版二六，5）。

T36②：1，器身扁平，两侧微弧，一端有尖刃。磨制精致。长4.8、宽0.8、厚0.3厘米（图4-47，6）。

T29②：8，已残，器身扁平。截面呈长条形。残长2.9、宽0.7、厚0.2厘米（图4-47，7）。

骨锥　13件。用动物长骨等剖磨加工而成，按形状的不同分二型。

A型　10件。器身细，通身磨制光滑。

T33②：9，一端磨制出尖，上端圆钝。截面近椭圆形。长12.6、宽0.7、厚0.3厘米（图4-48，1）。

F8：10，器身呈长条柱状，截面近椭圆形。长12.6、宽0.8、厚0.4厘米（图4-48，3）。

T4②：10，器身呈长条状，较扁。截面近梯形。长12、宽0.5、厚0.3厘米（图4-48，5）。

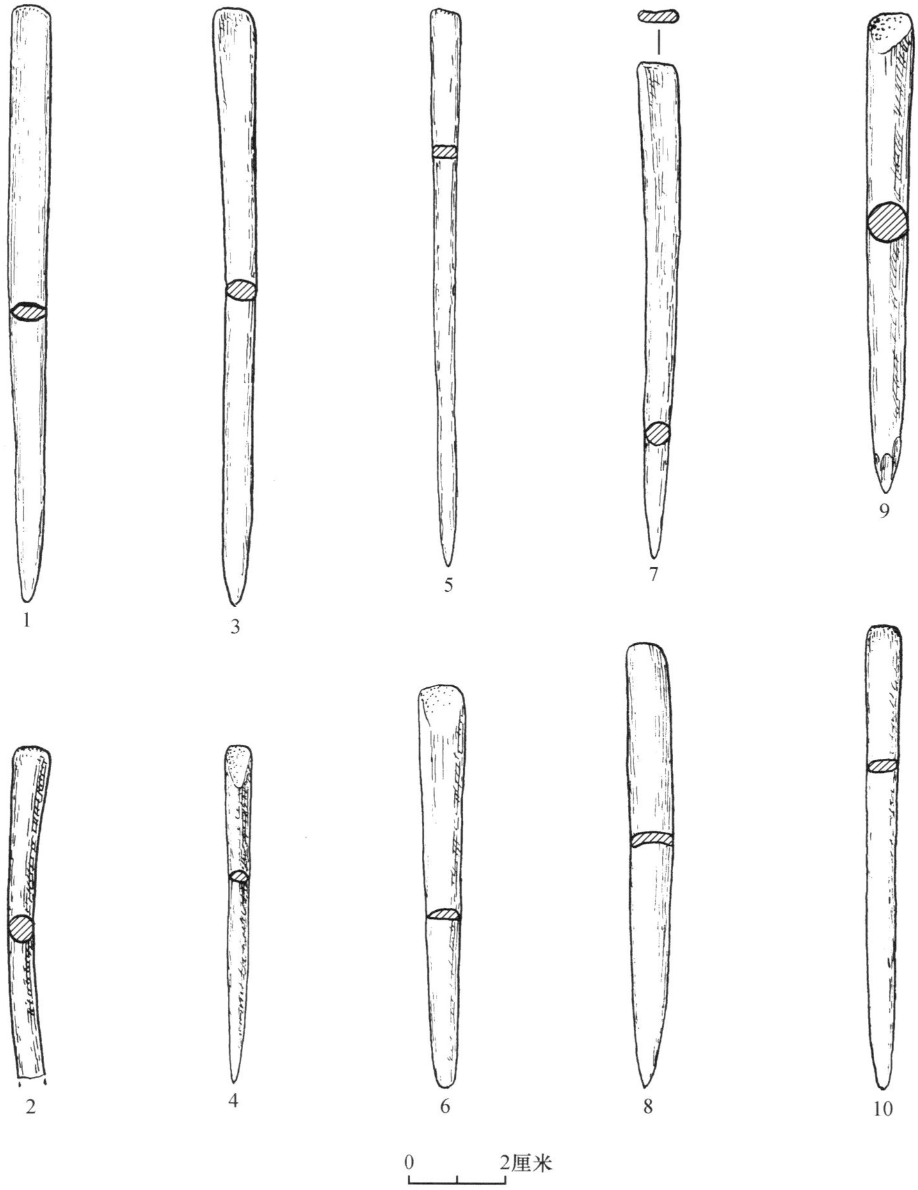

图4-48　A型骨锥

1. T33②：9　2. H28：15　3. F8：10　4. T5②：2　5. T4②：10　6. L1④：11　7. L1④：12　8. T1③：3　9. T21③：1　10. T31②：13

L1④：12，器身一端扁平，另一端呈锥状，尖端锋利。长10.9、宽0.8、厚0.4厘米（图4-48，7）。

T21③：1，整体呈长条柱状，一端略残。截面呈圆形。长10.6、宽1、厚0.9厘米（图4-48，9）。

H28：15，残断，器身微曲。截面为圆形。残长7.2、宽0.9、厚0.7厘米（图4-48，2）。

T5②：2，顶部略残。整体呈锥状，截面呈椭圆形。长7.4、宽0.5、厚0.3厘米（图4-48，4）。

L1④：11，整体略呈长条柱状，尖部较圆钝。磨制精致。截面扁平。长8.7、宽0.9、厚0.3

厘米（图4-48，6）。

T1③：3，器身呈扁锥状，一侧微凹。一端有尖，尖部锋利。长9.5、宽8、厚0.25厘米（图4-48，8）。

T31②：13，整体呈扁圆柱状，一端磨制出尖。截面呈椭圆形。长10.2、宽0.7、厚0.3厘米（图4-48，10）。

B型　3件。器身较宽。

H11：3，平面近三角形，顶部平直，另一端有尖刃。器身一侧内凹。长14.5、宽3.6、厚1.5厘米（图4-49，1；图版二六，6）。

T4③：1，平面近三角形，底部有尖刃，中空。长7.2、宽2.8、厚1.2厘米（图4-49，3）。

T20②：6，器身略扁，顶部微弧。截面近梯形。长7.8、宽1.5、厚0.5厘米（图4-49，5）。

骨管　3件。

F10：15，器身呈圆柱状，器壁薄，中空。长2.6、宽1.4厘米（图4-49，2）。

H28：6，器身略呈柱状，中空。截面近三角形。长3.4、宽1.5厘米（图4-49，4）。

T7③：8，平面近梯形，中空，一端有一对穿圆孔。截面呈椭圆形。长14.5、宽4厘米（图4-49，6）。

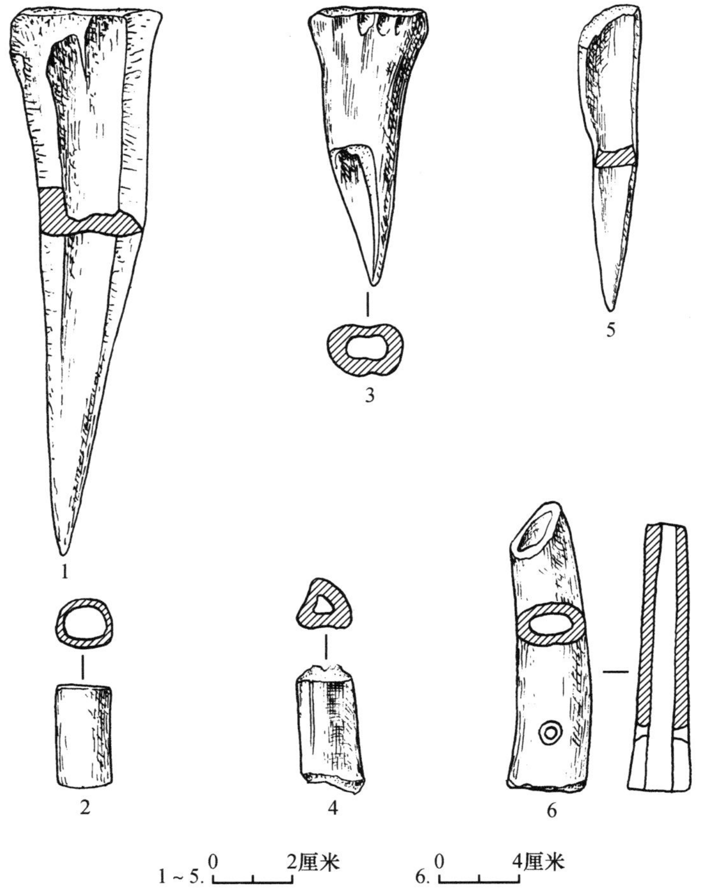

图4-49　骨锥、骨管

1、3、5. B型骨锥（H11：3、T4③：1、T20②：6）　2、4、6. 骨管（F10：15、H28：6、T7③：8）

骨针　5件。用兽骨磨制而成，器表光滑。锋部尖锐，针端有穿孔。

T35②：12，截面近椭圆形。长9.7、宽0.4厘米（图4-50，1）。

L1④：1，穿孔已残。截面近长方形。长9.6、宽0.6厘米（图4-50，3；图版二七，4左）。

T1③：17，截面呈圆形。长9.2、宽0.2厘米（图4-50，5；图版二七，5）。

H45：2，截面呈圆形。长4.8、宽0.3厘米（图4-50，7；图版二七，4右）。

T2③：3，顶部残断。截面呈圆形。长3.7、宽0.2厘米（图4-50，9）。

骨镞　5件。用兽骨磨制而成。

T31②：1，铤部较尖锐。截面近圆形。长3.4、宽0.7厘米（图4-50，2）。

T15②：5，尖部锋锐，铤部较细。截面呈圆形。长4.5、宽0.7厘米（图4-50，4；图版二七，6）。

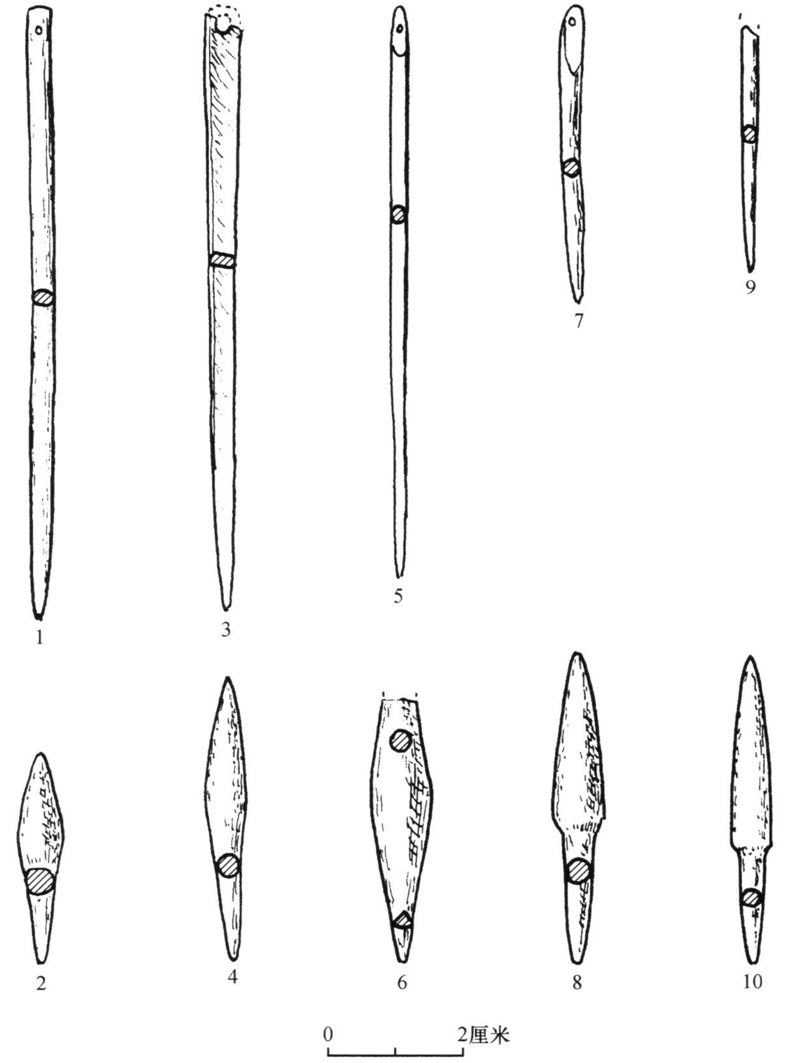

图4-50　骨针、骨镞

1、3、5、7、9. 骨针（T35②：12、L1④：1、T1③：17、H45：2、T2③：3）　2、4、6、8、10. 骨镞（T31②：1、T15②：5、T41②：11、T4③：8、F16：2）

T41②：11，尖部残。镞身与铤部无明显分界。残长4.2、宽1厘米（图4-50，6）。

T4③：8，镞身与铤部分界明显，铤部较细。截面呈圆形。长5.1、宽0.8厘米（图4-50，8）。

F16：2，镞身与铤部分界明显，铤部较细。磨制精致。截面呈圆形。长5、宽0.6厘米（图4-50，10）。

穿孔骨器　5件。

T4②：4，已残。顶端较平，近顶部有一圆形穿孔。截面为扁平长条形。残长5.5、宽1.5、厚0.2厘米（图4-51，1）。

Y1：2，器身平面略呈三角形，顶端有一穿孔。底部出尖。长3.6、宽1.2、厚0.2厘米（图4-51，3；图版二七，1）。

H23：12，器身平面近梯形，两侧微弧。底部有刃，近顶端有一圆形穿孔。截面呈扁平长条形，磨制精致。长4.3、宽0.8、厚0.2厘米（图4-51，5；图版二七，2）。

L1②：9，兽骨磨制而成。器身略弯曲，顶部有一穿孔。长4.8、宽1.2、厚0.3厘米（图4-51，2）。

F16：11，已残断。平面近长方形，一端有二圆孔。截面呈椭圆形。残长3、宽1.2、厚0.6厘米（图4-51，6）。

穿孔牙器　1件（图版二七）。

T45③：2，已残，器身微曲。一端有穿孔，另一端有尖刃，中空。长3.2、宽0.6、厚0.4厘米（图4-51，4）。

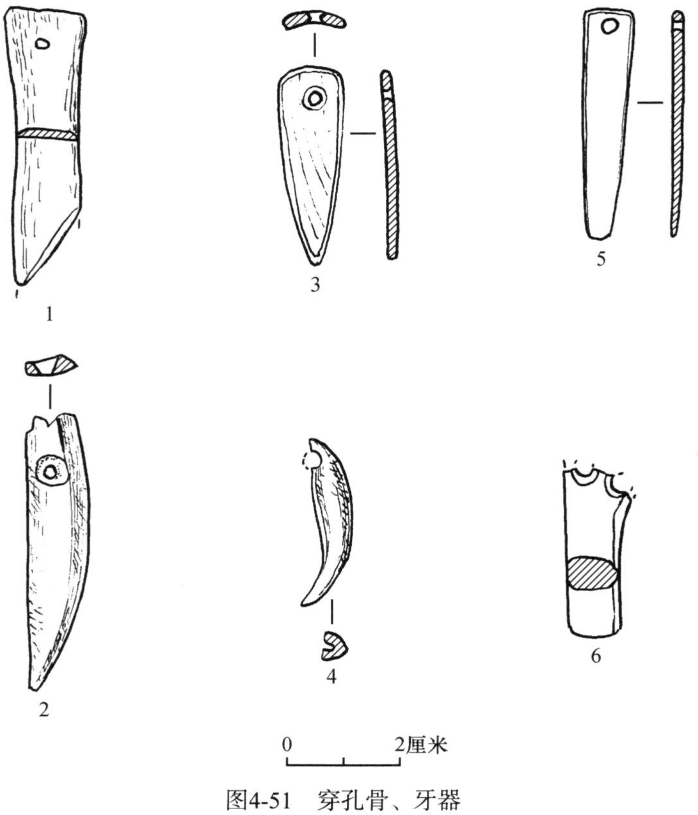

图4-51　穿孔骨、牙器

1～3、5、6. 穿孔骨器（T4②：4、L1②：9、Y1：2、H23：12、F16：11）　4. 穿孔牙器（T45③：2）

角锥　5件。

T3③：11，尖部和顶端略残，用兽角制成。器身整体呈长条状，一侧有凹槽，有磨制加工痕迹。残长24、宽2.3、厚1.2厘米（图4-52，1）。

T3②：12，兽角制成。器身整体微曲，中空，有磨制加工痕迹。长22.5、最宽2.5厘米（图4-52，3）。

T23②：5，兽角切削磨制而成。顶端较宽，截面近圆形。长11.6、宽2.4厘米（图4-52，5）。

T40②：1，兽角制成。器身微曲，中空，有磨制加工痕迹。残长7.5、宽1.6厘米（图4-52，4）。

T28③：14，兽角磨制而成。近顶端有圆孔。截面椭圆形。长14.8、宽2.4厘米（图4-52，6）。

鹿角器　1件。

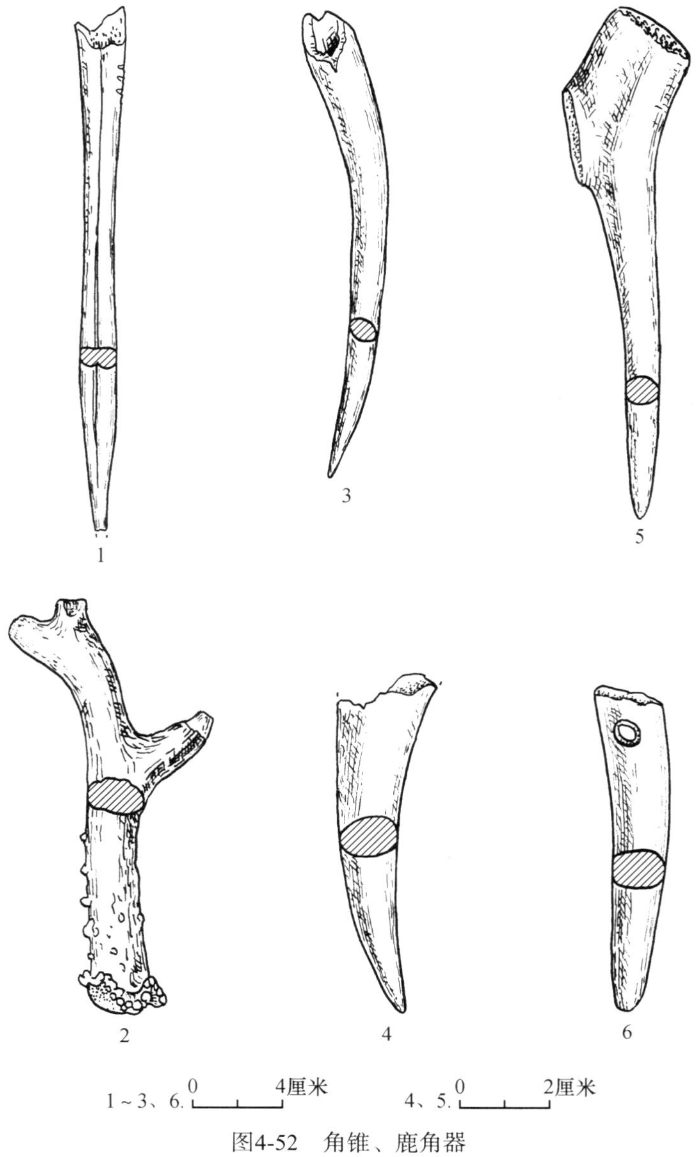

图4-52　角锥、鹿角器

1、3～6. 角锥（T3③：11、T3②：12、T40②：1、T23②：5、T28③：14）　2. 鹿角器（T17②：10）

T17②：10，用鹿角制成，上端稍加磨制。尚保留鹿角原始形状。长20、最宽6.2厘米（图4-52，2）。

骨璜　1件。磨制而成，器表光滑。

F21②：4，平面近半月形，两端有圆形穿孔。长9.2、宽1.7、厚0.2厘米（图4-53，1）。

蚌璜　3件。用蚌壳磨制。

H21：3，器身微曲，两端有圆形穿孔。长5.1、宽1.8、厚0.3厘米（图4-53，2；图版二八，1上）。

T3②：6，平面近半月形，两端有圆形穿孔。长5.8、宽2.4、厚0.3厘米（图4-53，3）。

F15：7，器身微曲，一侧内凹，两端有圆形穿孔。长5.6、宽1.7、厚0.3厘米（图4-53，4；图版二八，1下）。

穿孔蚌饰　5件。

T28②：12，平面近椭圆形，背部隆起。顶端略经打磨，有一圆形穿孔。长4.2、宽3.4、厚1.2厘米（图4-53，5）。

T4③：9，已残，顶端有圆形穿孔。残长5.7、宽3.2、厚1.4厘米（图4-53，8）。

T48②：1，平面略呈梯形。顶端有三个圆形穿孔。顶部宽2.7、底宽5.6、厚0.6厘米（图4-53，6）。

L1②：7，平面近椭圆形，顶端略经打磨，有一圆形穿孔。长2.8、宽1.7、厚0.5厘米（图4-53，7）。

T31③：5，平面呈椭圆形，一端有穿孔，另一端有凹缺。长2.1、宽1.5、厚0.6厘米

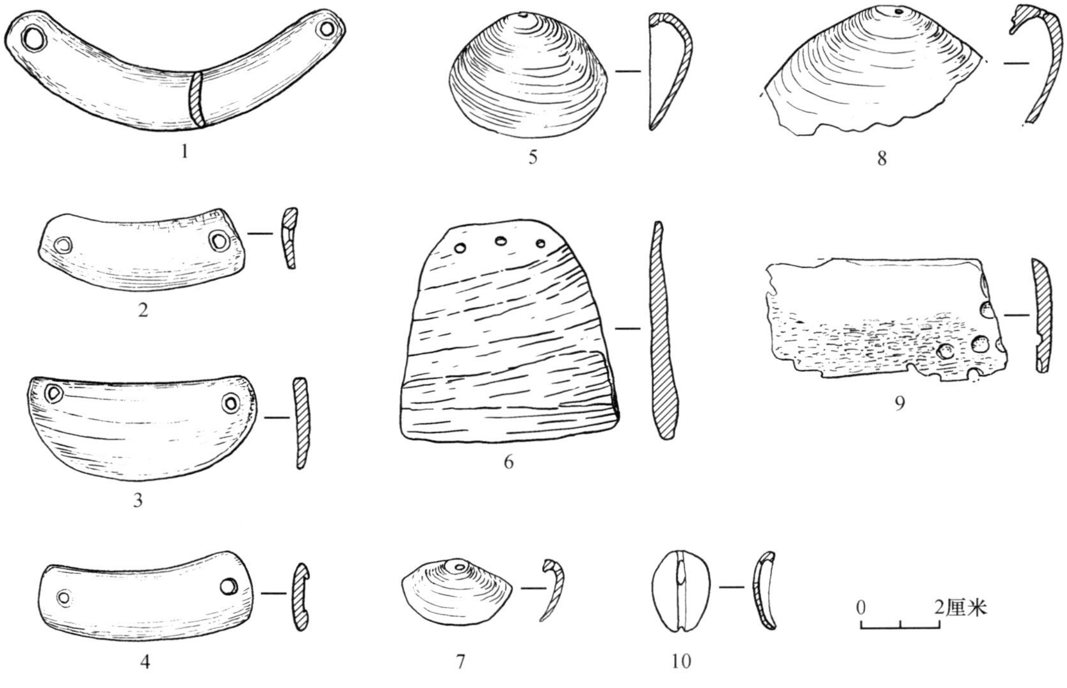

图4-53　骨、蚌器

1. 骨璜（F21②：4）　2～4. 蚌璜（H21：3、T3②：6、F15：7）　5～8、10. 穿孔蚌饰（T28②：12、T48②：1、L1②：7、T4③：9、T31③：5）　9. 卜骨（T28②：11）

（图4-53，10）。

卜骨　1件。

T28②：11，已残，用狭长骨片制成。钻痕位于同一侧，钻穴较密。残长6.2、宽3.3、厚0.4厘米（图4-53，9）。

四、青　铜　器

小塘山遗址出土青铜器共计12件，其中2021年度发掘出土7件，2022年度出土5件。出土的青铜器以工具为主，现将各器物的形制特征介绍如下（图版二八）。

锥　2件。

T8②：3，长条形，锥的一端为圆锥状，另一端两侧向内斜收成锋。锥中部截面为长方形。器身结满绿色铜锈，个别部位露出光亮的铜基体。通长6、宽0.4、厚0.3厘米，重4.6克。

T18②：1，长条形。锥的一端为圆锥状，另一端两侧向内斜收成锋。锥中部截面为梯形，即上窄下宽。器身锈蚀物较少，整体呈黑绿色。通长6.5厘米，锥锋处宽0.5、锥身较窄一面宽0.3、较宽一面宽0.5、厚0.4厘米，重7.9克（图4-54，3）。

刀　1件。

T28②：16，残断为两截。仅存刀身，无柄，刀尖圆钝，刀背弧形、起棱，刃部较薄。残

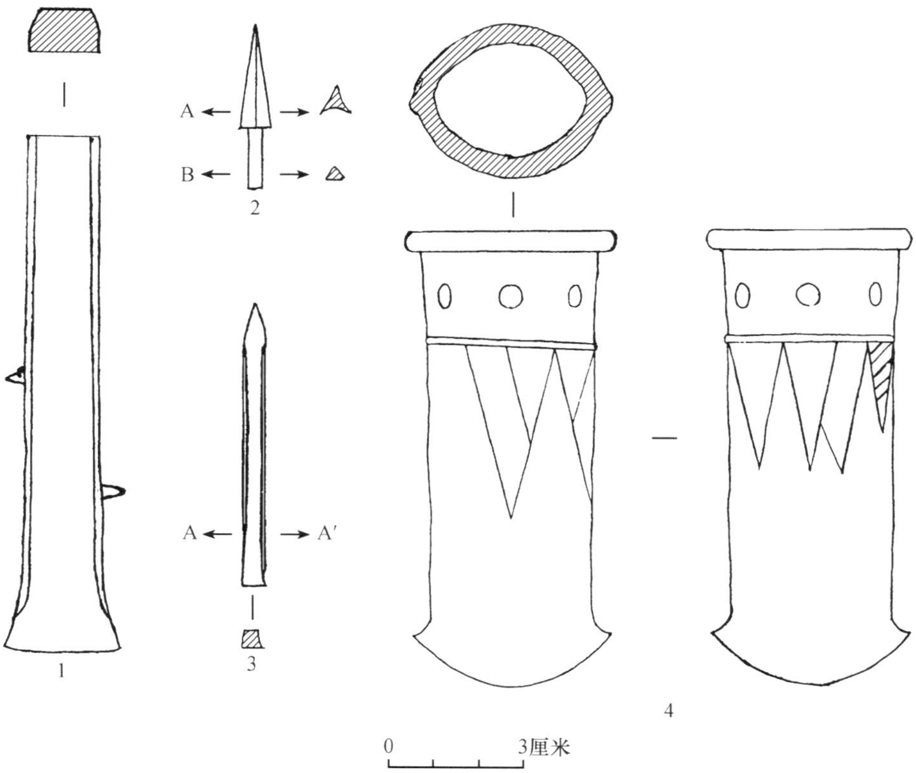

图4-54　青铜器

1. 凿（T24③：2）　2. 镞（T23②：3）　3. 锥（T18②：1）　4. 斧（T24③：1）

长9.2、刀身最宽处2.6、最窄处宽1.5厘米（图版二八，2）。

镞　2件。

T23②：3，三翼形，铤截面略呈三棱柱形。通长约3.8、镞身最宽处0.7、铤长1.4、宽0.4厘米，重2.4克（图4-54，2；图版二八，5）。

F11：5，残。燕尾形，两翼较宽，铤截面略呈圆形，末端收尖两侧留有明显范线。通长5.7、镞身最宽处3、铤长3.4厘米。

凿　1件。

T24③：2，长条形，由单面范铸造，一面扁平，一面斜向上收窄。凿身截面呈梯形，中间两侧各有一尖刺状突起，刃略弧呈扇形。器身表面覆盖一层薄而致密的近黑色锈蚀层。通长11.8、底面宽1.6、顶面宽1.2、刃宽2.6、凿顶端最厚处约1厘米。刺状突起一个距顶端5.3厘米，另一个距顶端7厘米，刺状突起长0.5厘米。重103.7克（图4-54，1）。

斧　1件。

T24③：1，空首式，椭圆形銎口，直身，弧刃，刃两端上翘。銎口有一周宽约0.5厘米的凸棱，斧身两面均有纹饰，由銎口至刃分饰乳钉纹、弦纹、三角线纹。乳钉纹一面三个，乳钉边缘距銎口凸棱约1厘米，乳钉直径约0.7厘米，弦纹距銎口凸棱2.3厘米。三角线纹两面有所区别，一面为大、小三角形的组合，一面为三个大小均等的三角纹组合，边缘三角纹内填充斜线。斧通长10.5、銎口长径4.6、短径3.6厘米。銎口处斧身宽4厘米，向下渐收至3.7厘米，至刃处加宽，刃宽4.4厘米。斧由双面范铸成，斧身两侧有明显范线，表面覆盖一层薄而致密的近黑色锈蚀层。器身重297.6克（图4-54，4）。

铜片　1件。

F12：2，由片状金属弯成环状。接头处没有对整齐，呈交错状。圆环直径约1、宽0.95厘米。器身甚薄，带锈层厚度不足0.1厘米。

容器残片　1件。

F23：4，形状不规整，无法判断器形。铜片呈弧面，外壁似有三角形凸棱纹，内壁光洁。长约2.2、宽约1.8厘米。器壁甚薄，厚不足0.1厘米。

铜部件　1件。

L1④：13，平面略呈圆角长方形，侧边圆弧。其他部位形状不规则，无法确知用途。长约2.5、宽1.6厘米，最厚处约0.8厘米。

铜渣　2件。

L1③：6，呈液滴状。长1.2、宽0.5厘米。

F1：24，出土于F1居住面上，已残。长、宽各约0.5厘米的铜锈蚀物。

第五章　科技考古研究

第一节　小塘山遗址石器微痕观察与功能分析

本次痕迹观察与分析的石器标本以第四章所分类的石器为基础，从中挑选具有使用痕迹观察意义的石斧、石铲、石刀、石锛、石凿等数量较多或具有明显特征的标本作为观察对象，除此之外，也挑选了若干打制石器来作为标本进行痕迹观察与分析。

1. 石斧

在对小塘山遗址挑选出的石斧再次进行认真、细致观察后，依据器形、大小、出土单位等不同条件，共挑选出6件标本进行痕迹观察。

（1）标本F8：11

在显微镜放大倍数为10倍、20倍时，可观察到石斧刃缘连续分布着垂直于器身的大型折断式微疤，有重度磨圆的痕迹；在显微镜放大倍数为7.5倍时，可观察到石斧左右两侧均可见区别于器身琢制凹点的磨圆光泽，同样的光泽出现在石斧的正中部与背中部，应为捆绑痕迹；在显微镜放大倍数为7.5倍时，可观察到刃正侧、刃北侧均分布有斜交的条痕（图5-1；附表5-1）。

依据形态和上述观察结果，笔者认为小塘山遗址石斧F8：11应为一种以砍、伐为主的复合型实用工具，斜交的条痕为使用石斧形成垂直条痕后，再次对石斧进行打磨修理加工形成，而刃缘部分的重度磨圆和与其垂直的条痕表明，其主要工作对象为干木等中硬性类的物质。

（2）标本T23②：7

在显微镜放大倍数为10倍时，可观察到石斧刃缘分布着连续且垂直于器身的折断式大型微疤；在显微镜放大倍数为7.5倍时，可观察到在石斧左侧、右侧、正中部、背中部均存在着区别于周边的明亮光泽，应为捆绑磨损后形成的痕迹；在显微镜放大倍数为7.5倍时观察，刃正侧与刃背侧存在着明显平行于刃缘的条痕，而条痕与刃缘的微疤为垂直，平行条痕应为石斧使用一段时间后，再次对其进行修理加工形成，覆盖掉使用形成的垂直条痕（图5-2；附表5-2）。

因此依据形态和上述观察结果，笔者认为小塘山遗址T23②：7石斧应为以砍、伐为主要动作的一种捆绑有柄的复合工具。根据微疤的分布及磨圆程度，其加工对象应为干木一类的中硬性类物质。

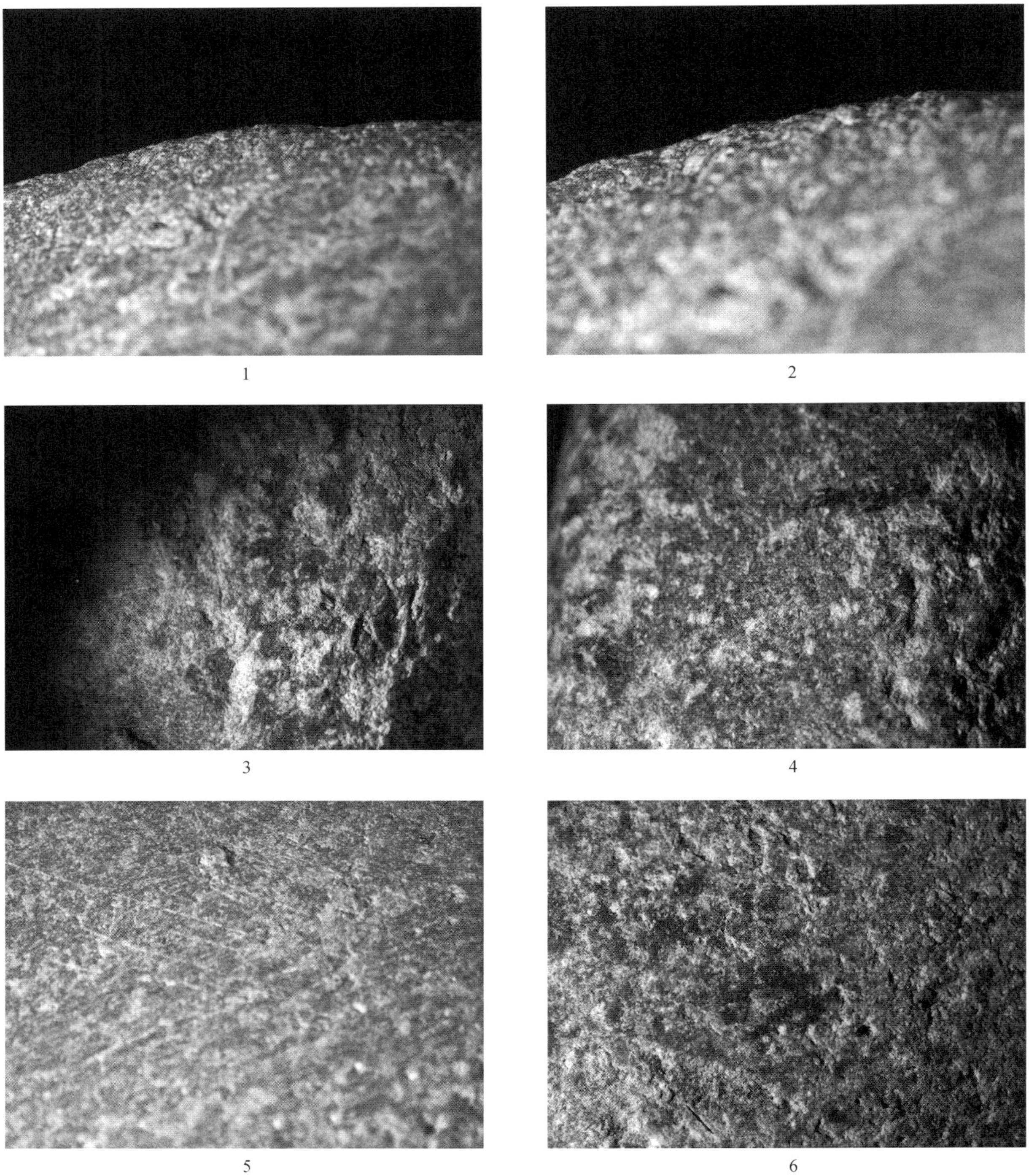

图5-1　石斧（F8：11）

1. 10倍　2. 20倍　3～6. 7.5倍

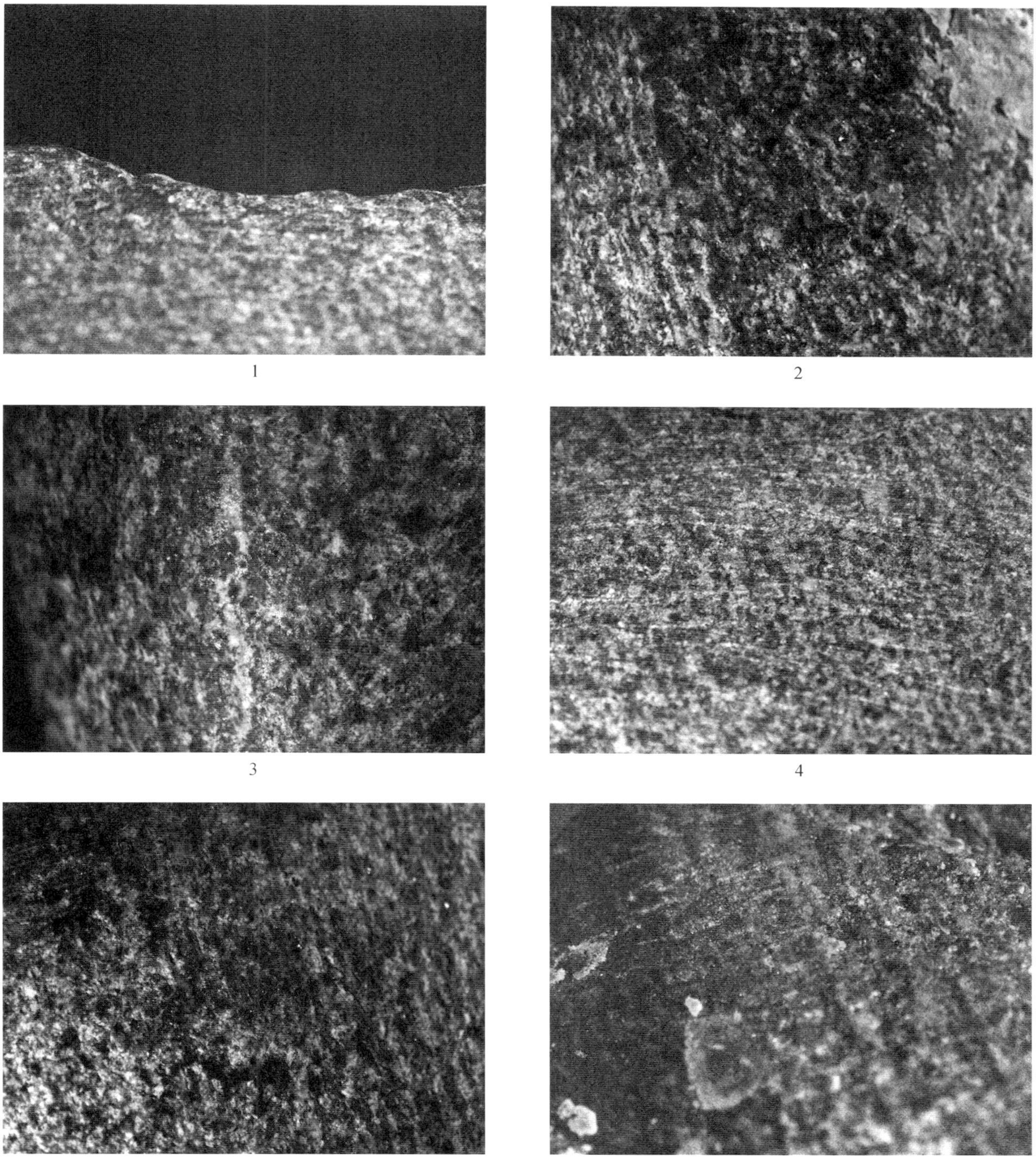

图5-2　石斧（T23②：7）
1. 10倍　2～6. 7.5倍

（3）标本F1：22

在显微镜放大倍数为7.5倍时观察，可观察到刃缘连续分布着重度磨圆的大型折断式微疤，相较于标本F8：11、T23②：7，此标本的磨圆更加严重；在显微镜放大倍数为7.5倍时，可观察到石斧的左侧、右侧、正中部、背中部均存在区别于周边的明显光泽，应为捆绑后磨损形成的痕迹；在显微镜放大倍数为7.5倍、10倍时，可观察到刃正侧、刃背侧均存在着重度磨圆且垂直于刃缘的条痕，此种磨圆严重的条痕与标本F8：11、T23②：7两件石斧上清晰的条痕不同，需要对显微镜光源进行调整后，才可观察到；未观察到修理加工的痕迹（图5-3、图5-4；附表5-3）。

依据形态和上述痕迹观察结果，笔者认为小塘山遗址F1：22应为以砍、伐为主要动作的一种捆绑有柄的复合型工具，根据微疤的磨圆程度和条痕的磨圆程度，其加工对象应为鲜木一类的中软性物质。

（4）T18②：5

依据形态和痕迹观察结果，笔者认为小塘山遗址T18②：5应以砍、伐为主要动作的一种捆绑有柄的复合型工具，根据微疤的磨圆程度和条痕的磨圆程度，其加工对象应为鲜木一类的中软性物质（附表5-4）。

（5）标本F13：8

在显微镜放大倍数为20倍情况下，可观察发现标本刃缘连续分布着重度磨圆的大型折断式疤痕，疤痕于刃缘上垂直分布；在显微镜放大倍数为10倍时，标本左侧、右侧、正中部、背中部均可观察到不同于周边的光泽，这种迹象应为捆绑柄后摩擦所形成；在显微镜放大倍数为10倍时，可观察到在刃正侧有轻度磨圆的条痕，条痕清晰可见，而刃背侧则可观察到重度磨圆的条痕，条痕不易观察，这种刃两侧条痕不一致的情况，应与石斧的使用方式有关，经观察后发现，标本无修理加工痕迹（图5-5；附表5-5）。

依据形态和上述痕迹观察结果，笔者认为小塘山遗址F13：8应为以砍、伐为主要动作的一种实用工具，根据疤痕与条痕的磨圆程度，其加工对象应为干木一类的中硬性类物质。

（6）标本T31②：2

在显微镜放大倍数为10倍时，对标本刃缘部进行观察，可发现刃缘上连续分布着重度磨圆的大型折断式疤痕，疤痕与刃缘垂直，在对标本左侧、右侧进行观察后，并未发现捆绑或修理加工的痕迹；在显微镜放大倍数为20倍时，对标本刃正侧进行观察，可发现刃正侧分布有重度磨圆且垂直于刃缘的条痕，而正中部则可观察到重度磨圆的斜交条痕，应为修理打磨的痕迹；在显微镜放大倍数为7.5倍时，对标本正上部进行观察，可见上部孔洞周边有不同于周边的重度磨圆光泽，应为捆绑柄摩擦所留痕迹；在显微镜放大倍数为10倍时对其刃背侧进行观察，可见垂直于刃缘的重度磨光条痕，而背中部则有横向清晰可见的重度磨圆条痕，应为标本被修理加工时所留的痕迹（图5-6；附表5-6）。

依据标本形态和上述痕迹的观察，笔者认为小塘山遗址T31②：2应为以砍、伐为主要动作的一种利用孔洞捆绑柄的复合工具，根据其刃缘的疤痕和刃缘两侧条痕的磨圆程度，其加工对象应为鲜木一类的中软性类物质。

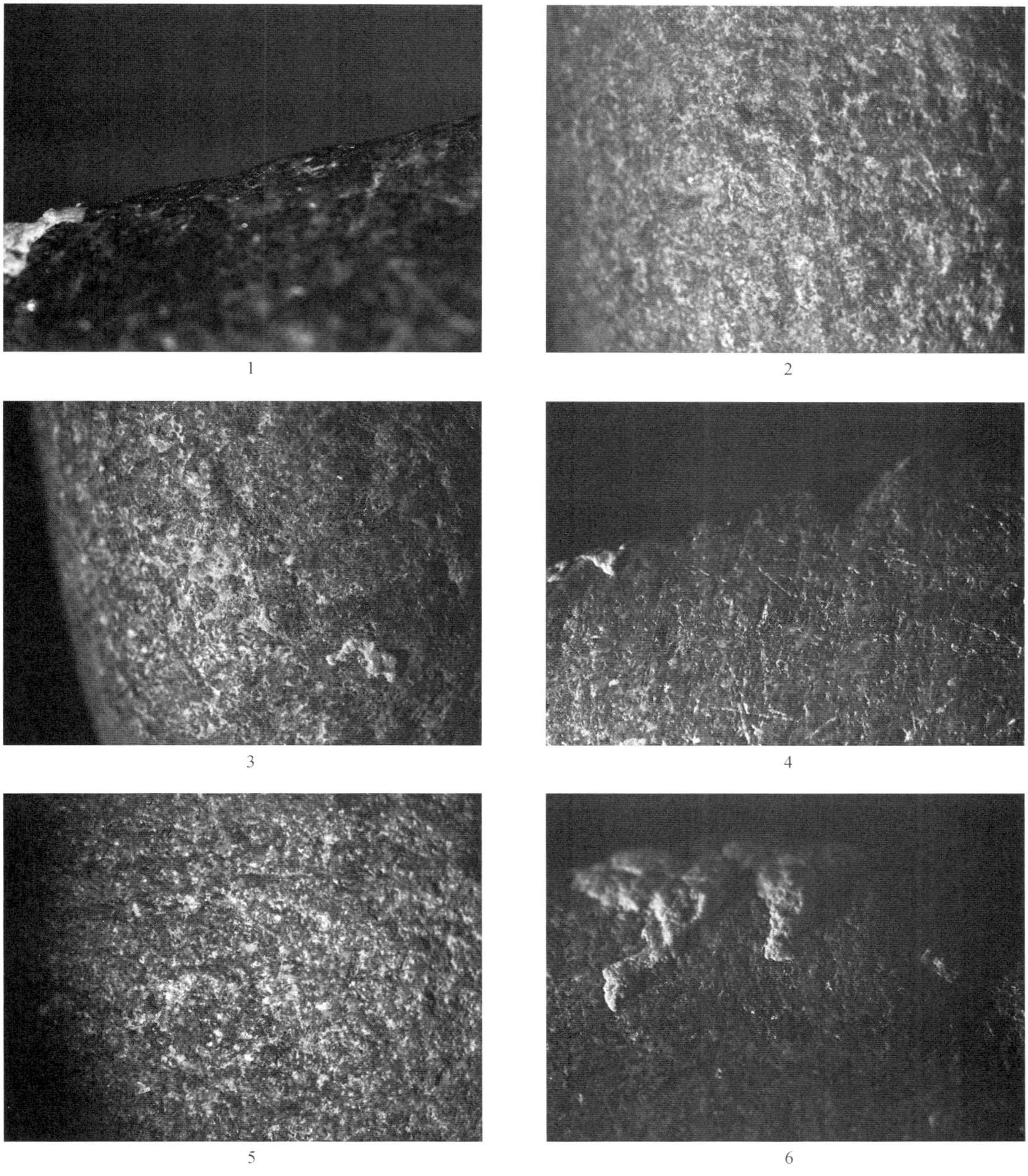

图5-3　石斧（F1：22）
1～5. 7.5倍　6. 10倍

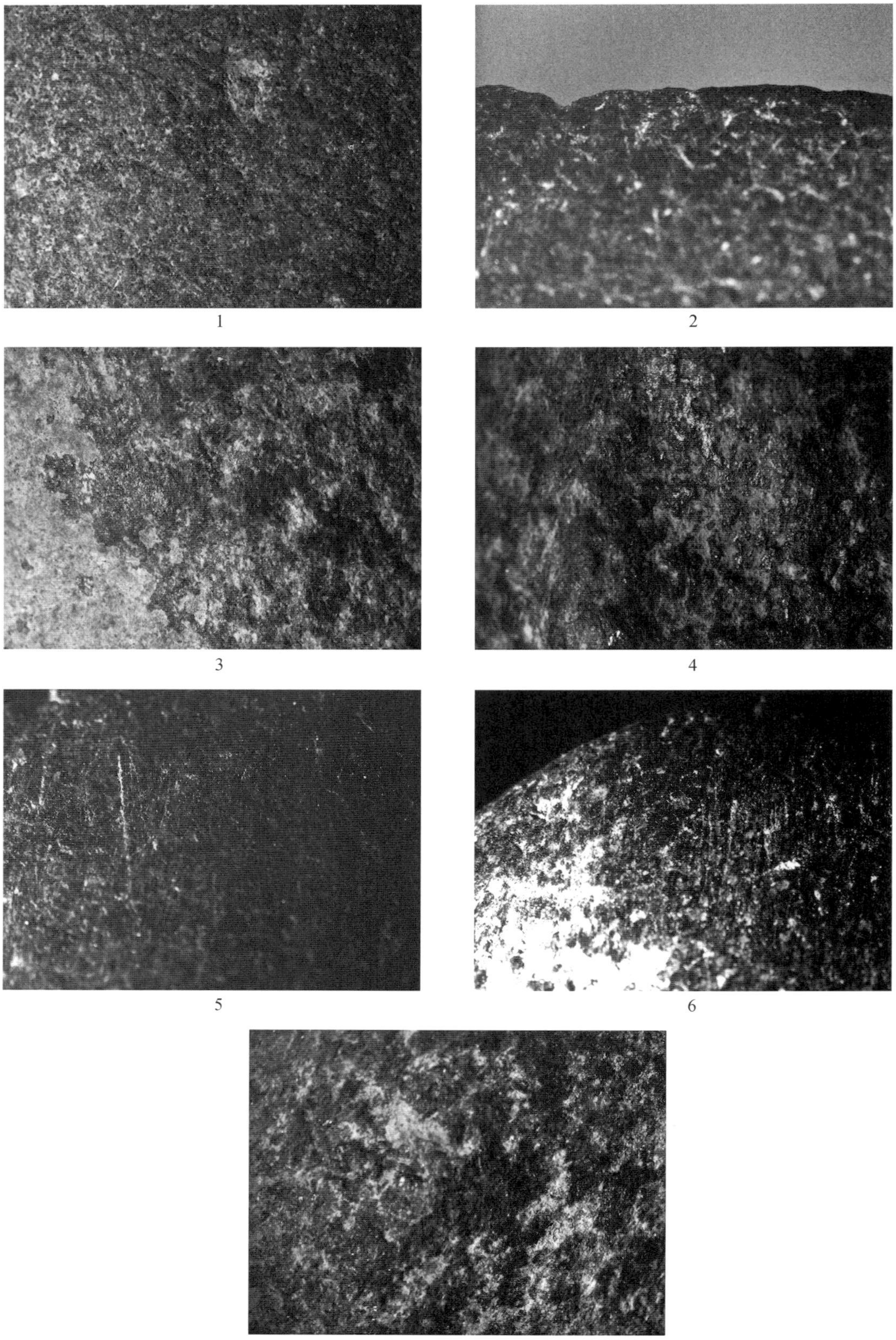

图5-4　石斧（F1：22）

1. 7.5倍　2～7. 10倍

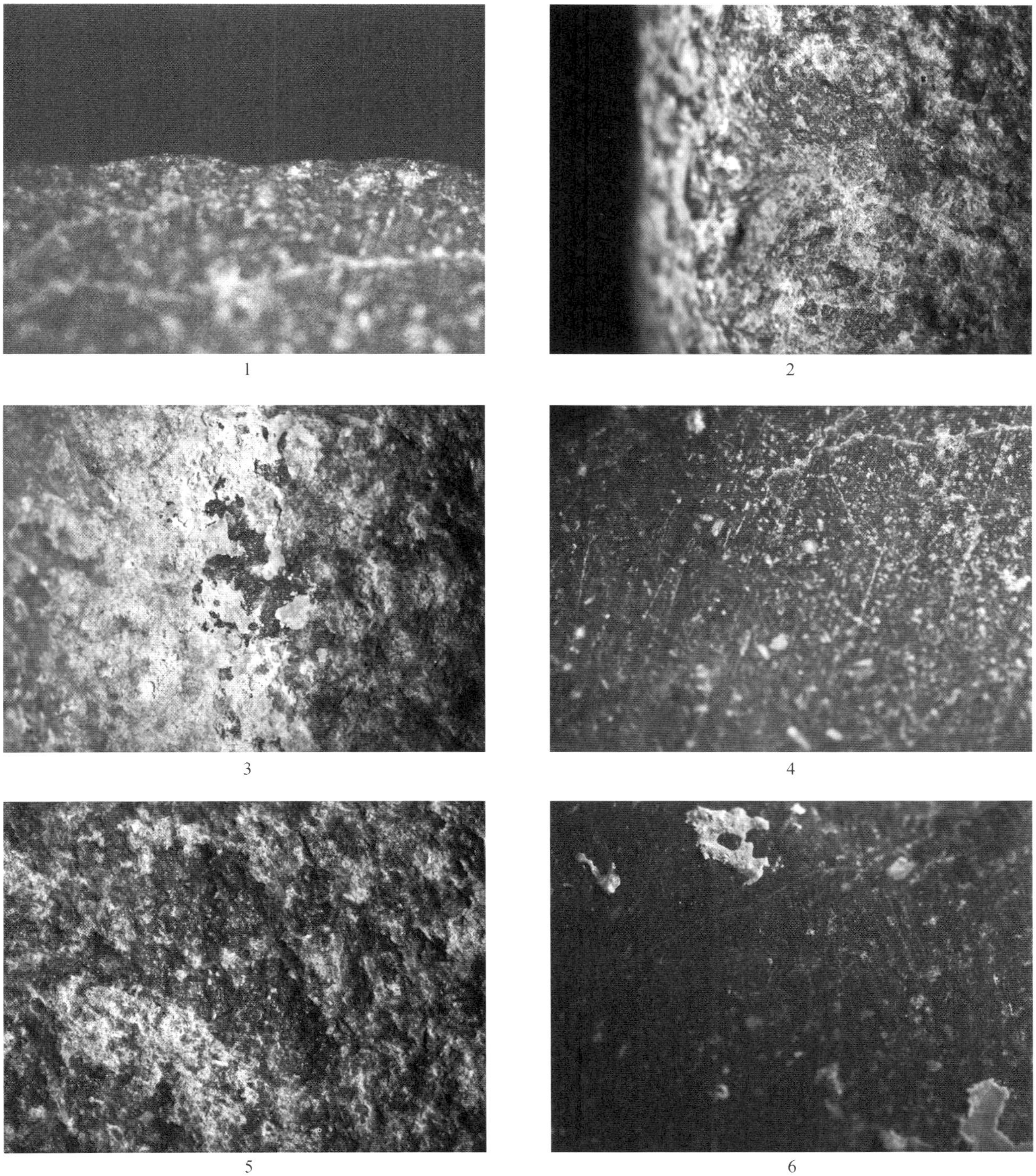

图5-5　石斧（F13：8）
1. 20倍　2～6. 10倍

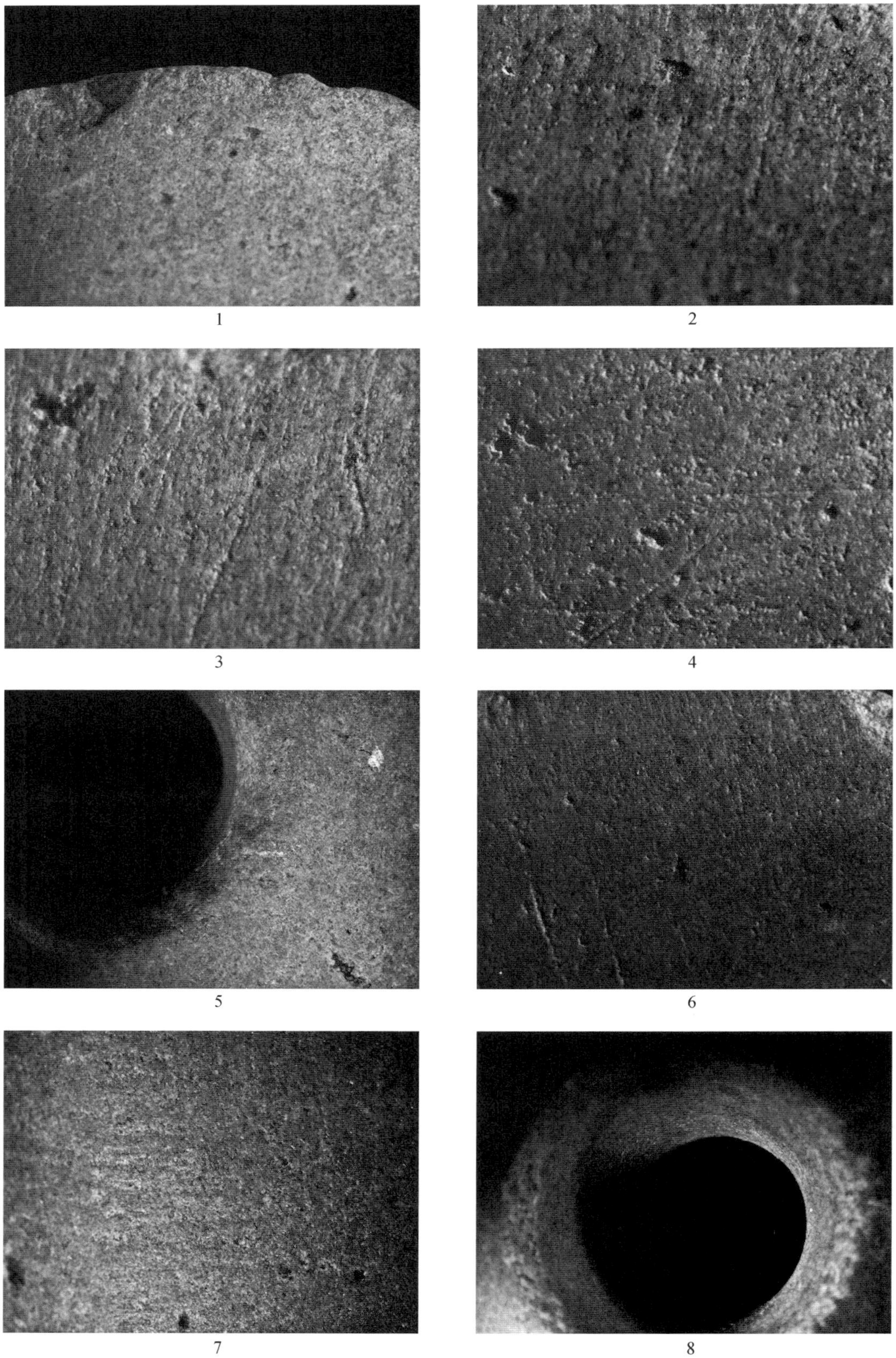

图5-6　石斧（T31②：2）

1、6、7. 10倍　2～4. 20倍　5、8. 7.5倍

2. 石铲

在对小塘山遗址的石铲再次进行认真挑选、细致观察后，依据器形、大小、出土单位等不同条件，在经过肉眼初步观察后，共挑选出8件标本进行痕迹观察，结果如下。

（1）标本F9：8

在显微镜放大倍数为10倍、20倍、40倍时，对标本进行观察，可以看到垂直于刃缘连续分布着折断式重度磨圆疤痕；在显微镜放大倍数为10倍时，对标本左侧、右侧进行观察时发现，两侧均有明显不同于周边的光泽，而此光泽在显微镜放大20倍观察时，可以观察到因磨损而产生的微凹，凹处同样重度磨圆；刃正侧在20倍放大情况下，正中部有明显不同于周边的光泽，与左、右两侧光泽均应为捆绑柄时所留下的痕迹；由于标本土沁现象严重，刃正侧与刃背侧均未发现明显的条痕（图5-7、图5-8；附表5-7）。

依据标本形态和刃部疤痕的磨圆程度，笔者认为小塘山遗址F9：8应为以铲为主要动作、捆绑柄的一种工具，而根据其刃缘疤痕的磨圆程度来看，其加工对象应为沙土一类的硬性无机物。

（2）标本F26：3

先通过肉眼观察标本整体，标本左侧、顶部、右侧均有打制痕迹；通过显微镜放大倍数为10倍时观察刃缘处存在重度磨圆的连续性大型折断式疤痕；在20倍的放大倍数下，左侧在打制痕迹上有一不同于周边光泽的重度磨圆；在放大倍数为10倍的情况下，标本顶部、右侧均连续分布大型的折断式疤痕；在放大倍数为7.5倍时，可在刃正侧清晰观察到轻度磨圆的紧密分布条痕；在显微镜放大倍数为7.5倍时，标本正上部出现明显条痕，但条痕并不与刃缘垂直，应为当时通过打磨对标本进行修理加工时所形成的痕迹，标本刃背侧未发现条痕，这可能与标本的使用方式有关（图5-9；附表5-8）。

依据标本的形态和刃缘的磨圆程度，笔者认为小塘山遗址F26：3应为一件经过修理后要二次利用的工具，但从其修理过的痕迹观察，应还未二次利用，而通过对其刃缘的磨圆程度和刃正侧的条痕及刃背侧未见条痕这种现象，推断F26：3在改制前应为以耙或锄为主要动作，加工对象为沙土一类的硬性无机物的生产工具。

（3）标本H11：1

在显微镜放大倍数为10倍、20倍时对标本进行观察，可以看到垂直于刃缘连续分布的折断式疤痕，疤痕重度磨圆；在显微镜放大倍数为7.5倍时，可以观察到标本左侧有着不同于周边的明显光泽，通过显微镜放大到20倍时，可观察到光泽部分重度磨圆的现象；在显微镜放大倍数为10倍时，对标本右侧进行观察，可以发现不同于周边的光泽，光泽为重度磨圆现象，而左、右两侧的磨光光泽，应为绑柄时形成的痕迹；通过显微镜对标本刃正侧、正中部、刃背侧放大10倍、20倍的观察时，可以看到清晰的、与刃缘垂直的条痕；在显微镜放大倍数为7.5倍时，对标本背中部进行观察，可见杂乱斜交的条痕；在显微镜放大倍数为10倍时，标本背上部同样有这种杂乱的条痕（图5-10、图5-11；附表5-9）。

依据标本形态、刃缘部疤痕的磨圆程度、标本轻度磨圆的条痕，笔者认为小塘山遗址H11：1应为以铲为主要动作并绑柄的复合型工具，而观察其刃部重度磨圆的疤痕和刃两侧的清晰条痕，推测其加工对象应为沙土一类的硬性无机物，而标本背中上部的杂乱条痕，应为加工时所留下的痕迹。

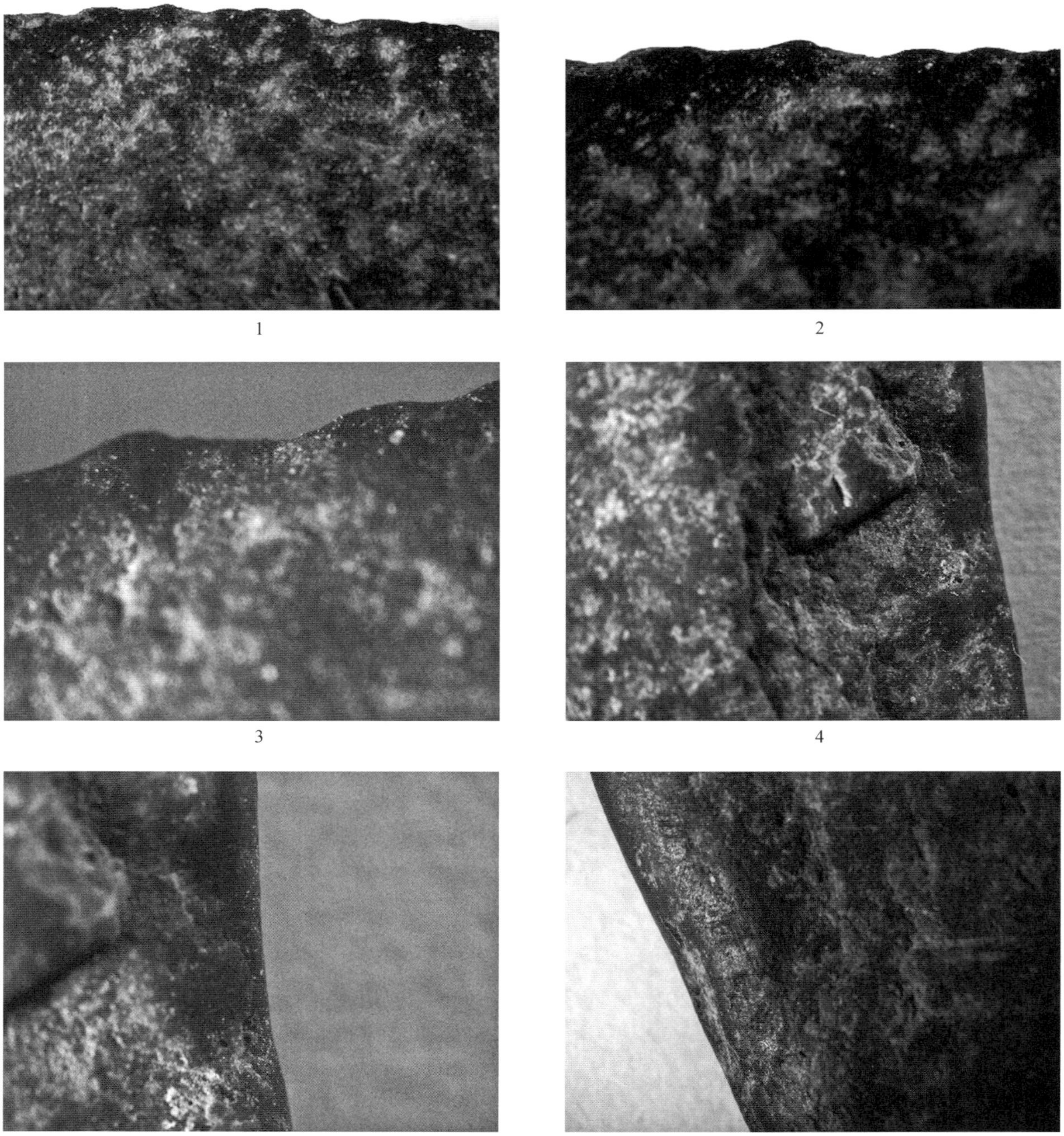

图5-7　石铲（F9：8）

1、4、6. 10倍　2、5. 20倍　3. 40倍

图5-8　石铲（F9：8）
1、2、4. 20倍　3. 40倍

（4）标本T6③：6

分别在显微镜放大倍数7.5倍、10倍、20倍时对标本刃缘处进行观察，可以观察到垂直于刃缘的大型折断式连续微疤，微疤有重度磨圆的现象；分别在显微镜放大倍数为7.5倍、10倍、20倍、40倍对标本左侧进行观察，可以观察到明显光泽，光泽为重度磨圆的痕迹；对标本顶部进行10倍放大观察，可以看到整齐的斜向条痕，应为加工时留下的打磨痕迹；在显微镜放大倍数为10倍时，对标本右侧进行观察，有区别于周边的光泽，光泽为重度磨圆的迹象，标本左侧和右侧的重度磨圆应为绑柄时所留痕迹；在显微镜放大倍数为10倍时，对标本刃正侧、正中部、正上部、刃背侧、背中部进行观察，可见清晰的垂直于刃缘的条痕（图5-12～图5-14；附表5-10）。

依据标本的形态、微疤和条痕，笔者认为小塘山遗址T6③：6应为以铲为主要动作、绑柄的一种工具，其刃缘的微疤重度磨圆并有清晰的条痕，故其加工对象应为沙土一类的硬性无机物。

1

2

3

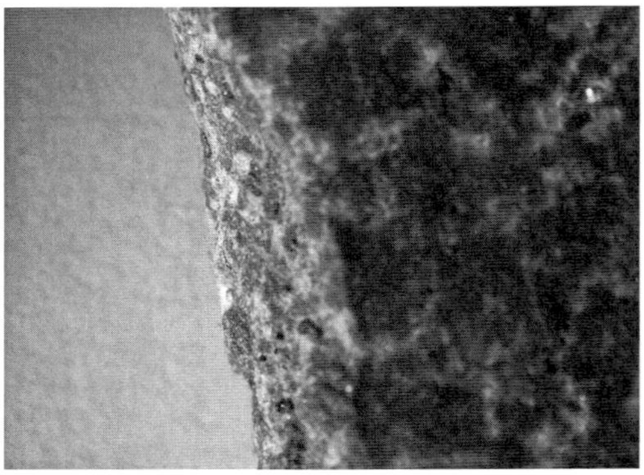
4

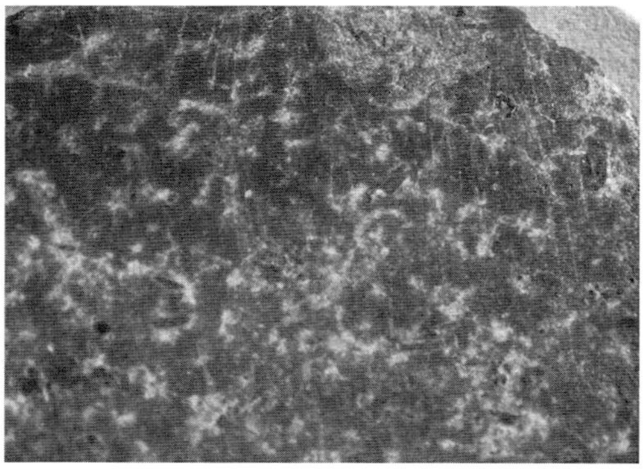
5

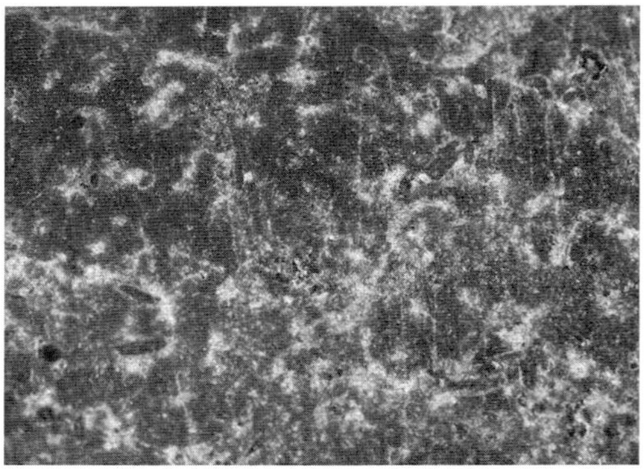
6

7

图5-9　石铲（F26：3）

1、3、4、6. 10倍　2. 20倍　5、7. 7.5倍

1

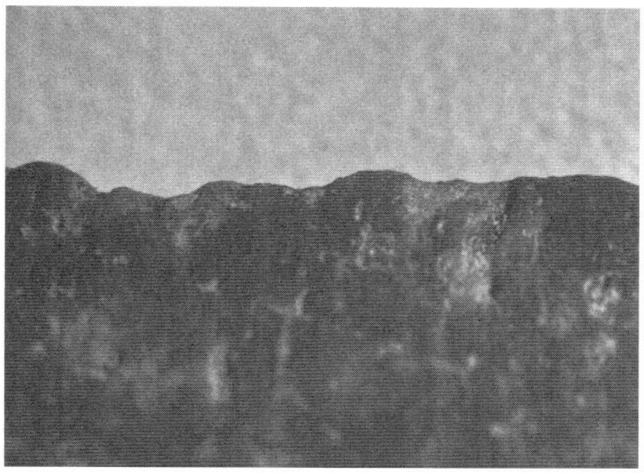
2

3

4

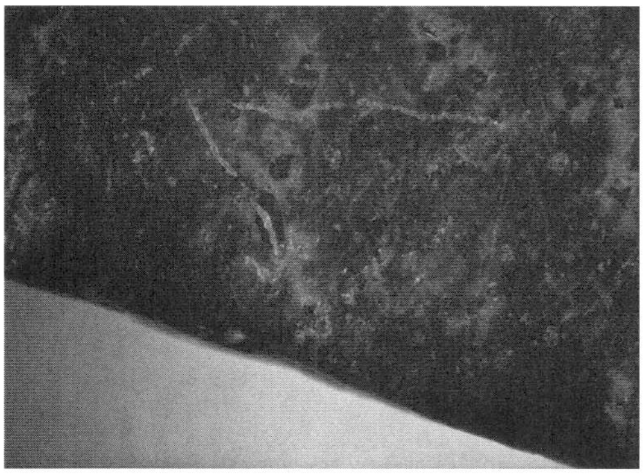
5

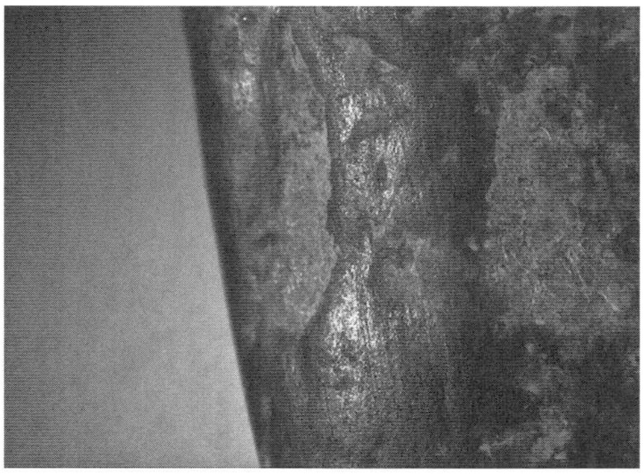
6

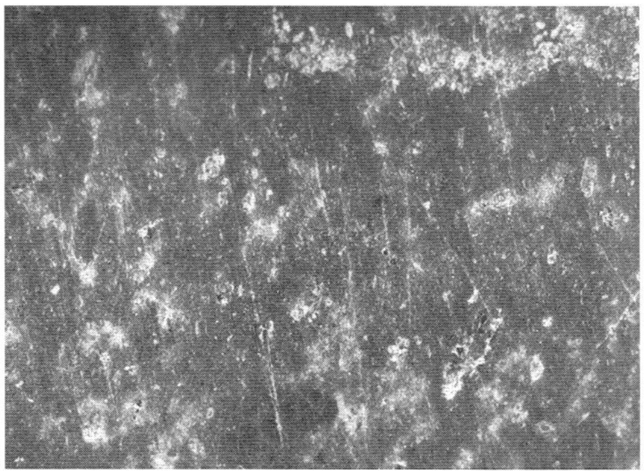
7

图5-10　石铲（H11：1）

1、5～7. 10倍　2、4. 20倍　3. 7.5倍

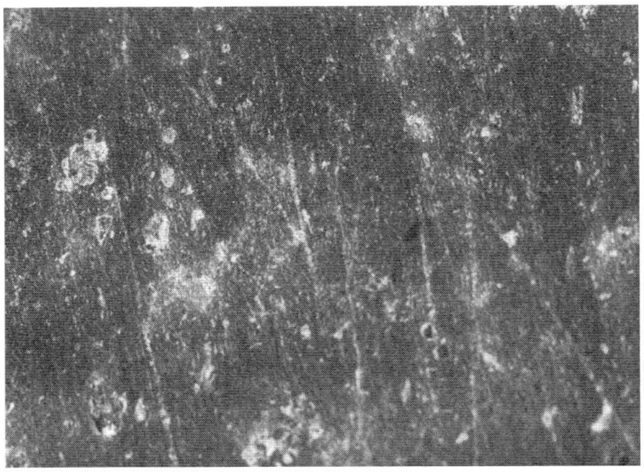

1

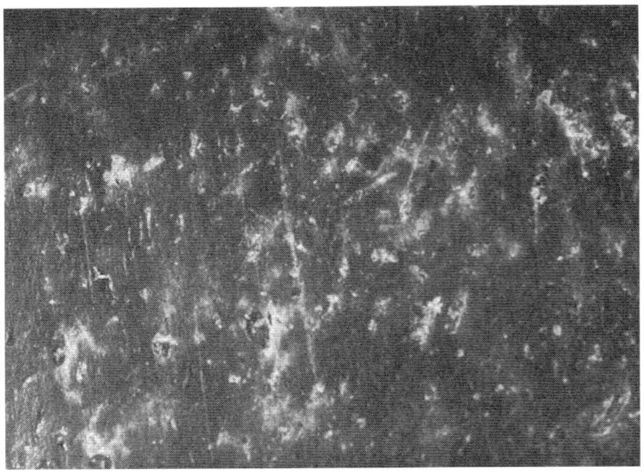

2

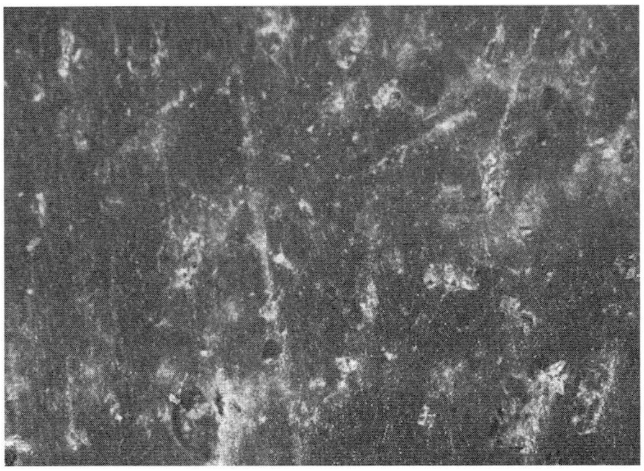

3

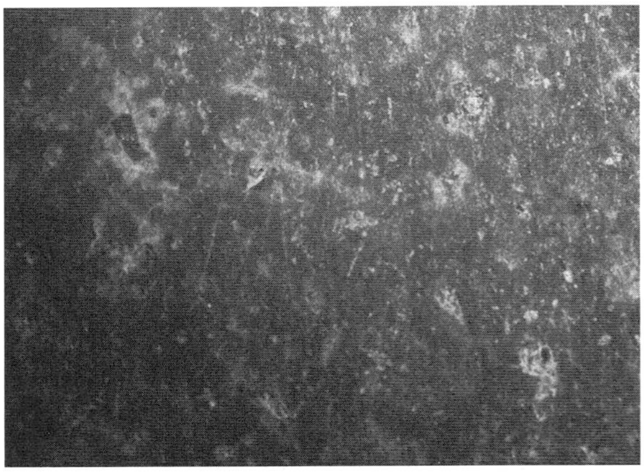

4

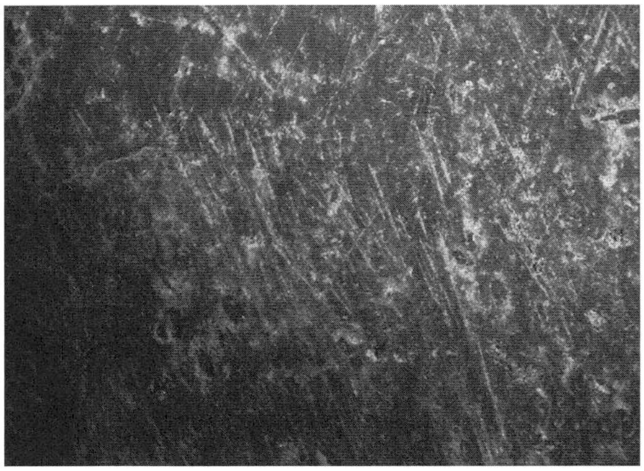

5

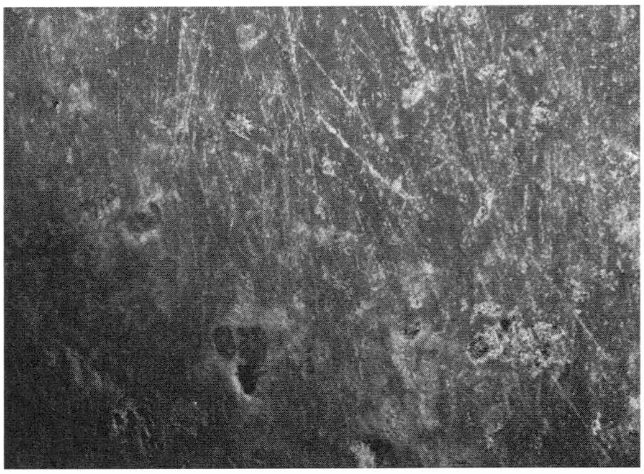

6

图5-11　石铲（H11：1）

1、3. 20倍　2、4、6. 10倍　5. 7.5倍

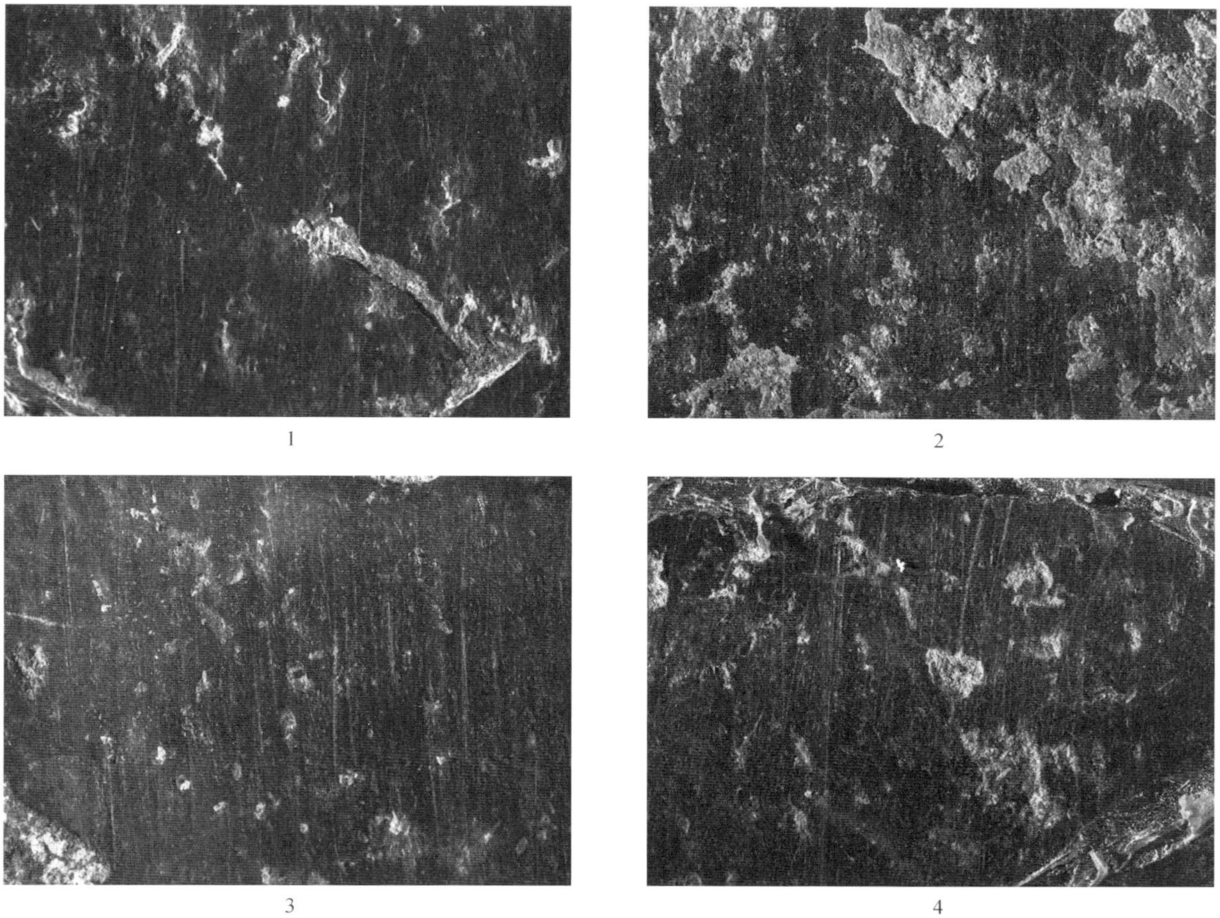

图5-12　石铲（T6③：6）
1～4. 10倍

（5）标本T6③：7

在显微镜放大倍数为10倍、20倍时对标本刃缘处进行观察，发现刃缘连续分布着折断式重度磨圆疤痕；对标本左侧放大10倍观察重度磨圆的浅“V”字形凹槽；在显微镜放大倍数为10倍时对标本右侧进行观察，有明显的光泽，为重度磨圆的迹象，标本左、右两侧的重度磨圆，推测为绑柄所产生的痕迹；对标本刃正侧、正中部均放大10倍观察，可见清晰垂直于刃缘的条痕；对标本正上部放大7.5倍观察，可以观察到不规则斜向的条痕，应为由硬性无机物（石块）加工摩擦形成；对刃背侧进行放大7.5倍进行观察，可观察到垂直刃缘的清晰条痕（图5-15、图5-16；附表5-11）。

依据标本形态和微痕观察，笔者认为小塘山遗址T6③：7应为以铲或锄为主要动作、器身绑柄的一种复合型工具，其刃缘重度磨圆和刃两侧的条痕，表明其加工对象应为沙土一类的硬性无机物。

1

2

3

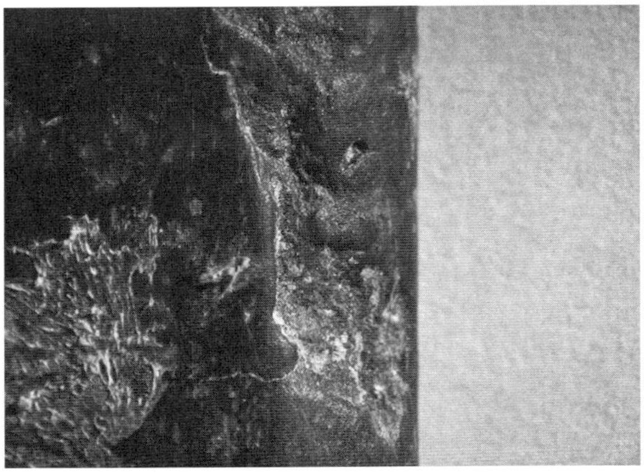

4

5

6

图5-13　石铲（T6③：6）

1、4. 7.5倍　2、5. 10倍　3、6. 20倍

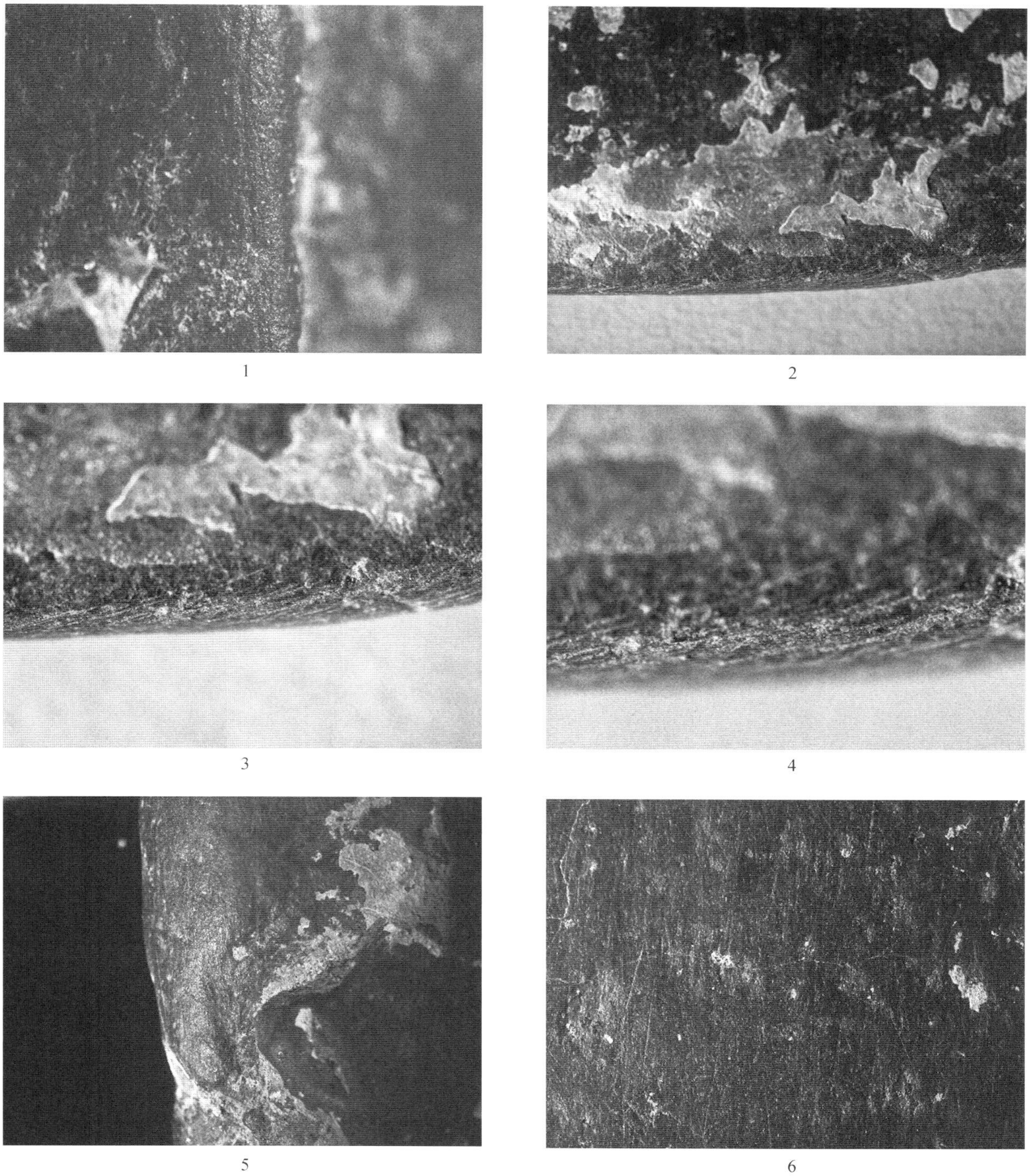

图5-14 石铲（T6③：6）

1、4. 40倍 2、5、6. 10倍 3. 20倍

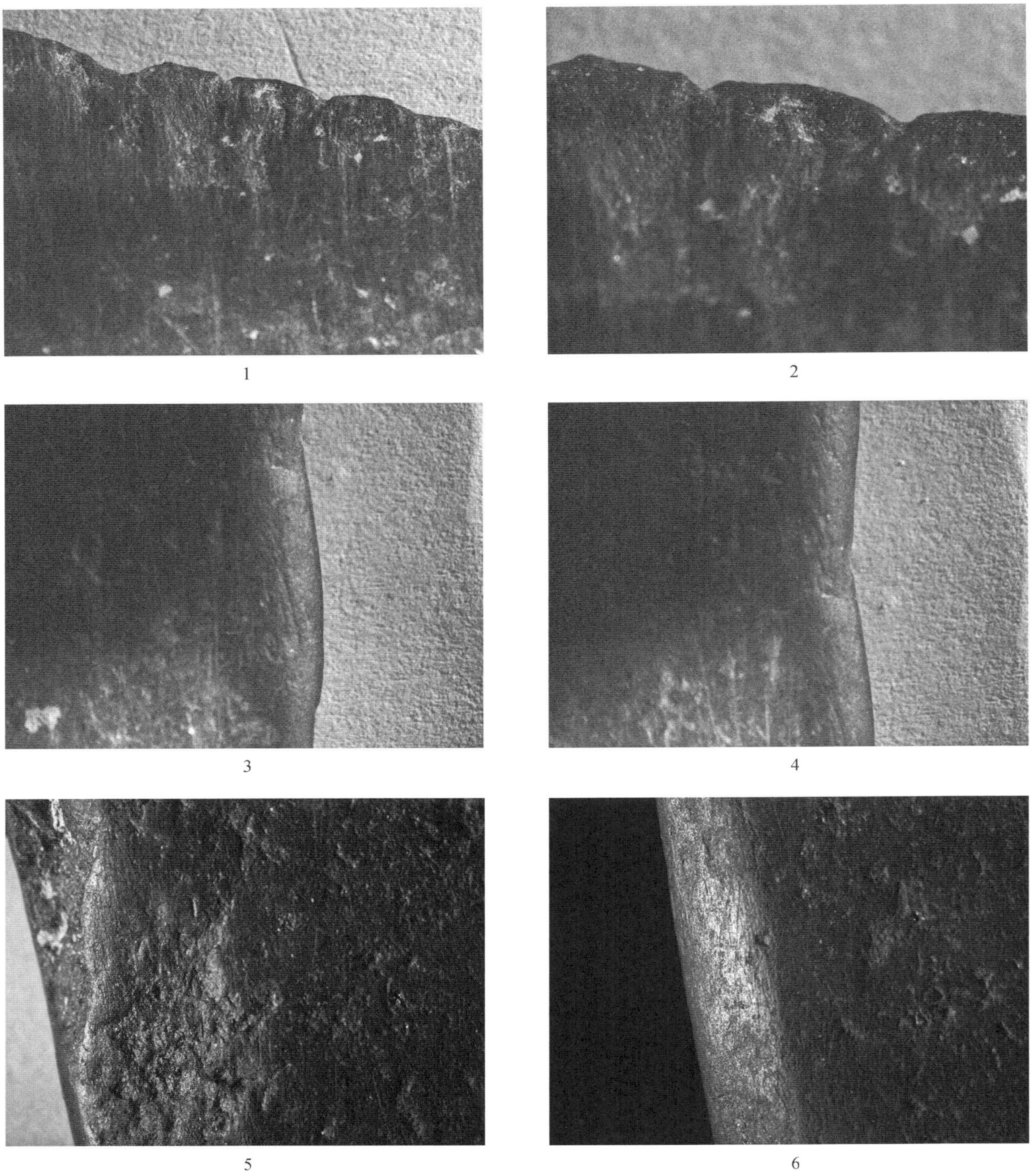

图5-15　石铲（T6③：7）

1、3、4. 10倍　2. 20倍　5. 10倍（捆绑）　6. 10倍（使用）

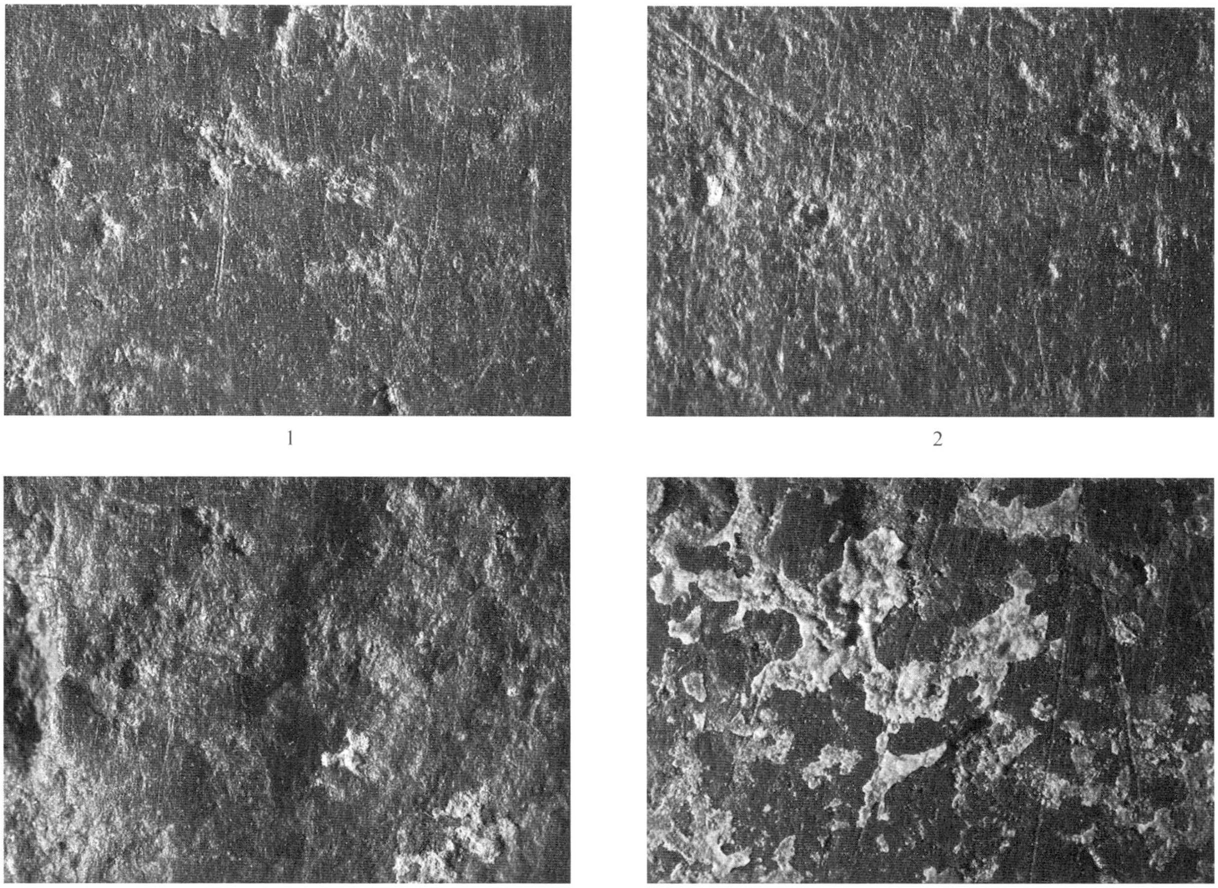

图5-16　石铲（T6③：7）
1、2. 10倍　3. 10倍（捆绑）　4. 7.5倍

（6）标本H42：2

在显微镜放大倍数为10倍、20倍下观察标本刃缘，可观察到垂直于刃缘的连续分布的折断式大型疤痕，疤痕重度磨圆；在显微镜放大倍数为7.5倍时观察标本的刃正侧与正中部，可以看到垂直于刃缘的清晰条痕，但未在其刃背侧与正中部发现有类似痕迹（图5-17；附表5-12）。

依据标本的形态和所观察到的现象，笔者认为小塘山遗址H42：2应为以铲或锄为主要动作的一种工具（未观察到明显绑柄的痕迹），而根据刃缘的疤痕形态与刃背侧与背中部的条痕，其加工对象应为沙土一类的硬性无机物。

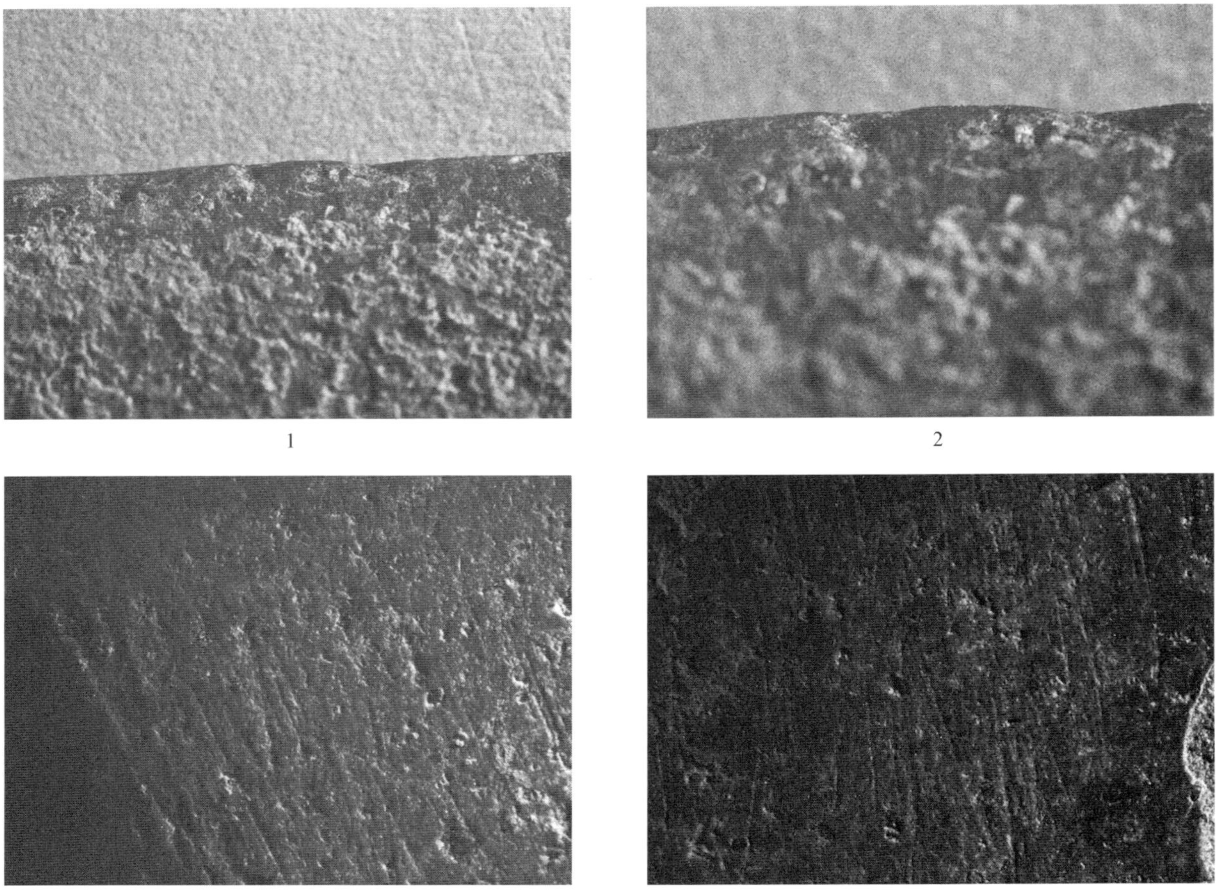

1　2　3　4

图5-17　石铲（H42：2）
1. 10倍　2. 20倍　3、4. 7.5倍

（7）标本T24东扩①：1

在显微镜放大倍数为10倍、20倍、40倍时对标本刃缘处进行观察，可以观察到垂直于刃缘的、连续分布的折断式微疤，微疤重度磨圆；对标本左侧放大7.5倍、20倍进行观察，可见不同于周边的光泽，光泽是重度磨圆的迹象，此处已形成了两道浅“V”字形凹槽；对标本右侧放大20倍观察，可见两处不同于周边的明亮光泽，标本左、右两侧的现象应为绑柄所留的痕迹，而左、右两侧有两处绑柄痕迹说明，标本可能采用了十字交叉的方式进行绑柄；在显微镜放大倍数为10倍时对标本刃正侧进行观察，可见垂直于刃缘的清晰条痕；在显微镜放大10倍时对标本正上部进行观察，可见清晰的条痕，应为修理加工标本时的痕迹；在放大20倍时观察刃背侧，可见垂直于刃缘的清晰条痕；在放大10倍时对标本背中部进行观察可见不同于周边重度磨圆的光泽，应为绑柄时所留的痕迹（图5-18、图5-19；附表5-13）。

依据标本形态和微痕观察结果，笔者认为标本T24东扩①：1应为以铲为主要动作并绑柄的复合型工具，其加工对象根据刃缘形态和刃两侧条痕，应为沙土一类的硬性无机物。

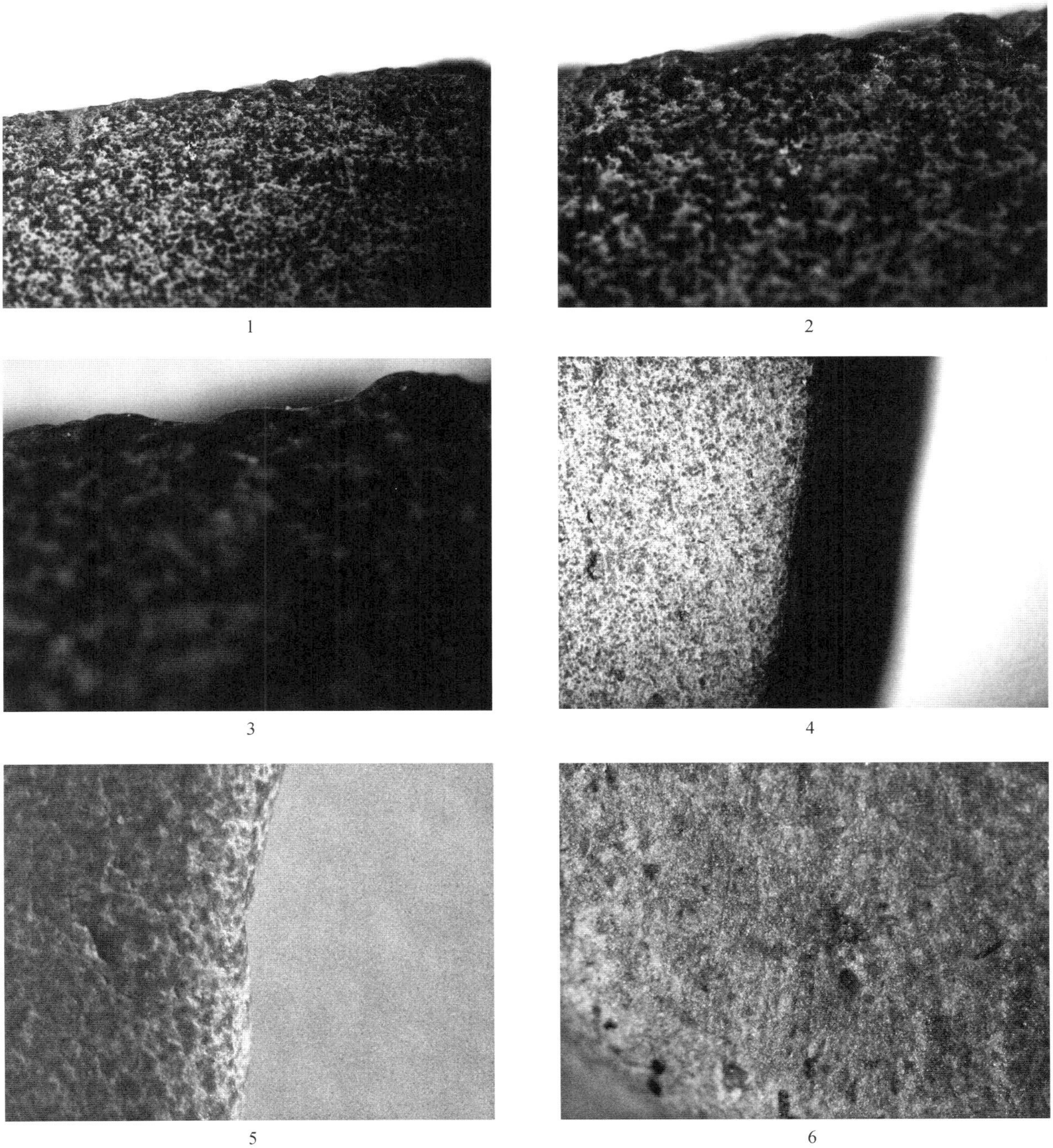

图5-18　石铲（T24东扩①：1）

1. 10倍　2、5. 20倍　3、6. 40倍　4. 7.5倍

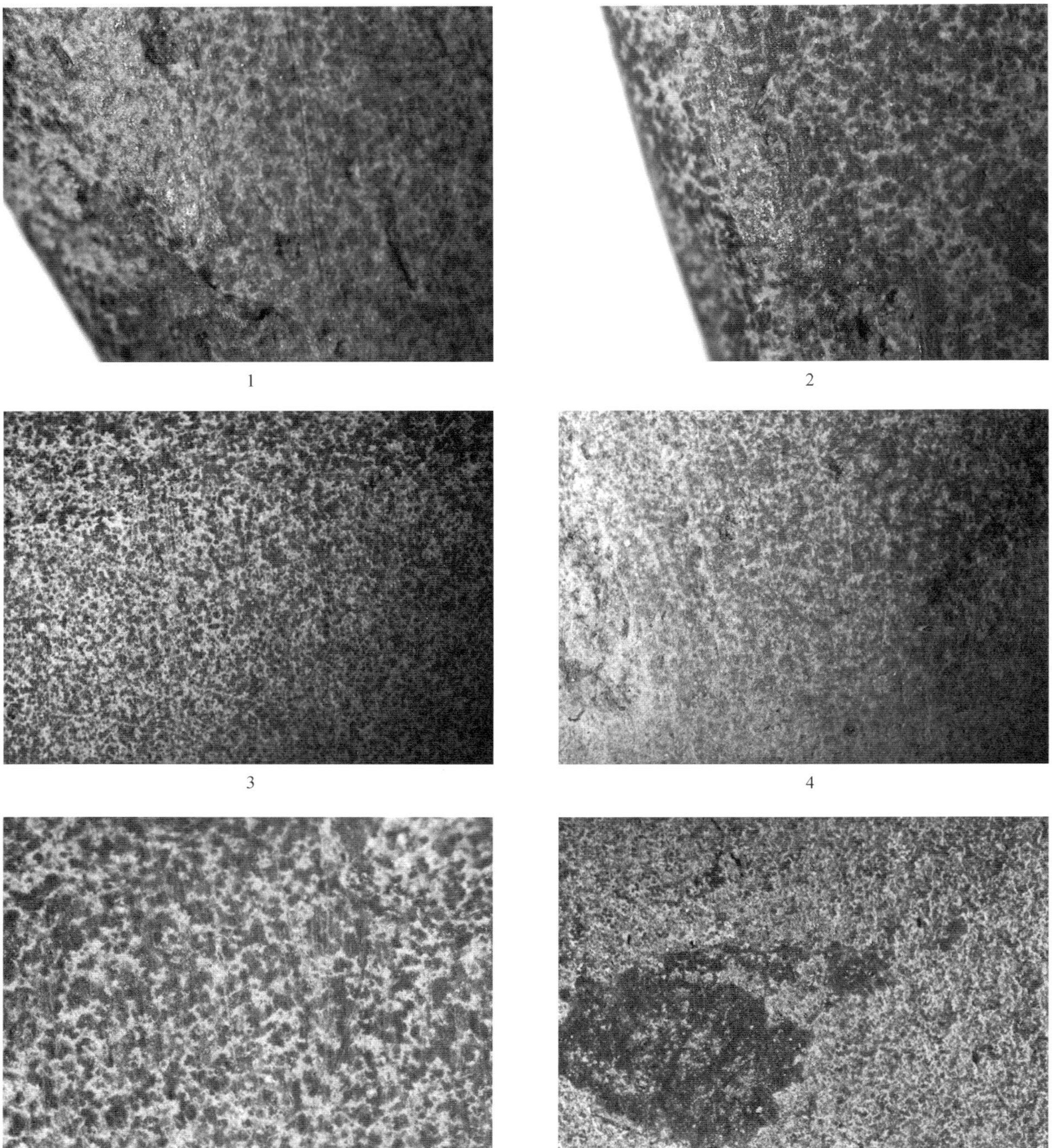

1　2　3　4　5　6

图5-19　石铲（T24东扩①：1）

1、2. 20倍（捆绑）　3、4、6. 10倍　5. 20倍

（8）标本F21②：14

在显微镜放大10倍、20倍、40倍时对标本进行观察，可见刃缘部连续分布着垂直于刃缘的折断式大型微疤，微疤重度磨圆；通过肉眼观察左侧上部有明显打制痕迹，放大7.5倍可见明显的折断式大型疤痕；显微镜放大倍数为10倍时，观察左侧下部有明显的磨圆；在显微镜放大10倍时观察刃正侧与刃背侧，可见明显垂直于刃缘的条痕；对正中部放大10倍时观察可见斜向的条痕，应为加工修理时所留痕迹（图5-20、图5-21；附表5-14）。

依据标本形态与微痕观察结果，笔者认为小塘山遗址F21②：14应为其他形制的石铲二次利用所形成，但再次加工后并未使用，原因是标本左、右两侧均有打制痕迹，通过对此处进行疤痕观察并没有磨圆的迹象，与两侧的下部呈鲜明的对比，而两侧的磨圆表明，此处应为修理加工前标本绑柄的部位。对标本上的条痕进行观察，改制前标本的加工对象应为沙土一类的硬性无机物。

3. 石刀

（1）标本T2③：2

在显微镜放大倍数为20倍时观察，标本刃部整体较为平滑，磨圆集中于刃部右端靠近尖部的位置，崩损呈不均匀分布，分布于刃缘的中部和左端，刃缘的磨圆集中于右端尖部的位置，而靠近左端则无磨圆的现象；左侧折断，肉眼可观察到左侧孔洞是对钻而成，呈蜂腰状；在放大20倍时观察顶部（刀背），有打磨痕迹，横向线痕明显两侧有较为明显的磨圆现象；右侧（刀尖）已折断，完全破损；刃正侧较为复杂，在显微镜放大20倍的情况下，近刃缘部有清晰明显平行于刃缘的线痕，其余部分为斜向的打磨条痕，此条痕应为加工石刀时形成的；在显微镜放大7.5倍时观察正中部，可见由于多次加工与打磨，正中部形成“X”形的截面；石刀背部无明显线痕，但经长期使用，其背部磨光。

标本整体磨损小，刃缘重度磨圆，刃侧有横向条痕，应为切、割软性物质的工具（附表5-15）。

（2）标本T1②：5

在显微镜放大倍数10倍时对刃缘进行观察，刃缘出现两种情况，近尖部有磨圆，是加工软性类物质（动物、植物）所留痕迹；远尖部有锯齿状疤痕，为加工中硬性类物质（干木）所形成的痕迹，从刃缘处看，标本应为复合型石刀。在显微镜放大20倍时观察，刃正侧有斜直条痕，正侧起棱；刃背侧在放大20倍情况下，在刃缘附近可见微小斜向条痕，这应与使用方式有关；背中部在7.5倍放大倍率下观察，清晰可见大量横向条纹，为人工磨制，但尚不能明确其是制作时所形成还是使用过程中加工所形成的；根据肉眼和显微镜放大7.5倍观察，器身钻孔为背上部单面钻孔完成（附表5-16）。

（3）标本T37②：4

刃部在显微镜放大倍数为20倍时观察，可见越接近右侧（尖部）刃部越平滑，磨圆越明显，而远端越接近柄部（以中部崩损为界）锯齿越明显，锯齿有明显磨圆，因此右端应加工软性物质，而左端应加工中软性类的物质；正中部的凸棱，应为刃正侧与正上部打磨加工后形成

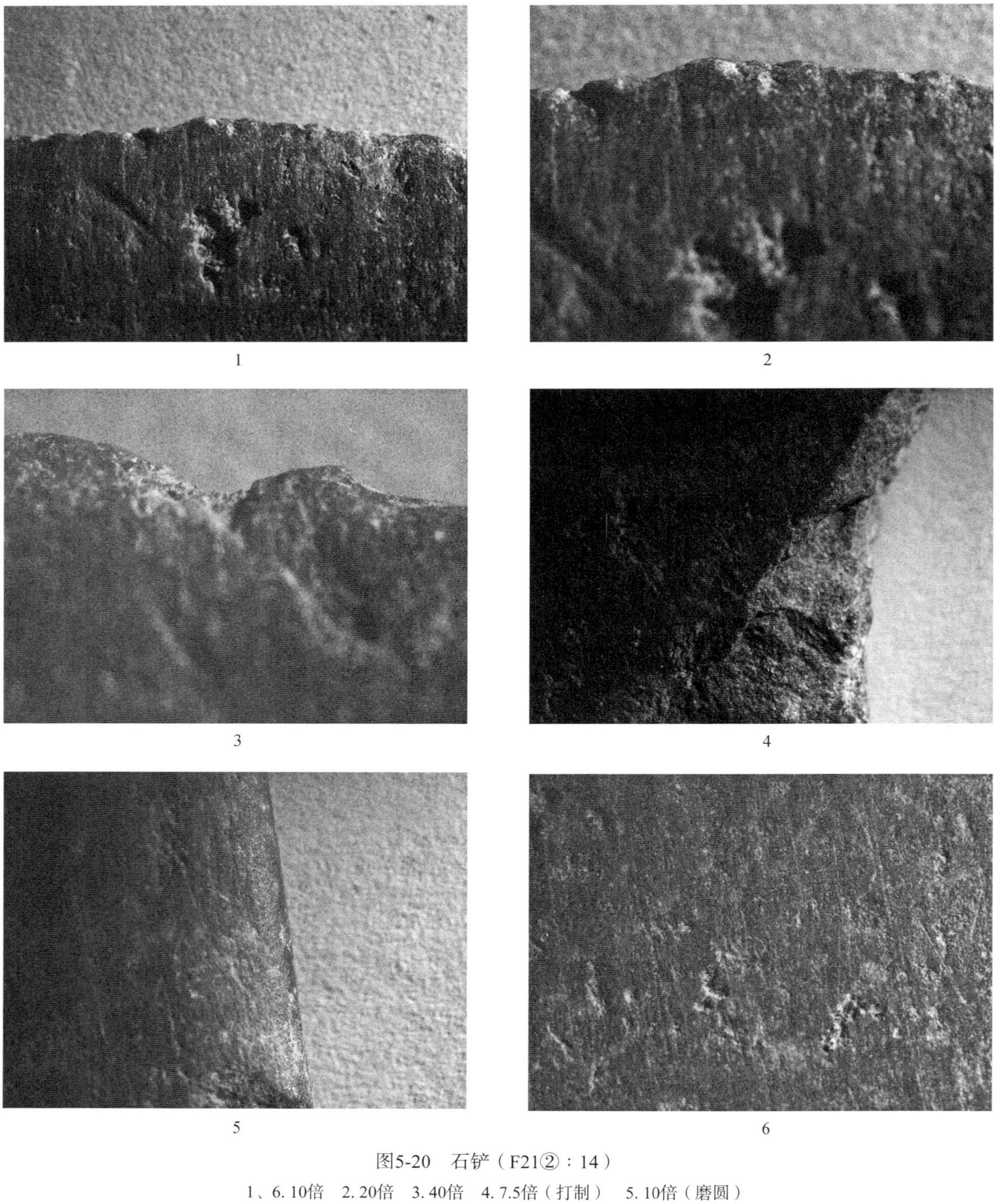

1　2　3　4　5　6

图5-20　石铲（F21②：14）

1、6. 10倍　2. 20倍　3. 40倍　4. 7.5倍（打制）　5. 10倍（磨圆）

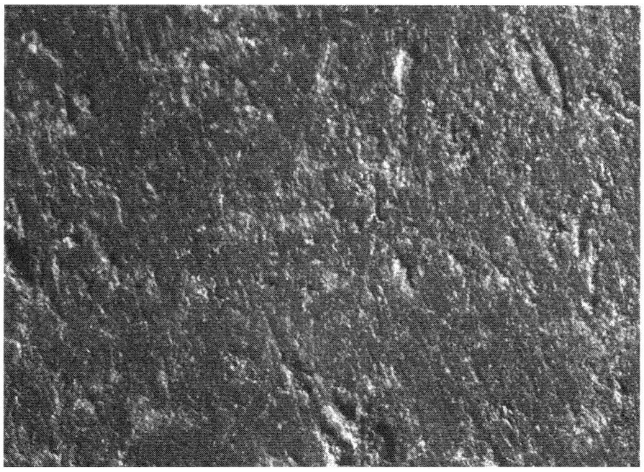

1

2

图5-21　石铲（F21②：14）

1、2. 10倍

的凸棱；正上部左侧有人工磨制而成的痕迹，根据其形态推断应为“V”字形凹槽；刃背侧在显微镜放大倍数为10倍时观察，可见清晰的横向打磨痕迹，应为加工修理的痕迹，在放大20倍的情况下观察，可见这种横向加工的线痕打破了一种刃部垂直的纵向条痕，这种现象应为在石刀用过后，又对其进行打磨方式的修理加工，这种横向的加工条痕，仅在刃背侧较为清晰，而背中部却并没有这种痕迹。

另对部分石凿、石锛等也进行了检测分析（附表5-17、附表5-18）。

4. 打制石器

打制石器的分类方法不能仅依据形态学进行分类，而是需要判断打制石器是否使用过，是石器修理后使用还是未修理使用，这是打制石器分类的一个主要方法，这就需要对打制石器进行微痕观察，来判断石器是否使用或是否是修理过后使用的（附表5-19）。本次观察采用奥代尔的“八分法”，将被观察的石器背面朝向观察者，打击台面朝下，由中心按周边等分八份，由右上角以顺时针方向列为P.C.1～P.C.8位，P.C.位置用来确定石器使用（微痕）部位（图5-22）。

（1）标本T16①：5

通过对标本的微痕观察，可知该标本为红熔岩打制刮削器，使用部位P.C.7、P.C.8，在标本背面连续分布有羽翼式中型微疤，无条痕，修理部位为Ret.7～Ret.8，运动方式应以刮为主，加工对象为中软性类物质（图5-23～图5-25）。

（2）标本H27：3

标本为绿碧玉打制刮削器，通过标本的微痕观察，使用部位为P.C.7，修理部位为Ret.7，石器完整，标本背面可观察到连续的羽翼式和折断式大型微疤，运动方式应以削为主，加工对象为中软性类物质（图5-26～图5-28）。

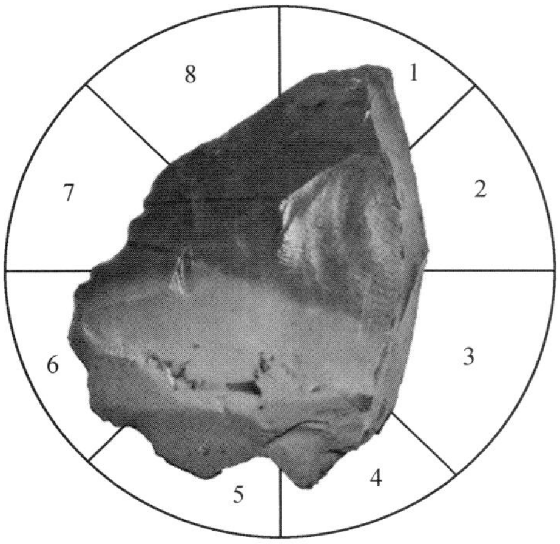

图5-22　石器使用部位“八分法”

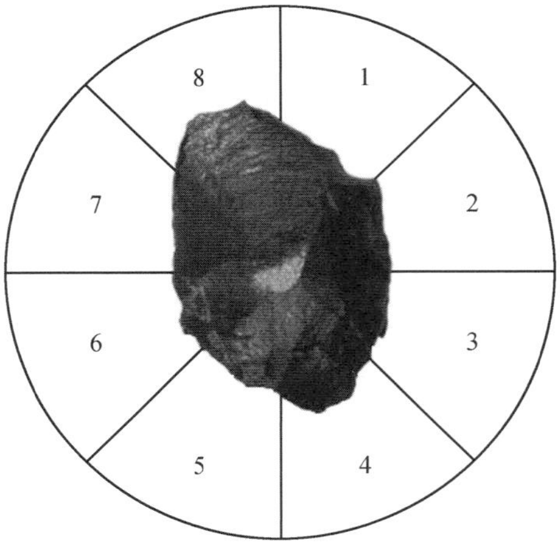

图5-23　刮削器（T16①：5）

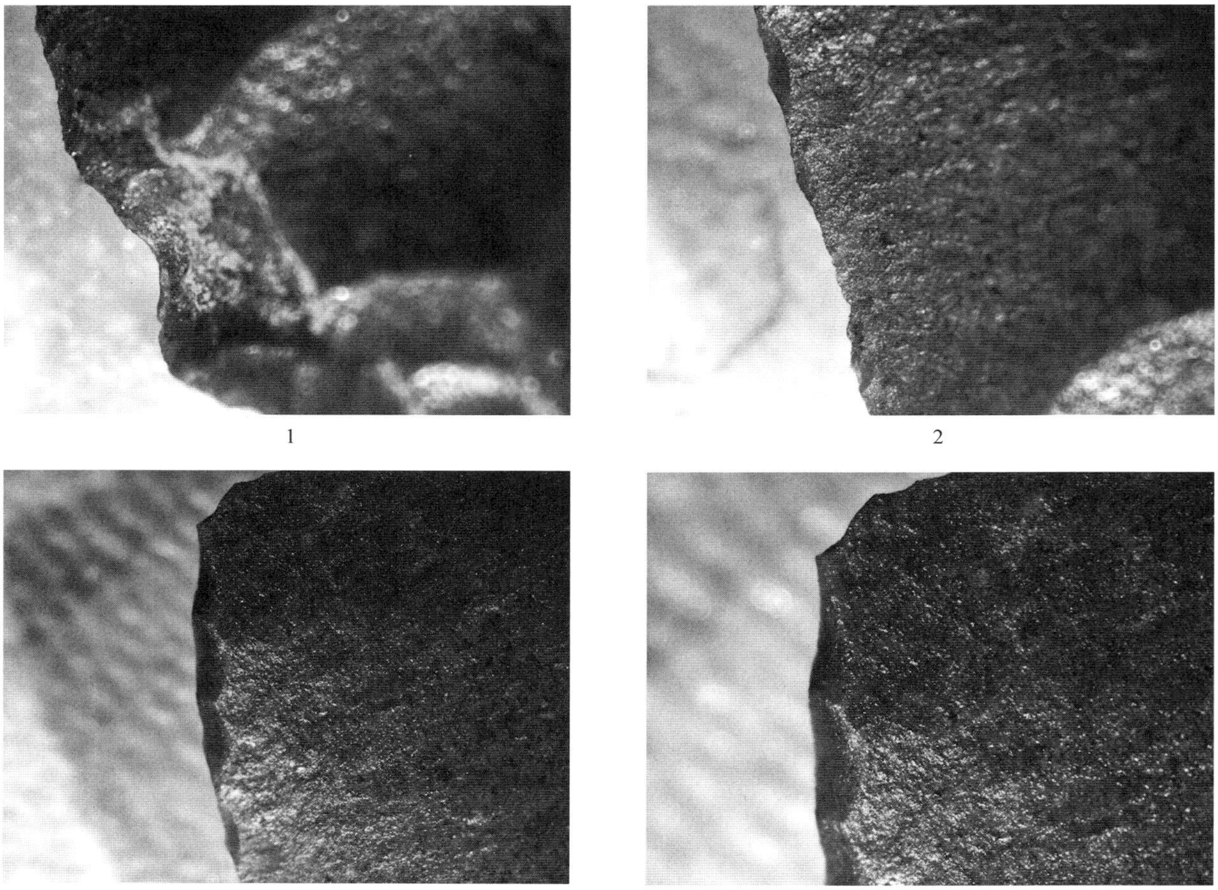

1　2　3　4

图5-24　刮削器（T16①：5）

1、2、4. 30倍　3. 20倍

1

2

3

4

5

图5-25　刮削器（T16①：5）

1～5. 30倍

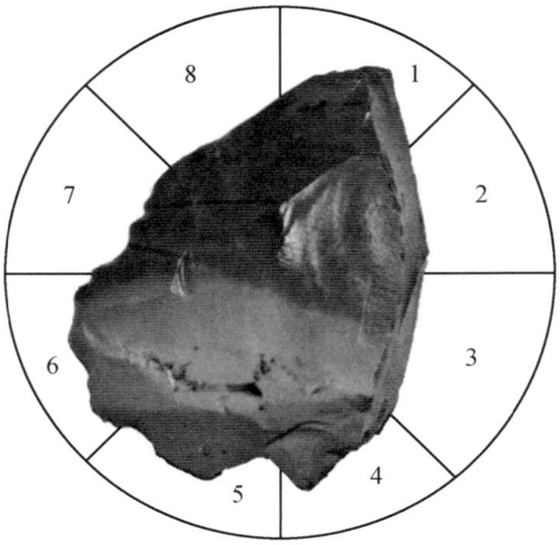

图5-26　刮削器（H27：3）

1

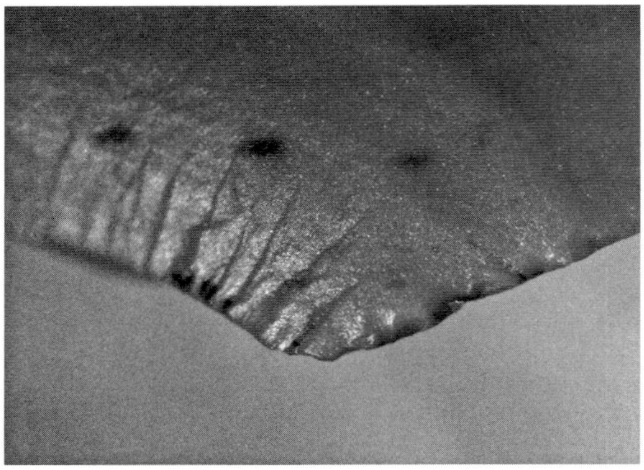

2

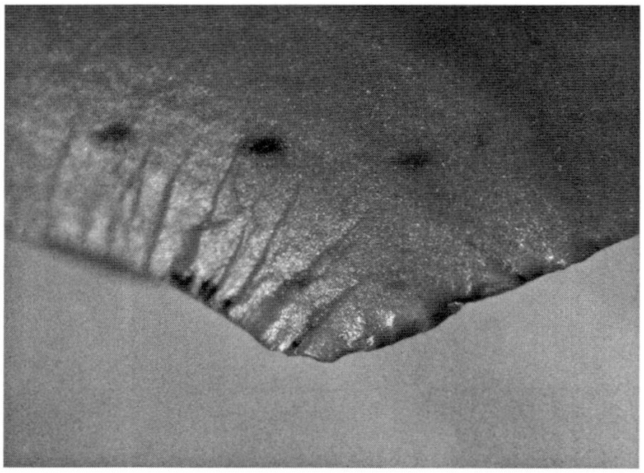

3

4

图5-27　刮削器（H27：3）

1、3、4. 20倍　2. 腹面，40倍

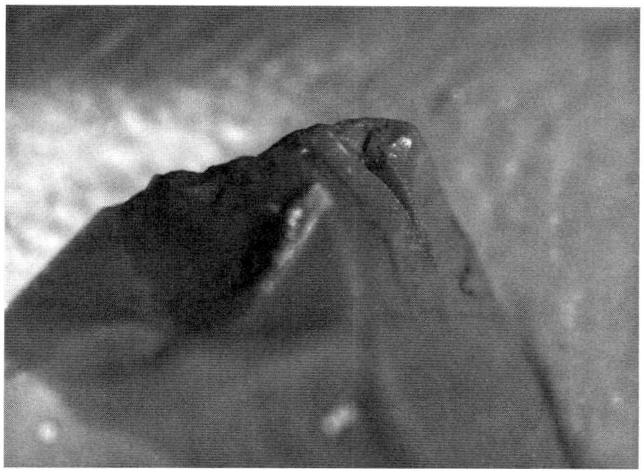
1

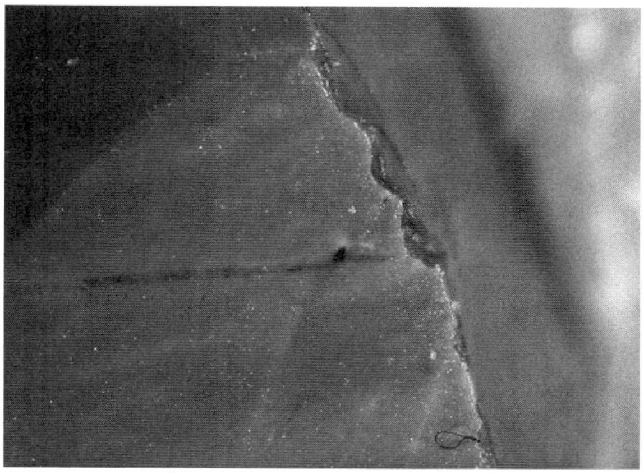
2

3

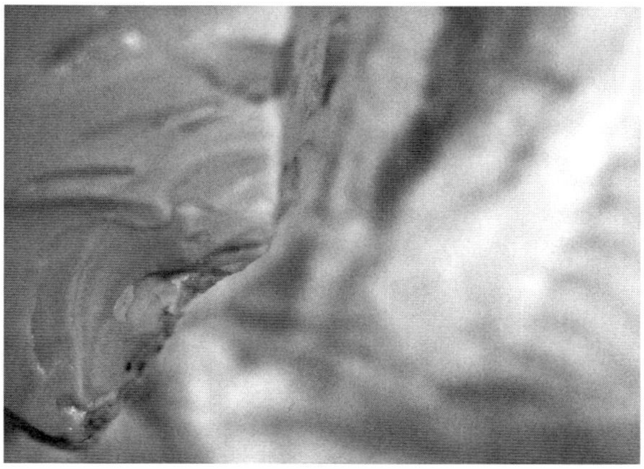
4

5

图5-28　刮削器（H27：3）
1～5. 20倍

（3）标本F19：3

标本为玛瑙打制刮削器，通过标本的微痕观察，其使用的部位为P.C.1、P.C.6～P.C.8。修理部位Ret.3，标本背面有连续翻越式的大型疤痕，无条痕，运动方式应以刮削为主，加工对象为中硬性类物质（图5-29～图5-32）。

（4）标本T29②：15

标本为红碧玉打制石片，通过微痕观察，可知标本由砸击制成，使用部位为P.C.1、P.C.6、P.C.7，其背部连续分布有大型的羽翼式微疤，通过对微痕的对比，其运动方式应以刮为主，加工对象为中软性类物质（图5-33～图5-36）。

（5）标本T31南扩①：1

标本为红碧玉打制石片，通过微痕观察，其使用部位为P.C.1、P.C.6～P.C.8，其背面连续分布着折断式中型微疤，通过微痕对比，认为其运动方式应以刮为主，加工对象为中软性物质（图5-37～图5-40）。

（6）标本T7①：11

标本为玛瑙打制石片，通过微痕观察其使用部位为P.C.1～P.C.3、P.C.6～P.C.8。其背面连续分布着折断式大型微疤，通过微痕对比，认为其运动方式应以刮为主，加工对象为中软性类物质（图5-41～图5-45）。

（7）标本F28：7

标本为绿色碧玉打制石片，通过微痕观察，其使用部位为P.C.2、P.C.3、P.C.6～P.C.8，其背部不均匀地分布着羽翼式中型微疤，运动方式应以刮为主，加工对象为中硬性类物质（图5-46～图5-48）。

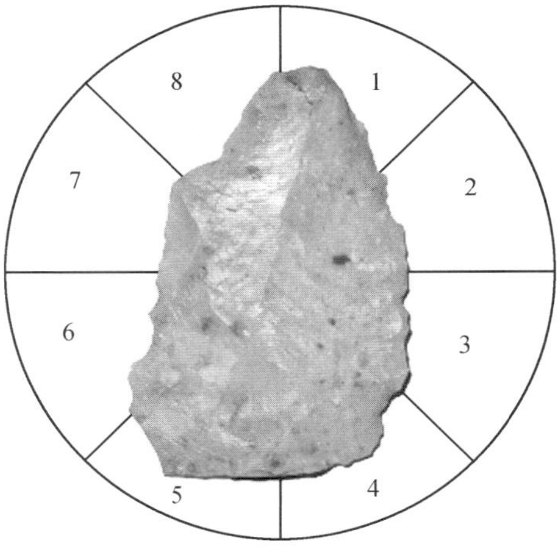

图5-29　刮削器（F19：3）

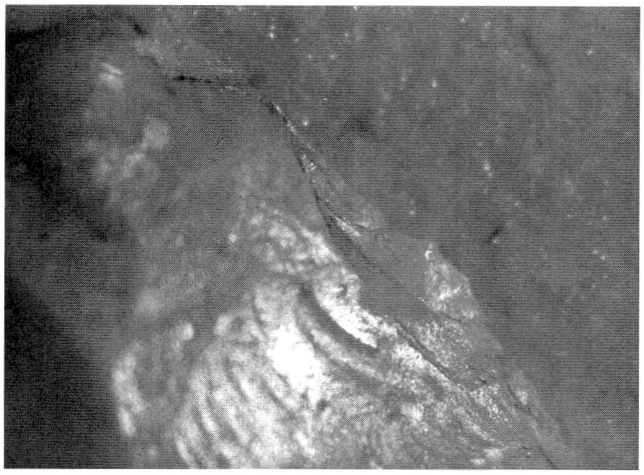

1

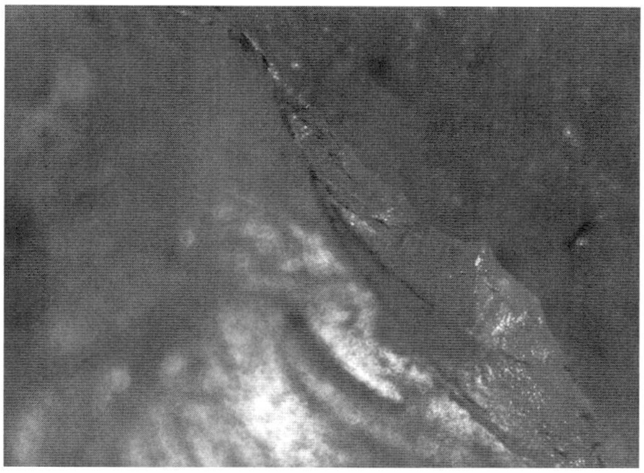

2

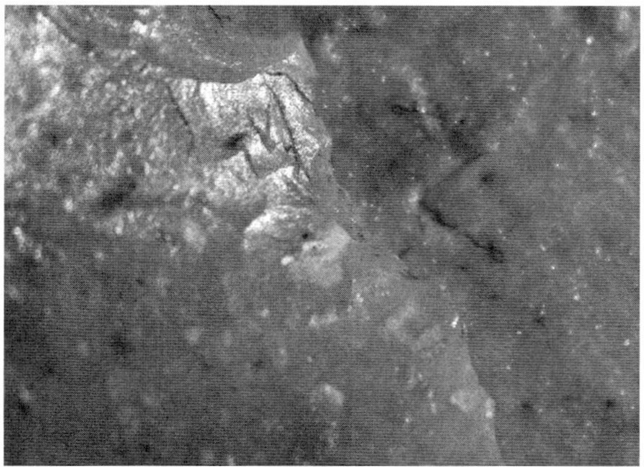

3

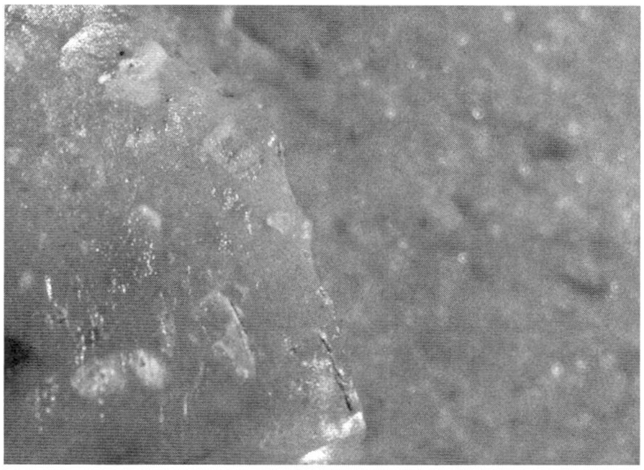

4

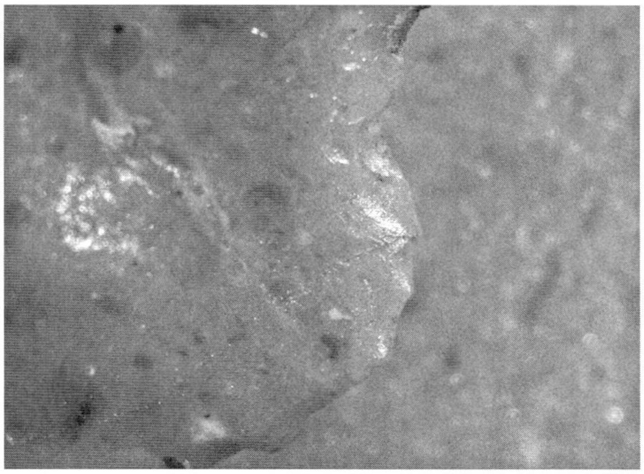

5

图5-30　刮削器（F19：3）

1、3～5. 20倍　2. 30倍

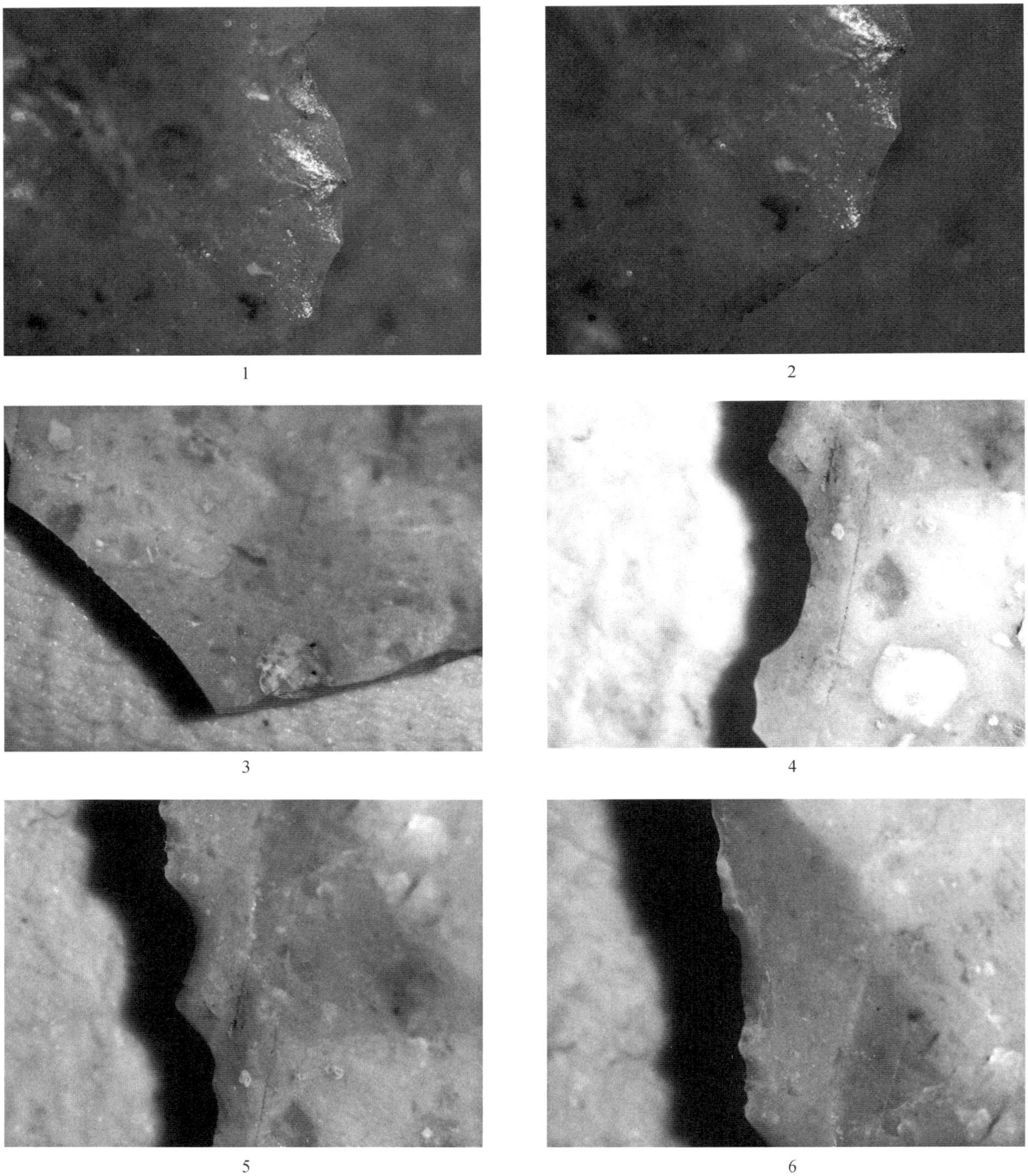

图5-31　刮削器（F19：3）
1. 30倍　2. 40倍　3～6. 20倍

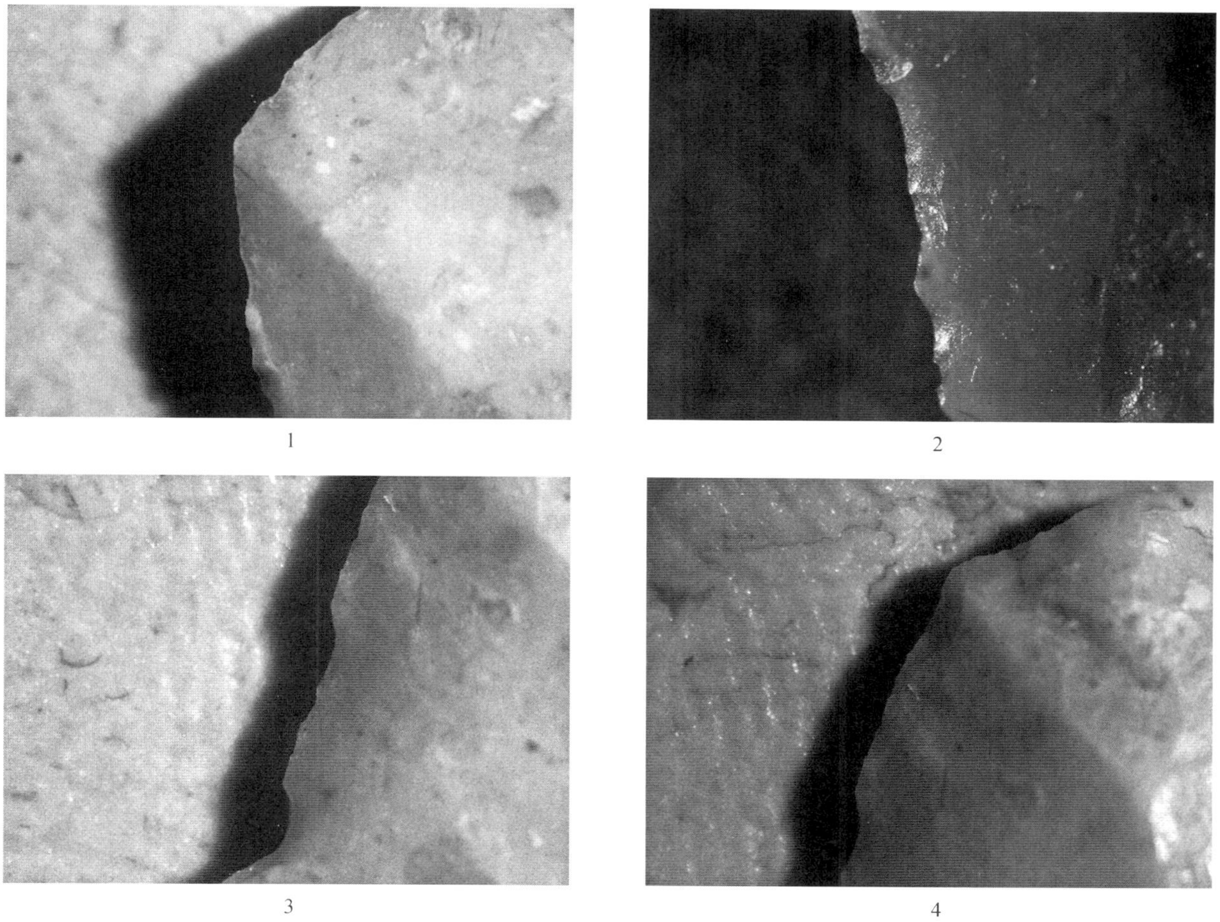

图5-32　刮削器（F19：3）
1、3、4. 20倍　2. 30倍

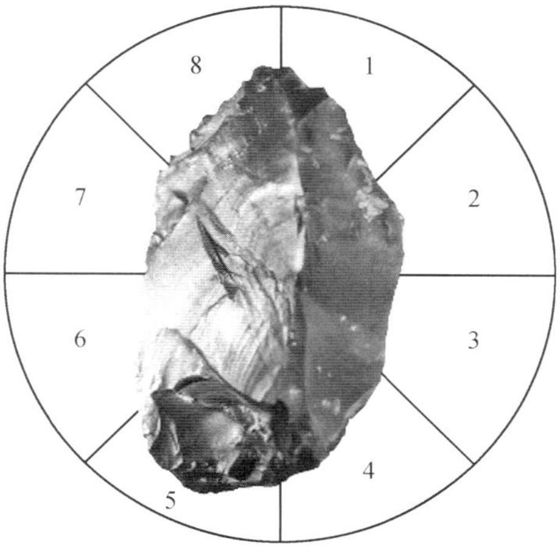

图5-33　打制石片（T29②：15）

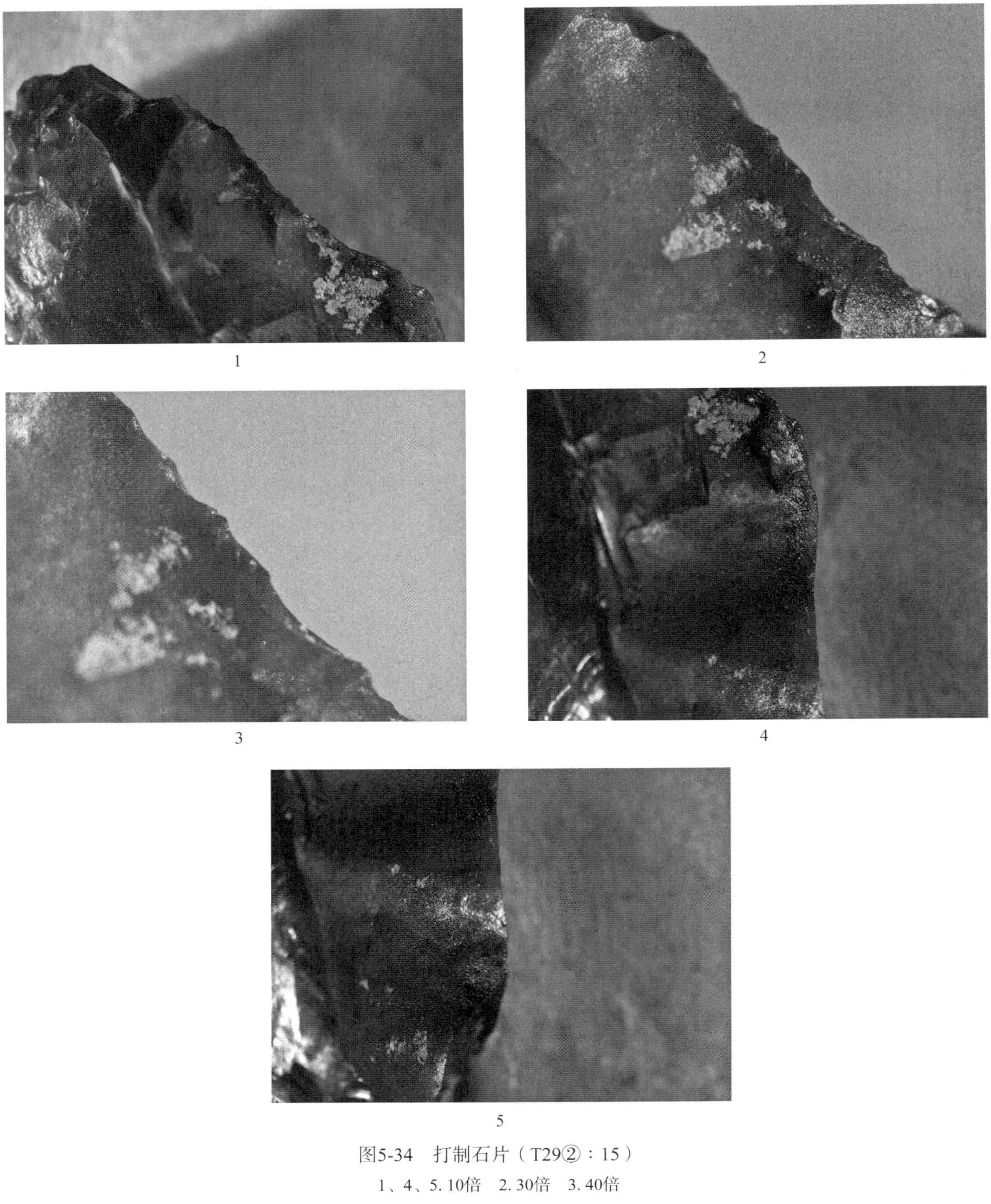

图5-34　打制石片（T29②：15）

1、4、5. 10倍　2. 30倍　3. 40倍

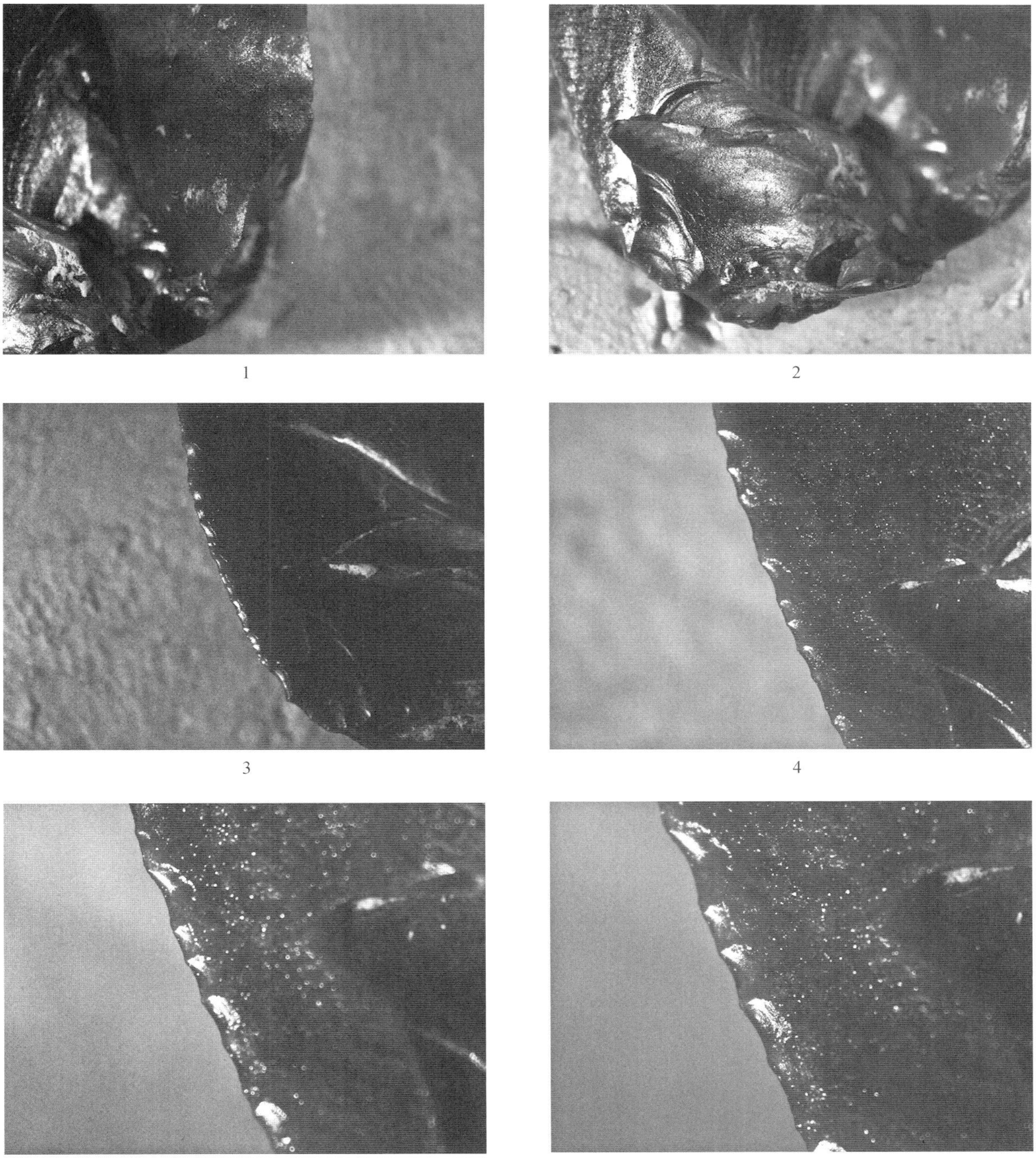

图5-35　打制石片（T29②：5）

1～3. 10倍　4. 20倍　5. 30倍　6. 40倍

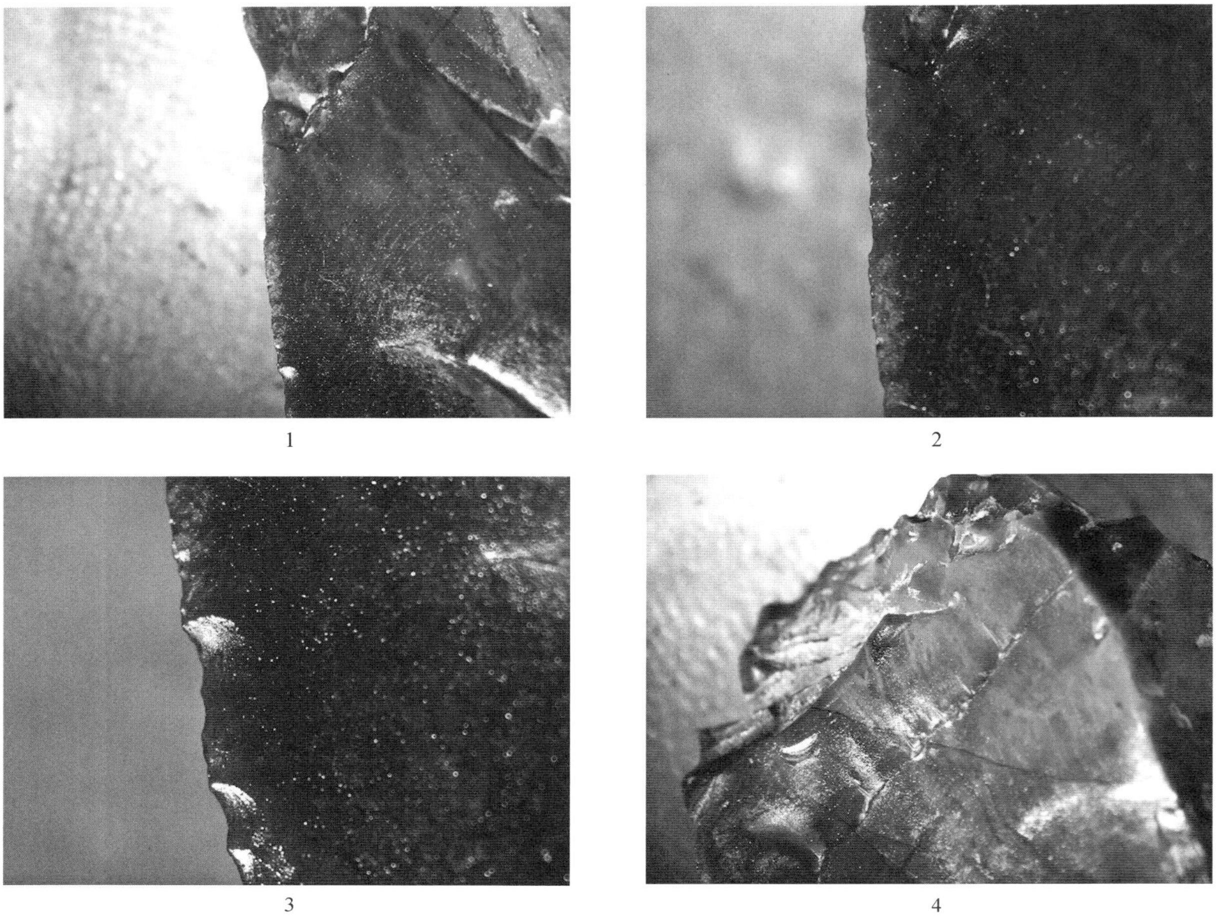

图5-36　打制石片（T29②：15）

1、4. 10倍　2. 20倍　3. 30倍

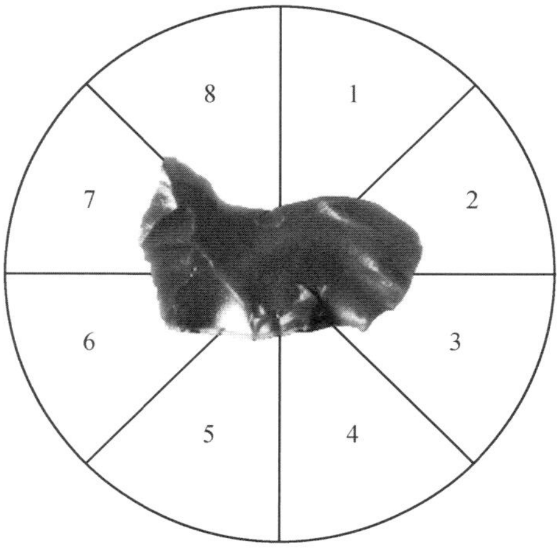

图5-37　打制石片（T31南扩①：1）

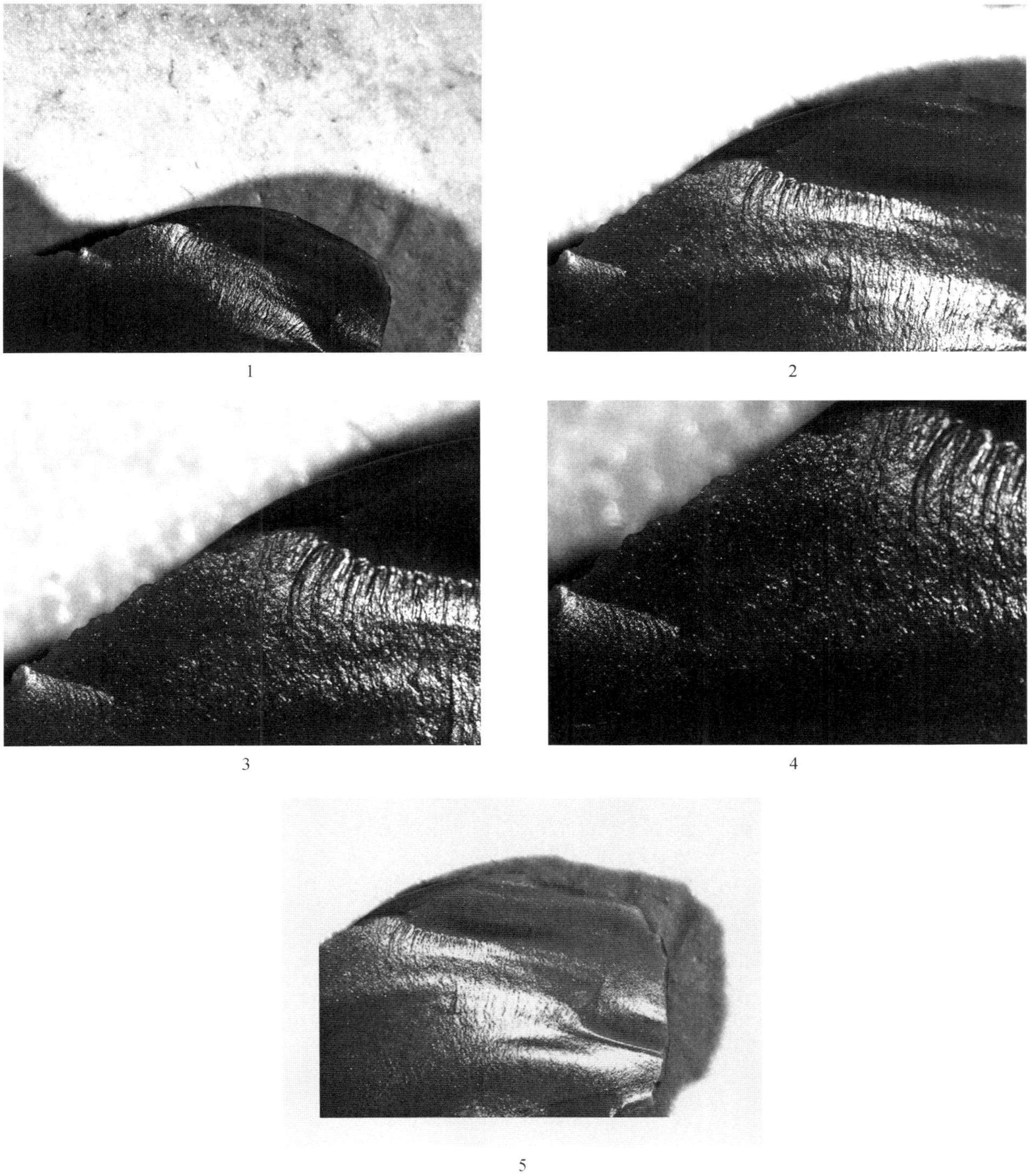

图5-38　打制石片（T31南扩①：1）
1、5. 10倍　2. 20倍　3. 30倍　4. 40倍

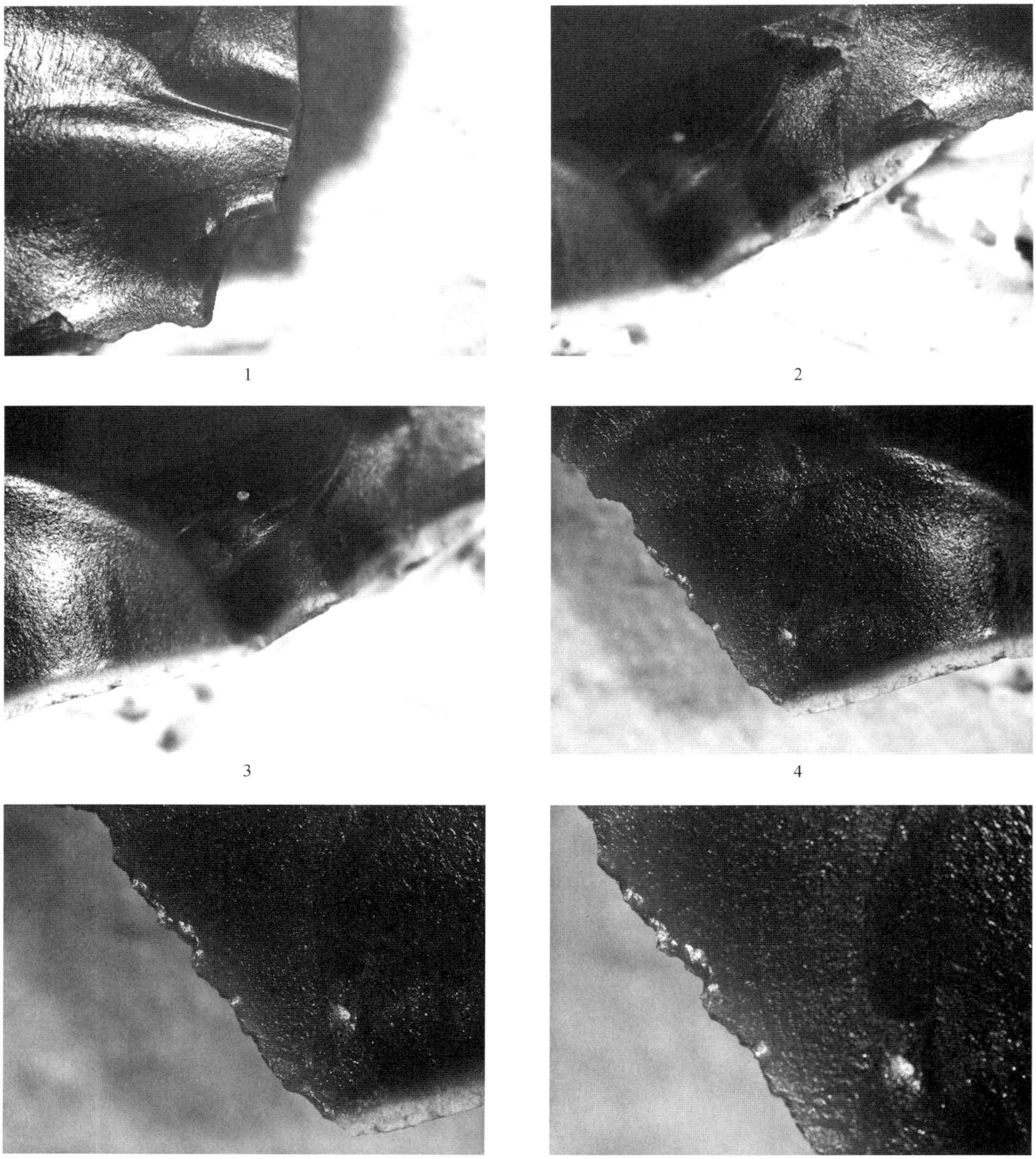

图5-39　打制石片（T31南扩①：1）

1～4. 20倍　5. 30倍　6. 40倍

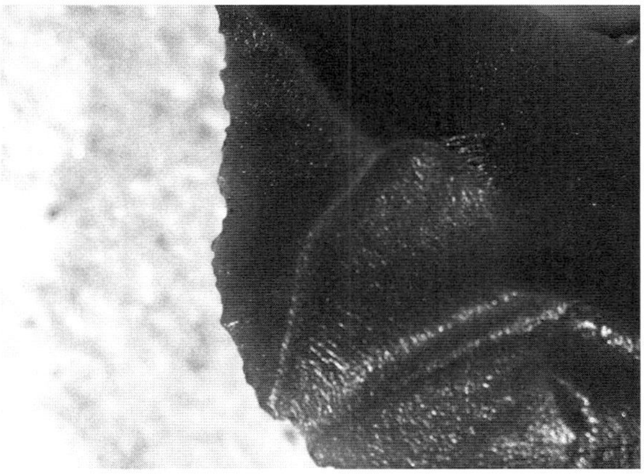

1

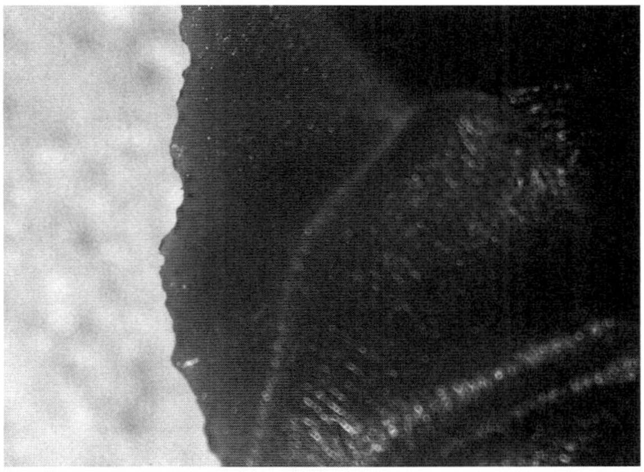

2

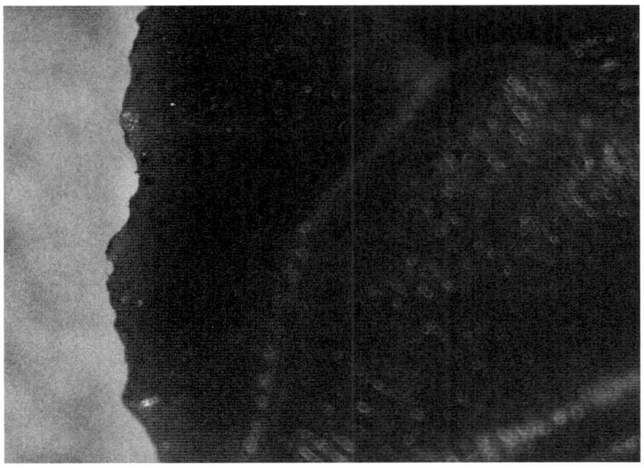

3

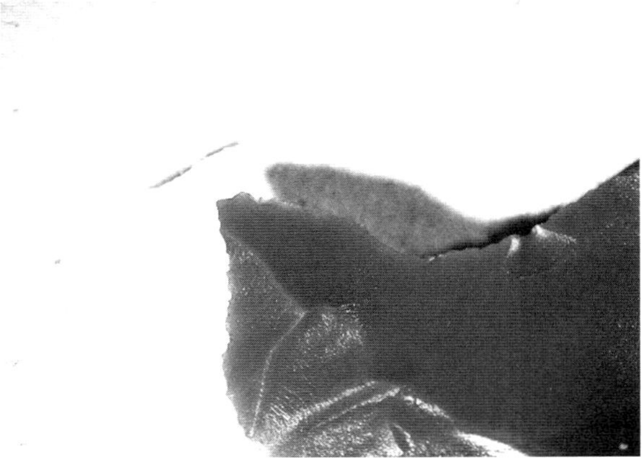

4

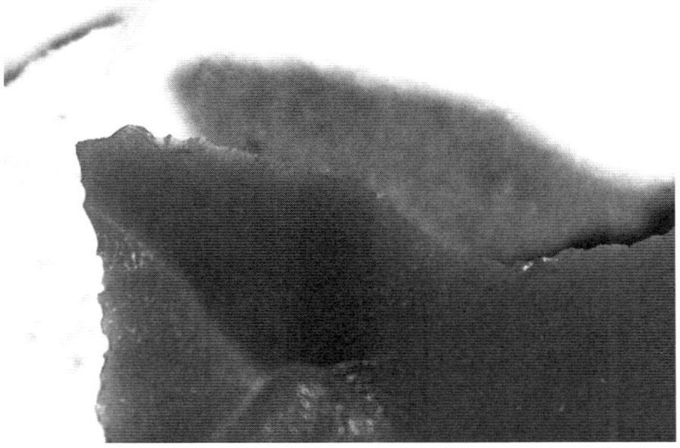

5

图5-40　打制石片（T31南扩①：1）

1、5. 20倍　2. 30倍　3. 40倍　4. 10倍

图5-41　打制石片（T7①：11）

1

2

3

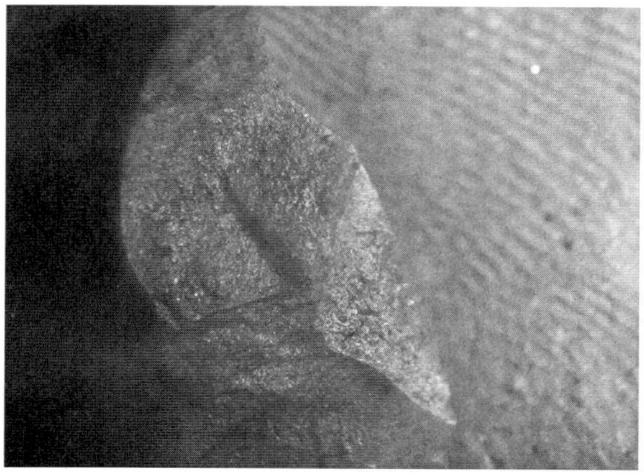

4

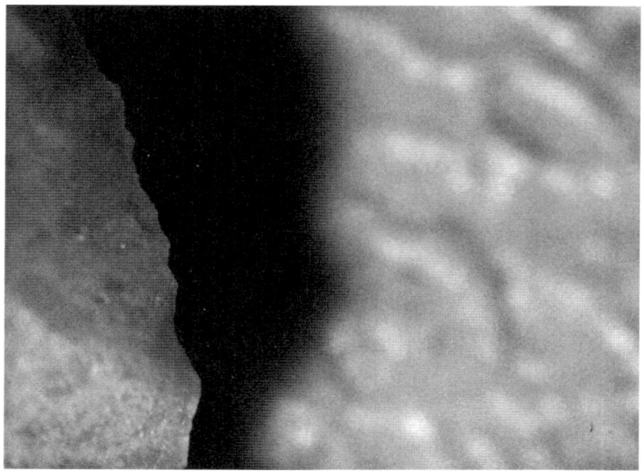

5

图5-42　打制石片（T7①：11）

1. 20倍　2. 30倍　3、5. 40倍　4. 10倍

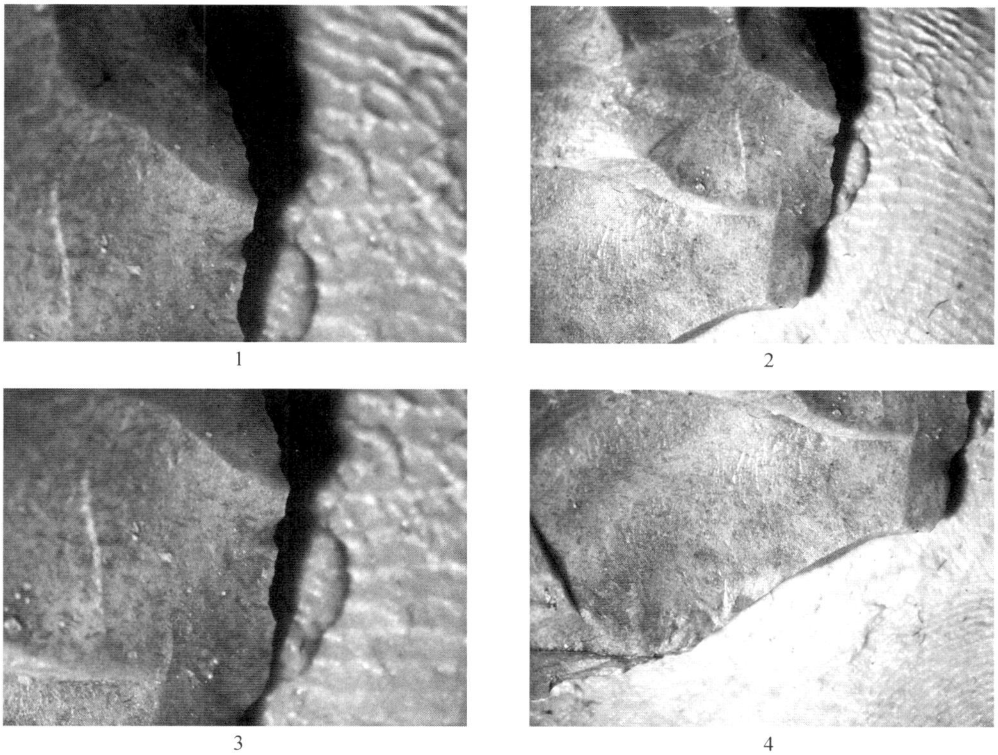

图5-43　打制石片（T7①：11）
1、3. 20倍　2、4. 10倍

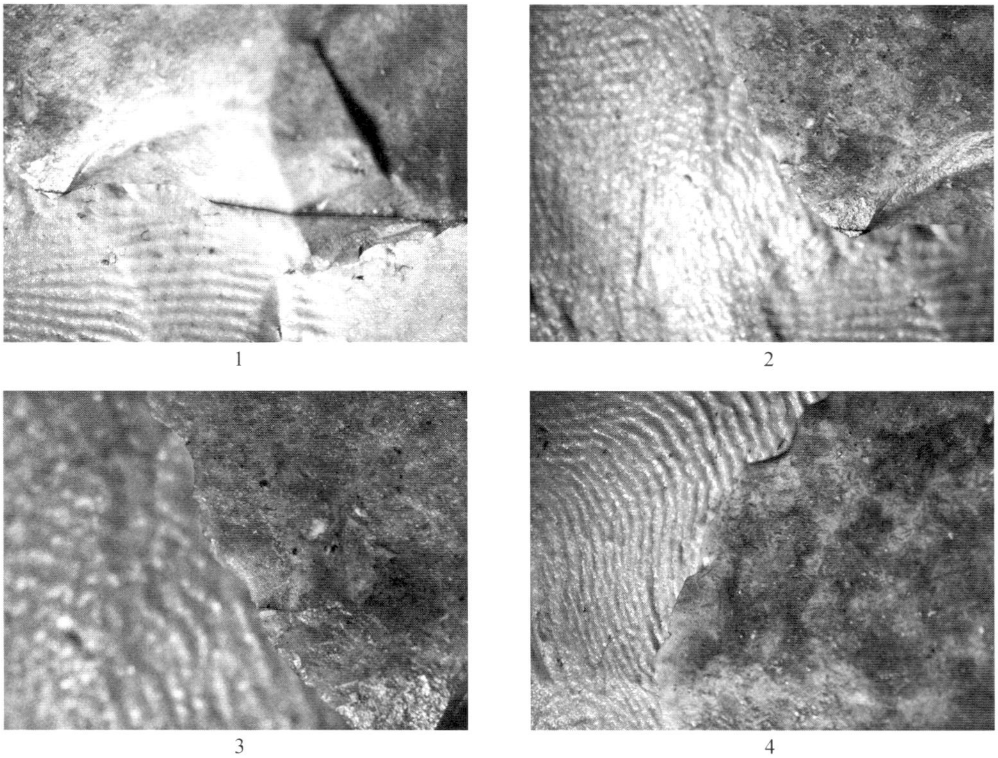

图5-44　打制石片（T7①：11）
1、2、4. 10倍　3. 20倍

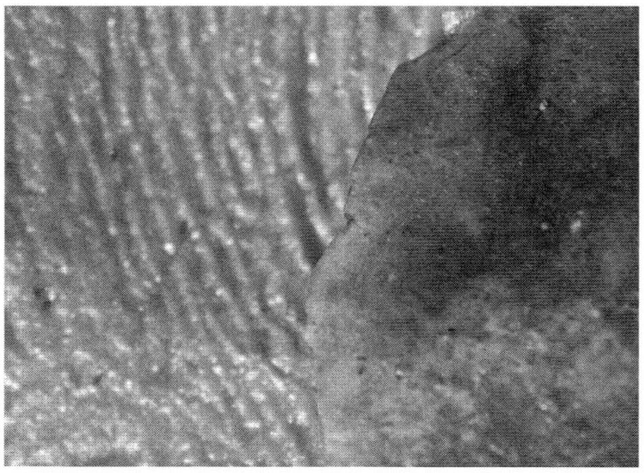

1

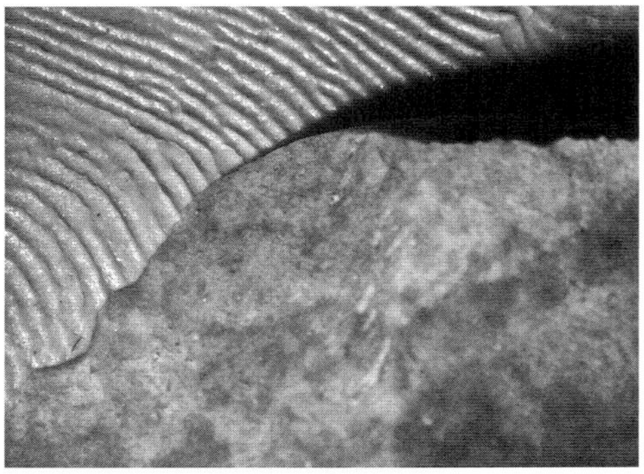

2

3

图5-45　打制石片（T7①：11）
1、3. 20倍　2. 10倍

图5-46　打制石片（F28：7）

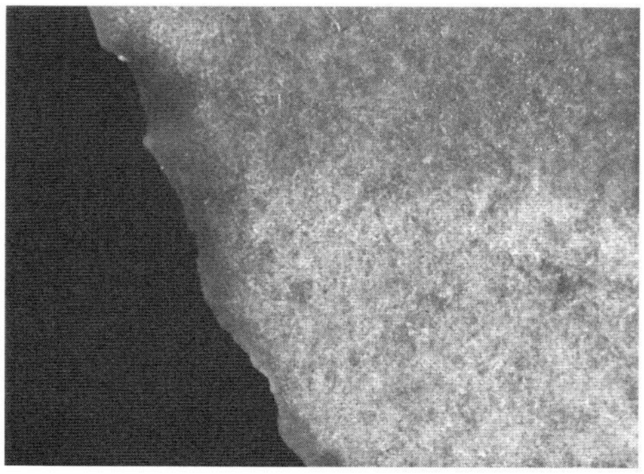

1

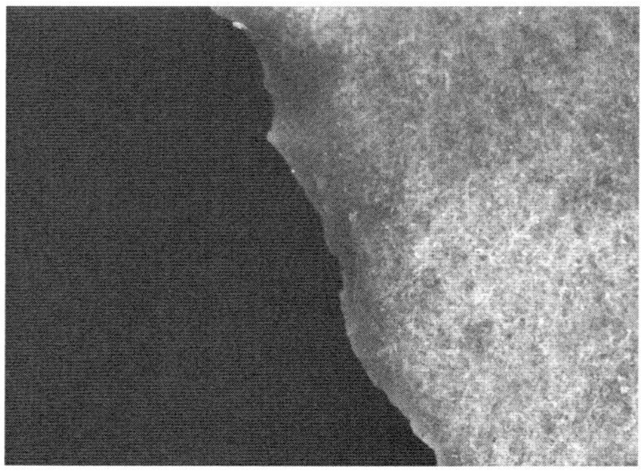

2

3

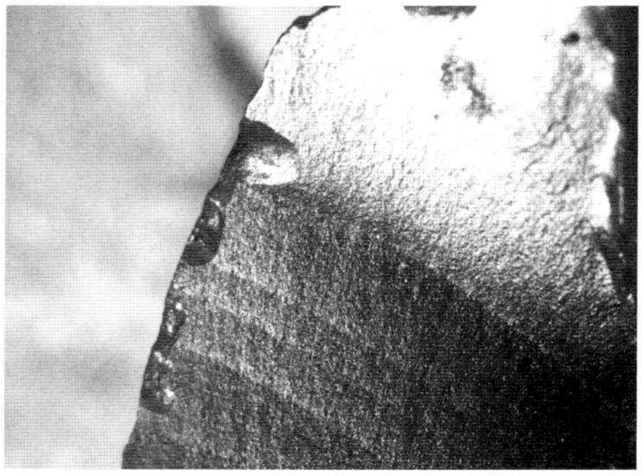

4

图5-47　打制石片（F28：7）
1. 30倍　2. 40倍　3、4. 20倍

1

2

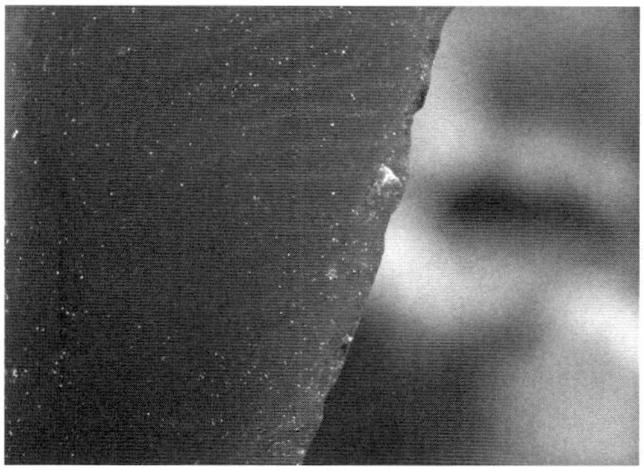

3

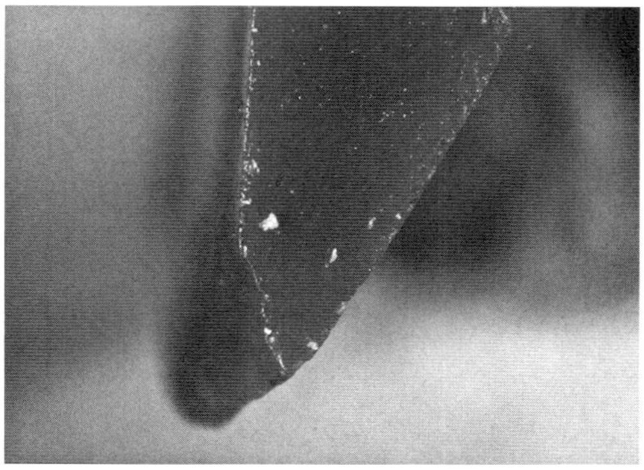

4

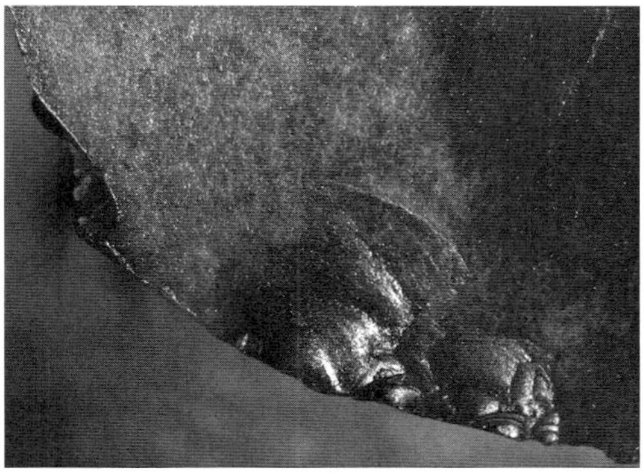

5

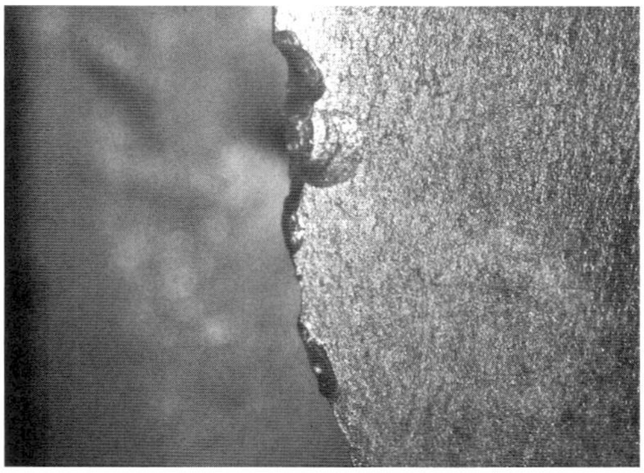

6

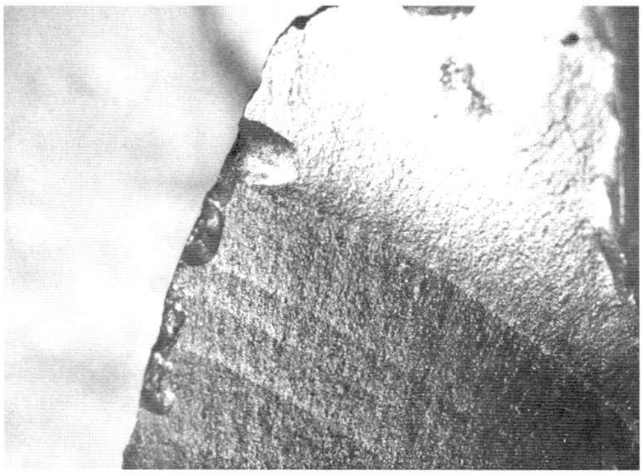

7

图5-48　打制石片（F28：7）

1～7. 20倍

附表5-1　小塘山遗址石器微痕分析记录表

项目名称					小塘山遗址石器微痕分析					标本		F8：11		时间	2023.01
工具完整程度		顶部残			磨损				破损			原料	砂岩	石制品类型	A型石斧
观察部位	使用部位	运动方式	运动方向	加工对象	捆绑（有无）	条痕（有无）	条痕尺寸（最大）	磨圆	微疤分布形式	微疤尾端形态	微疤大小	是否修理加工		修理加工方式	
1	刃缘	砍	垂直	中硬性类（干木）	无	有	N	重度磨圆	连续分布	折断式	大型	否		N	
2	左侧	N	N	N	有	无	N	重度磨圆	N	N	N	否		N	
3	顶部	N	N	N	无	无	N	N	N	N	N	否		N	
4	右侧	N	N	N	有	无	N	重度磨圆	N	N	N	否		N	
5	刃正侧	砍	斜交	中硬性类（干木）	无	有	2cm	N	N	N	N	是		磨制	
6	正中部	N	N	N	有	N	N	重度磨圆	N	N	N	否		N	
7	正上部	N	N	N	无	无	N	N	N	N	N	否		N	
8	刃背侧	砍	斜交	中硬性类（干木）	无	有	2.5cm	N	N	N	N	否		N	
9	背中部	N	N	N	有	N	N	中度磨圆	N	N	N	否		N	
10	背上部	N	N	N	无	无	N	N	N	N	N	否		N	

附表5-2　小塘山遗址石器微痕分析记录表

<table>
<tr><td colspan="5">项目名称</td><td colspan="5">小塘山遗址石器微痕分析</td><td colspan="2">标本</td><td colspan="2">T23②：7</td><td>时间</td><td>2023.01</td></tr>
<tr><td colspan="2">工具完整程度</td><td colspan="3">刃缘崩损</td><td colspan="4">磨损</td><td colspan="3">破损</td><td>原料</td><td>砂岩</td><td>石制品类型</td><td>A型石斧</td></tr>
<tr><td>观察部位</td><td>使用部位</td><td>运动方式</td><td>运动方向</td><td>加工对象</td><td>捆绑（有无）</td><td>条痕（有无）</td><td>条痕尺寸（最大）</td><td>磨圆</td><td>微疤分布形式</td><td>微疤尾端形态</td><td>微疤大小</td><td colspan="2">是否修理加工</td><td colspan="2">修理加工方式</td></tr>
<tr><td>1</td><td>刃缘</td><td>砍</td><td>垂直</td><td>中硬性类（干木）</td><td>无</td><td>无</td><td>N</td><td>重度磨圆</td><td>连续</td><td>折断式</td><td>大型</td><td colspan="2">否</td><td colspan="2">N</td></tr>
<tr><td>2</td><td>左侧</td><td>N</td><td>N</td><td>N</td><td>有</td><td>无</td><td>N</td><td>重度磨圆</td><td>N</td><td>N</td><td>N</td><td colspan="2">否</td><td colspan="2">N</td></tr>
<tr><td>3</td><td>顶部</td><td>N</td><td>N</td><td>N</td><td>无</td><td>无</td><td>N</td><td>N</td><td>N</td><td>N</td><td>N</td><td colspan="2">否</td><td colspan="2">N</td></tr>
<tr><td>4</td><td>右侧</td><td>N</td><td>N</td><td>N</td><td>有</td><td>无</td><td>N</td><td>重度磨圆</td><td>N</td><td>N</td><td>N</td><td colspan="2">否</td><td colspan="2">N</td></tr>
<tr><td>5</td><td>刃正侧</td><td>N</td><td>平行</td><td>N</td><td>无</td><td>有</td><td>3cm</td><td>N</td><td>N</td><td>N</td><td>N</td><td colspan="2">是</td><td colspan="2">磨制</td></tr>
<tr><td>6</td><td>正中部</td><td>N</td><td>N</td><td>N</td><td>有</td><td>无</td><td>N</td><td>重度磨圆</td><td>N</td><td>N</td><td>N</td><td colspan="2">否</td><td colspan="2">否</td></tr>
<tr><td>7</td><td>正上部</td><td>N</td><td>N</td><td>N</td><td>无</td><td>无</td><td>N</td><td>N</td><td>N</td><td>N</td><td>N</td><td colspan="2">否</td><td colspan="2">否</td></tr>
<tr><td>8</td><td>刃背侧</td><td>N</td><td>平行</td><td>N</td><td>无</td><td>有</td><td>3cm</td><td>N</td><td>N</td><td>N</td><td>N</td><td colspan="2">是</td><td colspan="2">磨制</td></tr>
<tr><td>9</td><td>背中部</td><td>N</td><td>N</td><td>N</td><td>有</td><td>无</td><td>N</td><td>重度磨圆</td><td>N</td><td>N</td><td>N</td><td colspan="2">否</td><td colspan="2">否</td></tr>
<tr><td>10</td><td>背上部</td><td>N</td><td>N</td><td>N</td><td>无</td><td>无</td><td>N</td><td>N</td><td>N</td><td>N</td><td>N</td><td colspan="2">否</td><td colspan="2">否</td></tr>
</table>

附表5-3　小塘山遗址石器微痕分析记录表

<table>
<tr><td colspan="5">项目名称</td><td colspan="5">小塘山遗址石器微痕分析</td><td colspan="2">标本</td><td colspan="2">F1：22</td><td>时间</td><td>2023.01</td></tr>
<tr><td colspan="2">工具完整程度</td><td colspan="3">完整</td><td colspan="4">磨损</td><td colspan="3">破损</td><td>原料</td><td>砂岩</td><td>石制品类型</td><td>B型石斧</td></tr>
<tr><td>观察部位</td><td>使用部位</td><td>运动方式</td><td>运动方向</td><td>加工对象</td><td>捆绑（有无）</td><td>条痕（有无）</td><td>条痕尺寸（最大）</td><td>磨圆</td><td>微疤分布形式</td><td>微疤尾端形态</td><td>微疤大小</td><td colspan="2">是否修理加工</td><td colspan="2">修理加工方式</td></tr>
<tr><td>1</td><td>刃缘</td><td>砍</td><td>垂直</td><td>中软性类（鲜木）</td><td>无</td><td>有</td><td>4cm</td><td>重度磨圆</td><td>连续</td><td>折断式</td><td>大型</td><td colspan="2">否</td><td colspan="2">N</td></tr>
<tr><td>2</td><td>左侧</td><td>N</td><td>N</td><td>N</td><td>有</td><td>无</td><td>N</td><td>重度磨圆</td><td>N</td><td>N</td><td>N</td><td colspan="2">否</td><td colspan="2">N</td></tr>
<tr><td>3</td><td>顶部</td><td>N</td><td>N</td><td>N</td><td>无</td><td>无</td><td>N</td><td>N</td><td>N</td><td>N</td><td>N</td><td colspan="2">否</td><td colspan="2">N</td></tr>
<tr><td>4</td><td>右侧</td><td>N</td><td>N</td><td>N</td><td>有</td><td>无</td><td>N</td><td>N</td><td>N</td><td>N</td><td>N</td><td colspan="2">否</td><td colspan="2">N</td></tr>
<tr><td>5</td><td>刃正侧</td><td>砍</td><td>垂直</td><td>中软性类（鲜木）</td><td>无</td><td>有</td><td>2cm</td><td>重度磨圆</td><td>N</td><td>N</td><td>N</td><td colspan="2">否</td><td colspan="2">N</td></tr>
<tr><td>6</td><td>正中部</td><td>N</td><td>N</td><td>N</td><td>有</td><td>无</td><td>N</td><td>重度磨圆</td><td>N</td><td>N</td><td>N</td><td colspan="2">否</td><td colspan="2">N</td></tr>
<tr><td>7</td><td>正上部</td><td>N</td><td>N</td><td>N</td><td>无</td><td>无</td><td>N</td><td>N</td><td>N</td><td>N</td><td>N</td><td colspan="2">否</td><td colspan="2">N</td></tr>
<tr><td>8</td><td>刃背侧</td><td>砍</td><td>垂直</td><td>中软性类（鲜木）</td><td>无</td><td>有</td><td>1cm</td><td>重度磨圆</td><td>N</td><td>N</td><td>N</td><td colspan="2">否</td><td colspan="2">N</td></tr>
<tr><td>9</td><td>背中部</td><td>N</td><td>N</td><td>N</td><td>有</td><td>无</td><td>N</td><td>重度磨圆</td><td>N</td><td>N</td><td>N</td><td colspan="2">否</td><td colspan="2">N</td></tr>
<tr><td>10</td><td>背上部</td><td>N</td><td>N</td><td>N</td><td>无</td><td>无</td><td>N</td><td>N</td><td>N</td><td>N</td><td>N</td><td colspan="2">否</td><td colspan="2">N</td></tr>
</table>

附表5-4　小塘山遗址石器微痕分析记录表

<table>
<tr><td colspan="5">项目名称</td><td colspan="5">小塘山遗址石器微痕分析</td><td colspan="2">标本</td><td colspan="2">T18②：5</td><td>时间</td><td>2023.01</td></tr>
<tr><td colspan="2">工具完整程度</td><td colspan="3">完整</td><td colspan="4">磨损</td><td colspan="3">破损</td><td>原料</td><td>砂岩</td><td>石制品类型</td><td>C型石斧</td></tr>
<tr><td>观察部位</td><td>使用部位</td><td>运动方式</td><td>运动方向</td><td>加工对象</td><td>捆绑（有无）</td><td>条痕（有无）</td><td>条痕尺寸（最大）</td><td>磨圆</td><td>微疤分布形式</td><td>微疤尾端形态</td><td>微疤大小</td><td colspan="2">是否修理加工</td><td colspan="2">修理加工方式</td></tr>
<tr><td>1</td><td>刃缘</td><td>砍</td><td>垂直</td><td>中软性类（鲜木）</td><td>无</td><td>有</td><td>4.2cm</td><td>重度磨圆</td><td>连续</td><td>折断式</td><td>大型</td><td colspan="2">否</td><td colspan="2">N</td></tr>
<tr><td>2</td><td>左侧</td><td>N</td><td>N</td><td>N</td><td>有</td><td>无</td><td>N</td><td>重度磨圆</td><td>N</td><td>N</td><td>N</td><td colspan="2">否</td><td colspan="2">N</td></tr>
<tr><td>3</td><td>顶部</td><td>N</td><td>N</td><td>N</td><td>无</td><td>无</td><td>N</td><td>N</td><td>N</td><td>N</td><td>N</td><td colspan="2">否</td><td colspan="2">N</td></tr>
<tr><td>4</td><td>右侧</td><td>N</td><td>N</td><td>N</td><td>有</td><td>无</td><td>N</td><td>重度磨圆</td><td>N</td><td>N</td><td>N</td><td colspan="2">否</td><td colspan="2">N</td></tr>
<tr><td>5</td><td>刃正侧</td><td>砍</td><td>垂直</td><td>中软性类（鲜木）</td><td>无</td><td>有</td><td>1.3cm</td><td>重度磨圆</td><td>N</td><td>N</td><td>N</td><td colspan="2">否</td><td colspan="2">N</td></tr>
<tr><td>6</td><td>正中部</td><td>N</td><td>N</td><td>N</td><td>无</td><td>无</td><td>N</td><td>N</td><td>N</td><td>N</td><td>N</td><td colspan="2">否</td><td colspan="2">N</td></tr>
<tr><td>7</td><td>正上部</td><td>N</td><td>N</td><td>N</td><td>无</td><td>无</td><td>N</td><td>N</td><td>N</td><td>N</td><td>N</td><td colspan="2">否</td><td colspan="2">N</td></tr>
<tr><td>8</td><td>刃背侧</td><td>砍</td><td>垂直</td><td>中软性类（鲜木）</td><td>无</td><td>有</td><td>1.5cm</td><td>重度磨圆</td><td>N</td><td>N</td><td>N</td><td colspan="2">否</td><td colspan="2">N</td></tr>
<tr><td>9</td><td>背中部</td><td>N</td><td>N</td><td>N</td><td>有</td><td>无</td><td>N</td><td>重度磨圆</td><td>N</td><td>N</td><td>N</td><td colspan="2">否</td><td colspan="2">N</td></tr>
<tr><td>10</td><td>背上部</td><td>N</td><td>N</td><td>N</td><td>无</td><td>无</td><td>N</td><td>N</td><td>N</td><td>N</td><td>N</td><td colspan="2">否</td><td colspan="2">N</td></tr>
</table>

附表5-5　小塘山遗址石器微痕分析记录表

<table>
<tr><td colspan="5">项目名称</td><td colspan="4">小塘山遗址石器微痕分析</td><td colspan="3">标本</td><td colspan="2">F13：8</td><td>时间</td><td>2023.01</td></tr>
<tr><td colspan="2">工具完整程度</td><td colspan="3">完整</td><td colspan="4">磨损</td><td colspan="3">破损</td><td>原料</td><td>砂岩</td><td>石制品类型</td><td>D型石斧</td></tr>
<tr><td>观察部位</td><td>使用部位</td><td>运动方式</td><td>运动方向</td><td>加工对象</td><td>捆绑（有无）</td><td>条痕（有无）</td><td>条痕尺寸（最大）</td><td>磨圆</td><td>微疤分布形式</td><td>微疤尾端形态</td><td>微疤大小</td><td colspan="2">是否修理加工</td><td colspan="2">修理加工方式</td></tr>
<tr><td>1</td><td>刃缘</td><td>砍</td><td>垂直</td><td>中硬性类（干木）</td><td>无</td><td>有</td><td>4.5cm</td><td>重度磨圆</td><td>连续</td><td>折断式</td><td>大型</td><td colspan="2">否</td><td colspan="2">N</td></tr>
<tr><td>2</td><td>左侧</td><td>N</td><td>N</td><td>N</td><td>有</td><td>无</td><td>N</td><td>重度磨圆</td><td>N</td><td>N</td><td>N</td><td colspan="2">否</td><td colspan="2">N</td></tr>
<tr><td>3</td><td>顶部</td><td>N</td><td>N</td><td>N</td><td>无</td><td>无</td><td>N</td><td>N</td><td>N</td><td>N</td><td>N</td><td colspan="2">否</td><td colspan="2">N</td></tr>
<tr><td>4</td><td>右侧</td><td>N</td><td>N</td><td>N</td><td>有</td><td>无</td><td>N</td><td>重度磨圆</td><td>N</td><td>N</td><td>N</td><td colspan="2">否</td><td colspan="2">N</td></tr>
<tr><td>5</td><td>刃正侧</td><td>砍</td><td>垂直</td><td>中硬性类（干木）</td><td>无</td><td>有</td><td>3.5cm</td><td>轻度磨圆</td><td>N</td><td>N</td><td>N</td><td colspan="2">否</td><td colspan="2">N</td></tr>
<tr><td>6</td><td>正中部</td><td>N</td><td>N</td><td>N</td><td>有</td><td>无</td><td>N</td><td>中度磨圆</td><td>N</td><td>N</td><td>N</td><td colspan="2">否</td><td colspan="2">N</td></tr>
<tr><td>7</td><td>正上部</td><td>N</td><td>N</td><td>N</td><td>无</td><td>无</td><td>N</td><td>N</td><td>N</td><td>N</td><td>N</td><td colspan="2">否</td><td colspan="2">N</td></tr>
<tr><td>8</td><td>刃背侧</td><td>砍</td><td>垂直</td><td>中硬性类（干木）</td><td>无</td><td>有</td><td>0.5cm</td><td>重度磨圆</td><td>N</td><td>N</td><td>N</td><td colspan="2">否</td><td colspan="2">N</td></tr>
<tr><td>9</td><td>背中部</td><td>N</td><td>N</td><td>N</td><td>有</td><td>无</td><td>N</td><td>重度磨圆</td><td>N</td><td>N</td><td>N</td><td colspan="2">否</td><td colspan="2">N</td></tr>
<tr><td>10</td><td>背上部</td><td>N</td><td>N</td><td>N</td><td>无</td><td>无</td><td>N</td><td>N</td><td>N</td><td>N</td><td>N</td><td colspan="2">否</td><td colspan="2">N</td></tr>
</table>

附表5-6　小塘山遗址石器微痕分析记录表

项目名称					小塘山遗址石器微痕分析					标本		T31②：2	时间 2023.01
工具完整程度		刃缘轻微崩损			磨损				破损			原料 花岗岩	石制品类型 E型石斧
观察部位	使用部位	运动方式	运动方向	加工对象	捆绑（有无）	条痕（有无）	条痕尺寸（最大）	磨圆	微疤分布形式	微疤尾端形态	微疤大小	是否修理加工	修理加工方式
1	刃缘	砍	垂直	中软性类（鲜木）	无	有	4cm	重度磨圆	连续	折断式	大型	否	N
2	左侧	N	N	N	无	无	N	N	N	N	N	否	N
3	顶部	N	N	N	无	无	N	N	N	N	N	否	N
4	右侧	N	N	N	无	无	N	N	N	N	N	否	N
5	刃正侧	砍	垂直	中软性类（鲜木）	无	有	1cm	重度磨圆	N	N	N	否	N
6	正中部	N	斜交	N	无	有	1.5cm	重度磨圆	N	N	N	是	磨制
7	正上部	N	N	N	有	N	N	重度磨圆	N	N	N	否	N
8	刃背侧	砍	垂直	中软性类（鲜木）	无	有	0.7cm	重度磨圆	N	N	N	否	N
9	背中部	N	横向	N	无	有	0.5cm	中度磨圆	N	N	N	是	磨制
10	背上部	N	N	N	无	无	N	N	N	N	N	否	N

附表5-7　小塘山遗址石器微痕分析记录表

项目名称					小塘山遗址石器微痕分析				标本			F9：8		时间	2023.01
工具完整程度		顶部微残			磨损				破损			原料	凝灰岩	石制品类型	A型石铲
观察部位	使用部位	运动方式	运动方向	加工对象	捆绑（有无）	条痕（有无）	条痕尺寸（最大）	磨圆	微疤分布形式	微疤尾端形态	微疤大小	是否修理加工		修理加工方式	
1	刃缘	铲	垂直	硬性无机物（沙土）	无	有	9cm	重度磨圆	连续	折断式	大型	否		N	
2	左侧	N	N	N	有	无	N	重度磨圆	N	N	N	否		N	
3	顶部	N	N	N	无	无	N	N	N	N	N	否		N	
4	右侧	N	N	N	有	无	N	重度磨圆	N	N	N	否		N	
5	刃正侧	N	N	N	无	无	N	N	N	N	N	否		N	
6	正中部	N	N	N	有	有	1.5cm	N	N	N	N	否		N	
7	正上部	N	N	N	无	无	N	N	N	N	N	否		N	
8	刃背侧	N	N	N	无	有	1cm	N	N	N	N	是		打磨	
9	背中部	N	N	N	无	无	N	N	N	N	N	否		N	
10	背上部	N	N	N	无	无	N	N	N	N	N	否		N	

附表5-8　小塘山遗址石器微痕分析记录表

<table>
<tr><td colspan="5">项目名称</td><td colspan="5">小塘山遗址石器微痕分析</td><td colspan="2">标本</td><td colspan="2">F26：3</td><td>时间</td><td>2023.01</td></tr>
<tr><td colspan="2">工具完整程度</td><td colspan="3">完整</td><td colspan="4">磨损</td><td colspan="3">破损</td><td>原料</td><td>泥质板岩</td><td>石制品类型</td><td>A型石铲</td></tr>
<tr><td>观察部位</td><td>使用部位</td><td>运动方式</td><td>运动方向</td><td>加工对象</td><td>捆绑（有无）</td><td>条痕（有无）</td><td>条痕尺寸（最大）</td><td>磨圆</td><td>微疤分布形式</td><td>微疤尾端形态</td><td>微疤大小</td><td colspan="2">是否修理加工</td><td colspan="2">修理加工方式</td></tr>
<tr><td>1</td><td>刃缘</td><td>铲/锄</td><td>垂直</td><td>硬性无机物（沙土）</td><td>N</td><td>N</td><td>2cm</td><td>重度磨圆</td><td>连续</td><td>折断式</td><td>大型</td><td colspan="2">是</td><td colspan="2">打制</td></tr>
<tr><td>2</td><td>左侧</td><td>N</td><td>N</td><td>N</td><td>N</td><td>N</td><td>N</td><td>重度磨圆</td><td>连续</td><td>折断式</td><td>大型</td><td colspan="2">是</td><td colspan="2">打制</td></tr>
<tr><td>3</td><td>顶部</td><td>N</td><td>N</td><td>N</td><td>N</td><td>N</td><td>N</td><td>N</td><td>连续</td><td>折断式</td><td>大型</td><td colspan="2">是</td><td colspan="2">打制</td></tr>
<tr><td>4</td><td>右侧</td><td>N</td><td>N</td><td>N</td><td>N</td><td>N</td><td>N</td><td>N</td><td>连续</td><td>折断式</td><td>大型</td><td colspan="2">是</td><td colspan="2">打制</td></tr>
<tr><td>5</td><td>刃正侧</td><td>铲/锄</td><td>垂直</td><td>硬性无机物（沙土）</td><td>N</td><td>N</td><td>2.5cm</td><td>轻度磨圆</td><td>N</td><td>N</td><td>N</td><td colspan="2">否</td><td colspan="2">N</td></tr>
<tr><td>6</td><td>正中部</td><td>N</td><td>N</td><td>N</td><td>N</td><td>N</td><td>N</td><td>N</td><td>N</td><td>N</td><td>N</td><td colspan="2">否</td><td colspan="2">N</td></tr>
<tr><td>7</td><td>正上部</td><td>N</td><td>N</td><td>N</td><td>N</td><td>N</td><td>0.5cm</td><td>重度磨圆</td><td>N</td><td>N</td><td>N</td><td colspan="2">是</td><td colspan="2">打磨</td></tr>
<tr><td>8</td><td>刃背侧</td><td>N</td><td>N</td><td>N</td><td>N</td><td>N</td><td>N</td><td>N</td><td>N</td><td>N</td><td>N</td><td colspan="2">否</td><td colspan="2">N</td></tr>
<tr><td>9</td><td>背中部</td><td>N</td><td>N</td><td>N</td><td>N</td><td>N</td><td>N</td><td>N</td><td>N</td><td>N</td><td>N</td><td colspan="2">否</td><td colspan="2">N</td></tr>
<tr><td>10</td><td>背上部</td><td>N</td><td>N</td><td>N</td><td>N</td><td>N</td><td>N</td><td>N</td><td>N</td><td>N</td><td>N</td><td colspan="2">否</td><td colspan="2">N</td></tr>
</table>

附表5-9　小塘山遗址石器微痕分析记录表

项目名称					小塘山遗址石器微痕分析					标本		H11：1	时间 2023.01
工具完整程度		残			磨损				破损			原料 凝灰岩	石制品类型 A型石铲
观察部位	使用部位	运动方式	运动方向	加工对象	捆绑（有无）	条痕（有无）	条痕尺寸（最大）	磨圆	微疤分布形式	微疤尾端形态	微疤大小	是否修理加工	修理加工方式
1	刃缘	铲	垂直	硬性无机物（沙土）	无	有	10cm	重度磨圆	连续	折断式	大型	否	N
2	左侧	N	N	N	有	无	N	重度磨圆	N	N	N	否	N
3	顶部	N	N	N	无	无	N	N	N	N	N	否	N
4	右侧	N	N	N	有	无	N	重度磨圆	N	N	N	否	N
5	刃正侧	铲	垂直	硬性无机物（沙土）	无	有	1.5cm	轻度磨圆	N	N	N	否	N
6	正中部	铲	垂直	硬性无机物（沙土）	无	有	1cm	N	N	N	N	否	N
7	正上部	N	N	N	无	无	N	N	N	N	N	否	N
8	刃背侧	铲	垂直	硬性无机物（沙土）	无	无	1.4cm	轻度磨圆	N	N	N	否	N
9	背中部	铲	杂乱	硬性无机物	无	有	3cm	轻度磨圆	N	N	N	是	无规则摩擦
10	背上部	铲	杂乱	硬性无机物	无	有	4cm	轻度磨圆	N	N	N	是	无规则摩擦

附表5-10　小塘山遗址石器微痕分析记录表

项目名称					小塘山遗址石器微痕分析					标本		T6③：6		时间	2023.01
工具完整程度		顶部残			磨损				破损			原料	凝灰岩	石制品类型	B型石铲
观察部位	使用部位	运动方式	运动方向	加工对象	捆绑（有无）	条痕（有无）	条痕尺寸（最大）	磨圆	微疤分布形式	微疤尾端形态	微疤大小	是否修理加工		修理加工方式	
1	刃缘	铲	垂直	硬性无机物（沙土）	无	有	8.5cm	重度磨圆	连续	折断式	大型	否		N	
2	左侧	N	N	N	有	N	N	重度磨圆	N	N	N	否		N	
3	顶部	N	斜向	N	无	有	0.5cm	轻度磨圆	N	N	N	是		打磨	
4	右侧	N	N	N	有	N	N	重度磨圆	N	N	N	否		N	
5	刃正侧	铲	垂直	硬性无机物（沙土）	无	有	4cm	轻度磨圆	N	N	N	否		N	
6	正中部	铲	垂直	硬性无机物（沙土）	无	有	1cm	轻度磨圆	N	N	N	否		N	
7	正上部	铲	垂直	硬性无机物（沙土）	无	有	2cm	轻度磨圆	N	N	N	否		N	
8	刃背侧	铲	垂直	硬性无机物（沙土）	无	有	0.8cm	轻度磨圆	N	N	N	否		N	
9	背中部	铲	垂直	硬性无机物（沙土）	无	有	1cm	轻度磨圆	N	N	N	否		N	
10	背上部	N	斜向	N	无	有	1cm	轻度磨圆	N	N	N	是		打磨	

附表5-11　小塘山遗址石器微痕分析记录表

项目名称					小塘山遗址石器微痕分析				标本			T6③：7	时间 2023.01
工具完整程度		顶部残段			磨损				破损			原料 凝灰岩	石制品类型 B型石铲
观察部位	使用部位	运动方式	运动方向	加工对象	捆绑（有无）	条痕（有无）	条痕尺寸（最大）	磨圆	微疤分布形式	微疤尾端形态	微疤大小	是否修理加工	修理加工方式
1	刃缘	铲/锄	垂直	硬性无机物（沙土）	无	有	10cm	重度磨圆	连续	折断式	大型	否	N
2	左侧	N	N	N	有	无	N	重度磨圆	N	N	N	否	N
3	顶部	N	N	N	N	无	N	N	N	N	N	否	N
4	右侧	N	N	N	有	有	3cm	轻度磨圆	N	N	N	否	N
5	刃正侧	铲/锄	垂直	硬性无机物（沙土）	无	有	1.5cm	轻度磨圆	N	N	N	否	N
6	正中部	铲/锄	垂直	硬性无机物（沙土）	有	有	2cm	轻度/重度磨圆	N	N	N	否	N
7	正上部	N	不规则斜向	硬性无机物	无	有	4cm	轻度磨圆	N	N	N	否	N
8	刃背侧	铲/锄	垂直	硬性无机物（沙土）	无	有	5cm	轻度磨圆	N	N	N	否	N
9	背中部	N	N	N	有	有	2cm	N	N	N	N	否	N
10	背上部	N	N	N	无	无	N	N	N	N	N	否	N

附表5-12　小塘山遗址石器微痕分析记录表

项目名称					小塘山遗址石器微痕分析					标本		H42：2		时间	2023.01
工具完整程度		完整			磨损				破损			原料	凝灰岩	石制品类型	C型石铲
观察部位	使用部位	运动方式	运动方向	加工对象	捆绑（有无）	条痕（有无）	条痕尺寸（最大）	磨圆	微疤分布形式	微疤尾端形态	微疤大小	是否修理加工		修理加工方式	
1	刃缘	铲/锄	垂直	硬性无机物（沙土）	无	有	8.5cm	重度磨圆	连续	折断式	大型	否		N	
2	左侧	N	N	N	无	无	N	N	N	N	N	否		N	
3	顶部	N	N	N	无	无	N	N	N	N	N	否		N	
4	右侧	N	N	N	无	无	N	N	N	N	N	否		N	
5	刃正侧	铲/锄	垂直	硬性无机物（沙土）	无	有	1.3cm	重度磨圆	N	N	N	否		N	
6	正中部	铲/锄	垂直	硬性无机物（沙土）	无	有	1.5cm	N	N	N	N	否		N	
7	正上部	N	N	N	无	无	N	N	N	N	N	否		N	
8	刃背侧	N	N	N	无	有	N	N	N	N	N	否		N	
9	背中部	N	N	N	无	有	N	N	N	N	N	否		N	
10	背上部	N	N	N	无	无	N	N	N	N	N	否		N	

附表5-13　小塘山遗址石器微痕分析记录表

项目名称					小塘山遗址石器微痕分析					标本		T24东扩①：1	时间 2023.01
工具完整程度		完整			磨损				破损			原料 凝灰岩	石制品类型 C型石铲
观察部位	使用部位	运动方式	运动方向	加工对象	捆绑（有无）	条痕（有无）	条痕尺寸（最大）	磨圆	微疤分布形式	微疤尾端形态	微疤大小	是否修理加工	修理加工方式
1	刃缘	铲	垂直	硬性无机物（沙土）	无	有	10cm	重度磨圆	连续	折断式	大型	否	N
2	左侧	N	N	N	有	无	N	重度磨圆	N	N	N	否	N
3	顶部	N	N	N	无	无	N	N	N	N	N	是	磨制
4	右侧	N	N	N	有	无	N	重度磨圆	N	N	N	否	N
5	刃正侧	铲	垂直	硬性无机物（沙土）	无	有	1cm	轻度磨圆	N	N	N	否	N
6	正中部	N	N	N	无	无	N	N	N	N	N	否	N
7	正上部	N	多方向	硬性无机物	无	有	1cm	轻度磨圆	N	N	N	是	磨制
8	刃背侧	铲	垂直	硬性无机物（沙土）	无	有	1.2cm	轻度磨圆	N	N	N	否	N
9	背中部	N	N	N	有	无	N	重度磨圆	N	N	N	否	N
10	背上部	N	N	N	无	无	N	N	N	N	N	否	N

附表5-14　小塘山遗址石器微痕分析记录表

项目名称					小塘山遗址石器微痕分析					标本		F21②：14	时间	2023.01
工具完整程度		顶部略残			磨损				破损			原料	石制品类型	C型石铲
观察部位	使用部位	运动方式	运动方向	加工对象	捆绑（有无）	条痕（有无）	条痕尺寸（最大）	磨圆	微疤分布形式	微疤尾端形态	微疤大小	是否修理加工	修理加工方式	
1	刃缘	铲	垂直	硬性无机物（沙土）	无	有	9cm	重度磨圆	连续	折断式	大型	否	N	
2	左侧	N	N	N	无	无	N	重度磨圆	分散分布	折断式	大型	是	打制	
3	顶部	N	N	N	无	无	N	N	N	N	N	否	N	
4	右侧	N	N	N	无	无	N	重度磨圆	分散分布	折断式	大型	是	打制	
5	刃正侧	铲	垂直	硬性无机物（沙土）	无	有	1cm	N	N	N	N	否	N	
6	正中部	N	斜向	硬性无机物	无	有	0.8cm	N	N	N	N	是	磨制	
7	正上部	N	N	N	无	无	N	N	N	N	N	否	N	
8	刃背侧	铲	垂直	硬性无机物（沙土）	无	有	1cm	N	N	N	N	否	N	
9	背中部	N	N	N	无	无	N	N	N	N	N	否	N	
10	背上部	N	N	N	无	无	N	N	N	N	N	否	N	

附表5-15　小塘山遗址石器微痕分析记录表

<table>
<tr><td colspan="5">项目名称</td><td colspan="5">小塘山遗址石器微痕分析</td><td colspan="2">标本</td><td colspan="2">T2③：2</td><td>时间</td><td>2023.01</td></tr>
<tr><td colspan="2">工具完整程度</td><td colspan="3">残</td><td colspan="4">磨损</td><td colspan="3">破损</td><td>原料</td><td>泥质板岩</td><td>石制品类型</td><td>B型石刀</td></tr>
<tr><td>观察部位</td><td>使用部位</td><td>运动方式</td><td>运动方向</td><td>加工对象</td><td>捆绑（有无）</td><td>条痕（有无）</td><td>条痕尺寸（最大）</td><td>磨圆</td><td>微疤分布形式</td><td>微疤尾端形态</td><td>微疤大小</td><td colspan="2">是否修理加工</td><td colspan="2">修理加工方式</td></tr>
<tr><td>1</td><td>刃缘</td><td>切/割</td><td>垂直</td><td>软性类</td><td>无</td><td>无</td><td>N</td><td>重度磨圆</td><td>不均匀分布</td><td>折断式</td><td>大型</td><td colspan="2">否</td><td colspan="2">N</td></tr>
<tr><td>2</td><td>左侧</td><td>N</td><td>N</td><td>N</td><td>无</td><td>无</td><td>N</td><td>N</td><td>N</td><td>N</td><td>N</td><td colspan="2">否</td><td colspan="2">N</td></tr>
<tr><td>3</td><td>顶部</td><td>N</td><td>横向</td><td>N</td><td>无</td><td>有</td><td>7.5cm</td><td>重度磨圆</td><td>N</td><td>N</td><td>N</td><td colspan="2">否</td><td colspan="2">N</td></tr>
<tr><td>4</td><td>右侧</td><td>N</td><td>N</td><td>N</td><td>无</td><td>无</td><td>N</td><td>N</td><td>N</td><td>N</td><td>N</td><td colspan="2">否</td><td colspan="2">N</td></tr>
<tr><td>5</td><td>刃正侧</td><td>切/割</td><td>平行/斜向</td><td>软性类</td><td>无</td><td>无</td><td>无</td><td>N</td><td>N</td><td>N</td><td>N</td><td colspan="2">是</td><td colspan="2">打磨</td></tr>
<tr><td>6</td><td>正中部</td><td>N</td><td>斜交</td><td>N</td><td>无</td><td>有</td><td>N</td><td>N</td><td>N</td><td>N</td><td>N</td><td colspan="2">是</td><td colspan="2">打磨</td></tr>
<tr><td>7</td><td>正上部</td><td>N</td><td>斜向</td><td>N</td><td>无</td><td>有</td><td>N</td><td>N</td><td>N</td><td>N</td><td>N</td><td colspan="2">是</td><td colspan="2">打磨</td></tr>
<tr><td>8</td><td>刃背侧</td><td>N</td><td>N</td><td>N</td><td>无</td><td>无</td><td>N</td><td>N</td><td>N</td><td>N</td><td>N</td><td colspan="2">是</td><td colspan="2">打磨</td></tr>
<tr><td>9</td><td>背中部</td><td>N</td><td>N</td><td>N</td><td>无</td><td>无</td><td>N</td><td>N</td><td>N</td><td>N</td><td>N</td><td colspan="2">是</td><td colspan="2">打磨</td></tr>
<tr><td>10</td><td>背上部</td><td>N</td><td>N</td><td>N</td><td>无</td><td>无</td><td>N</td><td>N</td><td>N</td><td>N</td><td>N</td><td colspan="2">是</td><td colspan="2">打磨</td></tr>
</table>

附表5-16　小塘山遗址石器微痕分析记录表

项目名称					小塘山遗址石器微痕分析					标本		T1②：5		时间	2023.01
工具完整程度		残			磨损				破损			原料	砂岩	石制品类型	A型石刀
观察部位	使用部位	运动方式	运动方向	加工对象	捆绑（有无）	条痕（有无）	条痕尺寸（最大）	磨圆	微疤分布形式	微疤尾端形态	微疤大小	是否修理加工		修理加工方式	
1	刃缘	割	水平	软性类，中软性类	无	无	N	重度磨圆	连续	折断式	大型	否		N	
2	左侧	N	N	N	无	无	N	N	N	N	N	N		N	
3	顶部	N	N	N	无	无	N	N	N	N	N	N		N	
4	右侧	N	N	N	无	无	N	重度磨圆	N	N	N	N		N	
5	刃正侧	N	斜向	N	无	有	0.8cm	重度磨圆	N	N	N	是		打磨	
6	正中部	N	N	N	无	无	N	N	N	N	N	N		N	
7	正上部	N	斜向	N	无	无	1cm	重度磨圆	N	N	N	是		打磨	
8	刃背侧	N	横纵相交	N	无	有	N	重度磨圆	N	N	N	是		打磨	
9	背中部	N	N	N	无	无	N	N	N	N	N	N		N	
10	背上部	N	N	N	无	无	N	N	N	N	N	N		N	

附表5-17 小塘山遗址石器微痕分析记录表

项目名称					小塘山遗址石器微痕分析					标本		T13②：1		时间	2023.01
工具完整程度		完整			磨损				破损			原料	凝灰岩	石制品类型	A型石凿
观察部位	使用部位	运动方式	运动方向	加工对象	捆绑（有无）	条痕（有无）	条痕尺寸（最大）	磨圆	微疤分布形式	微疤尾端形态	微疤大小	是否修理加工		修理加工方式	
1	刃缘	雕刻	垂直	中软性类（鲜木）	无	有	1.2cm	重度磨圆	连续	折断式	大型	否		N	
2	左侧	N	N	N	无	有	1cm	N	N	N	N	是		打磨	
3	顶部	N	N	N	无	无	N	重度磨圆	分散	阶梯式	大型	否		N	
4	右侧	N	N	N	无	无	N	重度磨圆	N	N	N	是		打磨	
5	刃正侧	雕刻	垂直	中软性类（鲜木）	无	有	0.5cm	重度磨圆	N	N	N	否		N	
6	正中部	N	N	N	无	有	1cm	N	N	N	N	是		打磨	
7	正上部	N	N	N	无	有	1.5cm	N	N	N	N	是		打磨	
8	刃背侧	N	N	N	无	有	0.5cm	重度磨圆	N	N	N	是		打磨	
9	背中部	N	N	N	无	有	0.5cm	重度磨圆	N	N	N	是		打磨	
10	背上部	N	N	N	无	有	0.5cm	重度磨圆	N	N	N	是		打磨	

附表5-18　小塘山遗址石器微痕分析记录表

<table>
<tr><td colspan="5">项目名称</td><td colspan="5">小塘山遗址石器微痕分析</td><td colspan="2">标本</td><td colspan="2">T13②：10</td><td>时间</td><td>2023.01</td></tr>
<tr><td colspan="2">工具完整程度</td><td colspan="3">完整</td><td colspan="4">磨损</td><td colspan="3">破损</td><td>原料</td><td>凝灰岩</td><td>石制品类型</td><td>B型石锛</td></tr>
<tr><td>观察部位</td><td>使用部位</td><td>运动方式</td><td>运动方向</td><td>加工对象</td><td>捆绑（有无）</td><td>条痕（有无）</td><td>条痕尺寸（最大）</td><td>磨圆</td><td>微疤分布形式</td><td>微疤尾端形态</td><td>微疤大小</td><td colspan="2">是否修理加工</td><td colspan="2">修理加工方式</td></tr>
<tr><td>1</td><td>刃缘</td><td>刨</td><td>垂直</td><td>中硬性类（干木）</td><td>无</td><td>有</td><td>3.5cm</td><td>重度磨圆</td><td>连续</td><td>折断式</td><td>大型</td><td colspan="2">否</td><td colspan="2">N</td></tr>
<tr><td>2</td><td>左侧</td><td>N</td><td>N</td><td>N</td><td>有</td><td>有</td><td>1cm</td><td>重度磨圆</td><td>N</td><td>N</td><td>N</td><td colspan="2">是</td><td colspan="2">打磨</td></tr>
<tr><td>3</td><td>顶部</td><td>N</td><td>N</td><td>N</td><td>有</td><td>无</td><td>N</td><td>重度磨圆</td><td>N</td><td>N</td><td>N</td><td colspan="2">否</td><td colspan="2">N</td></tr>
<tr><td>4</td><td>右侧</td><td>N</td><td>N</td><td>N</td><td>有</td><td>有</td><td>1cm</td><td>重度磨圆</td><td>N</td><td>N</td><td>N</td><td colspan="2">是</td><td colspan="2">打磨</td></tr>
<tr><td>5</td><td>刃正侧</td><td>刨</td><td>垂直</td><td>中硬性类（干木）</td><td>无</td><td>有</td><td>2cm</td><td>N</td><td>N</td><td>N</td><td>N</td><td colspan="2">否</td><td colspan="2">N</td></tr>
<tr><td>6</td><td>正中部</td><td>N</td><td>N</td><td>N</td><td>无</td><td>无</td><td>N</td><td>N</td><td>N</td><td>N</td><td>N</td><td colspan="2">否</td><td colspan="2">N</td></tr>
<tr><td>7</td><td>正上部</td><td>N</td><td>N</td><td>N</td><td>有</td><td>无</td><td>N</td><td>重度磨圆</td><td>N</td><td>N</td><td>N</td><td colspan="2">否</td><td colspan="2">N</td></tr>
<tr><td>8</td><td>刃背侧</td><td>刨</td><td>垂直</td><td>中硬性类（干木）</td><td>无</td><td>有</td><td>1cm</td><td>N</td><td>N</td><td>N</td><td>N</td><td colspan="2">否</td><td colspan="2">N</td></tr>
<tr><td>9</td><td>背中部</td><td>N</td><td>N</td><td>N</td><td>有</td><td>N</td><td>N</td><td>重度磨圆</td><td>N</td><td>N</td><td>N</td><td colspan="2">否</td><td colspan="2">N</td></tr>
<tr><td>10</td><td>背上部</td><td>N</td><td>N</td><td>N</td><td>无</td><td>无</td><td>N</td><td>N</td><td>N</td><td>N</td><td>N</td><td colspan="2">是</td><td colspan="2">打磨</td></tr>
</table>

附表5-19　小塘山遗址打制石器微痕分析记录表

项目名称				小塘山遗址打制石器微痕分析				标本		2021CNSX～2022CNSX打制石器				时间	2023.01
小塘山遗址打制石器微痕分析				磨损			破损								
E. U.（使用单位）	P. C.（使用部位）	ACT.（运动方式）	W. M.（加工对象）	Rdg.（磨圆）	Str.（条痕）	Loc.（位置）	L（位置）	D（微疤分布形式）	T（微疤尾端形态）	S（微疤大小）	R.M.（原料）	Ret.（工具修理部位）	Comp.（工具完整程度）	石制品类型	标本编号
1	7～8	刮	中软性类	轻度磨圆	N	背面	背面	连续性	羽翼式	中型	红熔岩	7-8	完整	刮削器	T16①：5
2	7	削	中软性类	重度磨圆	N	背面	背面	连续性	羽翼式/折断式	大型	绿碧玉	7	完整	刮削器	H27：3
3	1，6～8	刮	中硬性类	重度磨圆	N	背面	背面	连续性	翻越式	中型	玛瑙	3	完整	刮削器	F19：3
4	1，6，7	刮	中软性类	轻度磨圆	N	背面	背面	连续性	羽翼式	大型	红碧玉	N	完整	打制石片（使用）	T29②：15
5	1，6～8	刮	中软性类	轻度磨圆	N	背面	背面	连续性	折断式	中型	红碧玉	N	完整	打制石片（使用）	T31南扩①：1
6	1～3，6～8	刮	中软性类	轻度磨圆	N	背面	背面	连续性	折断式	大型	玛瑙	N	完整	打制石片（使用）	T7①：11
7	2，3，6～8	削	中硬性类	轻度磨圆	N	背面	背面	不均匀	羽翼式	中型	绿碧玉	N	完整	打制石片（使用）	F28：7
8	N	N	N	N	N	N	N	N	N	N	玛瑙	N	完整	打制石片（未使用）	T27②：1
9	N	N	N	N	N	N	N	N	N	N	凝灰岩	N	完整	打制石片（未使用）	T5①采集

第二节　小塘山遗址出土金属器检测分析

为了解小塘山遗址出土金属器物的合金组成，在赤峰学院材料分析与科技考古实验室对所有样品运用X射线荧光能谱仪（XRF）进行了无损成分检测（表5-1）。考虑到金属器在制作与埋藏过程中会存在各部位成分不均匀与铜腐蚀不均匀的情况，在进行成分分析时，对每件器物均选取多个点进行检测，并尽量选取锈蚀程度较小部位，同时对检测点的锈蚀部分进行除锈处理。本次成分检测所用仪器为德国斯派克分析仪器公司生产的MIDEX型台式X射线荧光能谱仪，选取光斑直径2毫米，测试时间平均3分钟一个测试点。对金属器物成分检测结果如下。

表5-1　小塘山遗址金属器成分分析结果

器物	实验室编号	检测部位	合金成分/%								合金类型
			Cu	Sn	Pb	As	Fe	Zn	Ag	合计onc.	
镞（T23②：3）	ZU1	镞身	84.99	11.64	0.96	0.04	0.84	0.15	0.18	99.998	铜锡合金
	ZU2	铤	85.34	7.48	1.13	—	3.78	0.16	0.09	99.948	
	ZU3	镞尖	89.03	4.17	1.31	—	3.17	0.17	0.02	99.896	
镞（YL1：5）	22zu1		66.39	14.14	14.04	<0.0005	3.26	0.14	0.35	99.814	铜锡铅合金
	22zu2		67.40	14.09	13.06	0.127	2.81	0.15	0.33	99.806	
锥（T8②：3）	T8ZHUI1	锥身*	74.44	22.69	0.99	0.23	0.32	0.14	<0.01	99.851	铜锡合金
	T8ZHUI2	锥尾	59.72	35.54	1.52	0.39	1.16	0.15	0.01	99.869	
	T8ZHUI3	锥身	77.49	18.4	0.52	0.05	1.92	0.15	<0.02	99.948	
	T8ZHUI4	锥身	69.38	26.1	0.82	0.18	2.00	0.14	<0.01	99.903	
	T8ZHUI5	锥身	62.64	31.34	0.86	0.23	3.07	0.14	<0.01	99.853	
	T8ZHUI6	锥尖	58.95	30.21	0.78	0.07	7.29	0.16	<0.02	99.795	
锥（T18②：1）	T18ZHUI1	锥尾	83.82	10.02	1.42	—	3.05	0.15	0.18	99.912	铜锡铅合金
	T18ZHUI2	锥身	81.34	9.85	5.10	—	2.21	0.14	0.18	99.895	
	T18ZHUI3	锥尖	80.7	10.9	2.54	—	4.01	0.16	0.20	99.938	
	T18ZHUI4	锥身	83.68	9.52	2.19	—	2.71	0.15	0.08	99.8	
	T18ZHUI5	锥	83.7	10.11	2.53	—	1.79	0.17	0.23	99.892	

续表

器物	实验室编号	检测部位	合金成分/%								合金类型
			Cu	Sn	Pb	As	Fe	Zn	Ag	合计 onc.	
凿（T24③：2）	T24ZAO1	凿身正面	59.29	29.45	7.87	0.53	0.39	0.13	0.66	99.863	铜锡铅合金
	T24ZAO2	凿身正面	65.15	25.28	5.88	0.33	1	0.13	0.55	99.881	
	T24ZAO3	刃部正面	52.9	34.04	8.67	0.63	0.83	0.13	0.69	99.842	
	T24ZAO4	凿身背面	69.72	16.35	5.59	—	5.72	0.16	0.33	99.744	
	T24ZAO5	侧面突齿	67.21	22.93	5.63	0.35	1.55	0.13	0.57	99.977	
	T24ZAO6	刃部背面	63.52	25.13	6.42	0.43	1.64	0.13	0.59	99.877	铜锡铅合金
	T24ZAO7	尾端侧面*	64.62	24.36	7.83	0.44	0.47	0.12	0.62	99.900	
斧（T24③：1）	T24BEN1	銎口突棱	64.72	22.52	4.31	0.10	5.42	0.15	0.43	99.8	铜锡铅合金
	T24BEN2	斧身	72.9	16.47	6.12	0.31	1.91	0.15	0.35	99.866	
	T24BEN3	斧身	75.26	13.86	4.22	—	4.21	0.15	0.27	99.885	
	T24BEN4	斧身	68.33	19.98	7.39	0.54	1.16	0.14	0.44	99.788	
	T24BEN5	銎口突棱*	70.04	18.38	8.09	0.66	0.50	0.13	0.41	99.877	
刀（T28南扩②：4）	22dao1		79.02	10.03	9.12	0.21	0.49	0.11	0.13	99.998	铜锡铅合金
	22dao2		56.63	32.54	7.20	0.73	0.49	0.12	0.47	99.815	
	22dao3		65.26	19.73	8.49	0.45	4.12	0.12	0.28	100.000	
铜渣			84.64	9.70	0.0005	0.05	1.60	0.15	0.23	99.80	铜锡合金
铜渣（F1居住面）	22tongzha1		85.66	9.60	1.86	0.09	1.19	0.14	0.17	99.997	

续表

器物	实验室编号	检测部位	合金成分/%								合金类型
			Cu	Sn	Pb	As	Fe	Zn	Ag	合计 onc.	
容器残片（盅）（F23：4）	F23ZHONG1		67.73	2.43	8.32	0.75	3.80	14.89	0.01	99.857	铜锌锡铅合金
	F23ZHONG2		58.63	2.71	14.17	0.52	4.75	16.8	<0.02	99.864	
	F23ZHONG3		57.23	2.11	13	0.14	2.33	23.5	<0.02	99.908	
金属片（F12：2）	SHIPIN1		59.58	<0.02	<0.02	—	1.62	38.3	<0.02	99.610	铜锌合金
	SHIPIN2		25.1	<0.02	<0.02	—	1.8	71.99	<0.02	99.987	
部件（T31L1④：13）	22bujian		68.92	23.54	1.23	0.38	3.66	0.15	0.12	99.7919	铜锡铅合金
	22bujian2		65.31	26.91	2.19	0.37	3.02	0.15	0.14	99.9421	
	2022bujian3		65.06	24.95	2.43	0.48	4.58	0.15	0.14	99.8590	

*：表示锈层剥落或除锈至露出光亮铜基体部位；—：表示检出含量低于0.0005

表5-2　小塘山遗址金属器合金类型

序号	名称	编号	数量	合金类型
1	锥	T8②：3	1	铜锡合金（青铜）
2	镞	T23②：3	1	铜锡合金（青铜）
3	镞	YL1：5	1	铜锡铅合金（青铜）
4	锥	T18②：1	1	铜锡铅合金（青铜）
5	凿	T24③：2	1	铜锡铅合金（青铜）
6	斧	T24③：1	1	铜锡铅合金（青铜）
7	刀	T28南扩②：4	1	铜锡铅合金（青铜）
8	盅	F23：4	1	铜锌锡铅合金（黄铜）
9	金属片	F12：2	1	铜锌合金（黄铜）
10	部件	L1④：13	1	铜锡铅合金（青铜）
11	铜渣	L3③：6	1	铜锡合金
12	铜渣	F1居住面	1	

从检测结果来看，F23：4铜盅与F12：2铜饰品均为黄铜材质。

其他几件器物包括武器与工具，均为青铜材质，几件青铜器的含锡量均较高。在遗址中还出土一件铜炼渣，经成分检测，为铜锡合金，即锡青铜材质。

制作工艺方面，T24③出土的凿与锛均为铸造形成，器身两侧留有明显的范缝。其中的凿一面弧突、一面扁平，系由单面范铸造而成。因本次检测为无损分析，无法判断几件青铜器是否经过热锻等进一步处理。刀的器形简单原始，同样为单面范铸造。

结合成分与工艺特点来看，小塘山遗址出土青铜器具有我国北方地区早期青铜器的特点，与二道井子遗址夏家店下层金属器相比，小塘山遗址青铜器既有铜锡二元合金，又有铜锡铅三元合金，没有发现红铜制品，一方面可能是矿料来源不同，一方面也显示了对铜器成分的有意控制，表明小塘山遗址时期的人们已经比较熟练地掌握了青铜的冶炼制作技术。

第三节　小塘山遗址2021～2022年出土动物遗存鉴定及初步分析*

小塘山遗址位于赤峰市宁城县三座店镇小塘土沟村南约500米处，坐落在坤都伦河北岸的山冈上。为配合508国道工程建设，内蒙古文物考古研究院联合宁城县文物保护中心对小塘山遗址进行了为期两年（2021年5月至2022年11月）的考古发掘，共清理房址近60座，窖穴与灰坑40余座，墓葬7座，陶窑2座。遗址周围有石砌城墙，此外还有“马面”式建筑、院落、道路、城门等，出土了陶器、石器、骨器、青铜器、蚌器等各类器物，发掘者认为该遗址为我国北方地区夏家店下层文化时期一处重要的聚落遗址[①]。

本次整理的动物遗存为小塘山遗址两年考古发掘所获，主要出土于房址、灰坑、墙基、院落以及道路等不同地点。鉴定过程中的现生比对标本来自国家文物局考古研究中心动物考古实验室和中国社会科学院考古研究所科技考古中心动物考古实验室，参考文献包括《动物骨骼图谱》[②]、《中国鹿类动物》[③]、《考古遗址出土动物骨骼测量指南》[④]等。

---

* 作者为左豪瑞（国家文物局考古研究中心）、戴玲玲（辽宁师范大学历史文化学院）。

① 连吉林、格日乐图：《内蒙古宁城县小塘山遗址》，《大众考古》2021年第9期。

② 伊丽莎白·施密德著，李天元译：《动物骨骼图谱》，中国地质大学出版社，1992年。

③ 盛和林：《中国鹿类动物》，华东师范大学出版社，1992年。

④ 安哥拉·冯登德里施著，马萧林、侯彦峰译：《考古遗址出土动物骨骼测量指南》，科学出版社，2007年。

一、动物遗存概况

（一）动物种属

小塘山遗址动物遗存的收集方式为人工手选，未采用细网过筛，可能导致鸟类、啮齿类等微、小型动物的鉴定和统计存在一定误差。

经整理和鉴定，遗址出土的动物遗存包括瓣鳃纲、鸟纲和哺乳纲等，具体种属如下：

软体动物门 Mollusca
　瓣鳃纲 Lamellibranchia
　　帘蛤目 Veneroida
　　　帘蛤科 Veneridae
　　　　文蛤属 *Meretrix*
　　　　　文蛤（未定种）*Meretrix* sp.
脊索动物门 Chordata
　鸟纲 Aves
　　雁形目 Anseriformes
　　　鸭科 Anatidae
　　鸡形目 Galliformes
　　　雉科 Phasianidae
　　　松鸡科 Tetraonidae
　　鹤形目 Gruiformes
　　　鹤科 Gruidae
　哺乳动物纲 Mammalia
　　啮齿目 Rodentia
　　　仓鼠科 Cricetidae
　　　　鼢鼠属 *Myospalax*
　　　　　鼢鼠（未定种）*Myospalax* sp.
　　兔形目 Lagomorpha
　　　兔科 Leporidae
　　　　兔属 *Lepus*
　　　　　兔（未定种）*Lepus* sp.
　　食肉目 Carnivora
　　　犬科 Canidae
　　　　犬属 *Canis*
　　　　　狗 *Canis familiaris*

狐属 *Vulpes*

狐（未定种）*Vulpes* sp.

熊科 Ursidae

熊属 *Ursus*

熊（未定种）*Ursus* sp.

鼬科 Mustelidae

猪獾属 *Arctonyx*

猪獾 *Arctonyx collaris*

奇蹄目 Perissodactyla

马科 Equidae

马属 *Equus*

马 *Equus caballus*

偶蹄目 Artiodactyla

猪科 Suidae

猪属 *Sus*

猪 *Sus scrofa domesticus*

鹿科 Cervidae

麂属 *Muntiacus*

麂（未定种）*Muntiacus* sp.

鹿属 *Cervus*

梅花鹿 *Cervus nippon*

狍属 *Capreolus*

狍 *Capreolus pygargus*

牛科 Bovidae

牛属 *Bos*

黄牛 *Bos taurus*

盘羊属 *Ovis*

盘羊 *Ovis ammon*

绵羊 *Ovis aries*

山羊属 *Capra*

山羊 *Capra hircus*

羊亚科 Caprinae

小塘山遗址出土动物种属包括文蛤（未定种）、鸭科、雉科、松鸡科、鹤科、鼢鼠（未定种）、兔（未定种）、狗、狐（未定种）、熊（未定种）、猪獾、马、猪、麂（未定种）、梅花鹿、狍、黄牛、盘羊、绵羊、山羊等3纲至少20种，此外还有部分未能明确鉴定的鸟类、啮齿类、中型食肉动物、大型牛科动物、大型鹿科动物、中型鹿科动物、中小型鹿科动物、小型鹿科动物和羊亚科动物等。

（二）数量统计

本次动物遗存的数量统计采用可鉴定标本数（NISP）和最小个体数（MNI）来体现。可鉴定标本数代表一个遗址可鉴定到种（个别到属）的全部骨骼数量，最小个体数代表一个遗址出土某种动物的最少个体数量。

小塘山遗址出土动物遗存共计3873件，其中可鉴定到科或种的标本有2027件，代表至少180个动物个体。遗址出土的全部动物遗存中，如图5-49所示，哺乳动物数量占绝大多数。从可鉴定标本数和最小个体数的统计情况来看，哺乳动物占比分别为99.16%和96.11%，鸟类为0.79%和3.33%，软体动物仅占0.05%和0.56%。不可鉴定标本以大、中、小型哺乳动物碎骨为主。

从不同种属的哺乳动物可鉴定标本数来看，如图5-50所示，猪的可鉴定标本数量百分比居

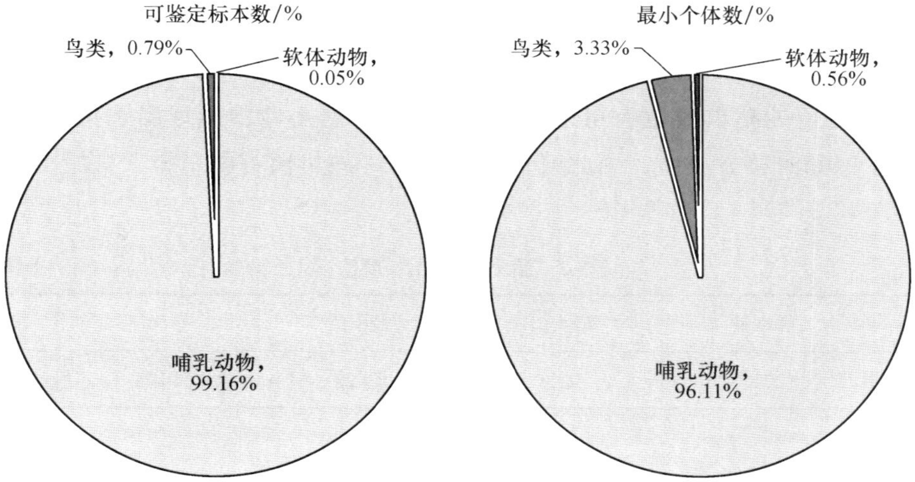

图5-49　小塘山遗址动物遗存数量及比例

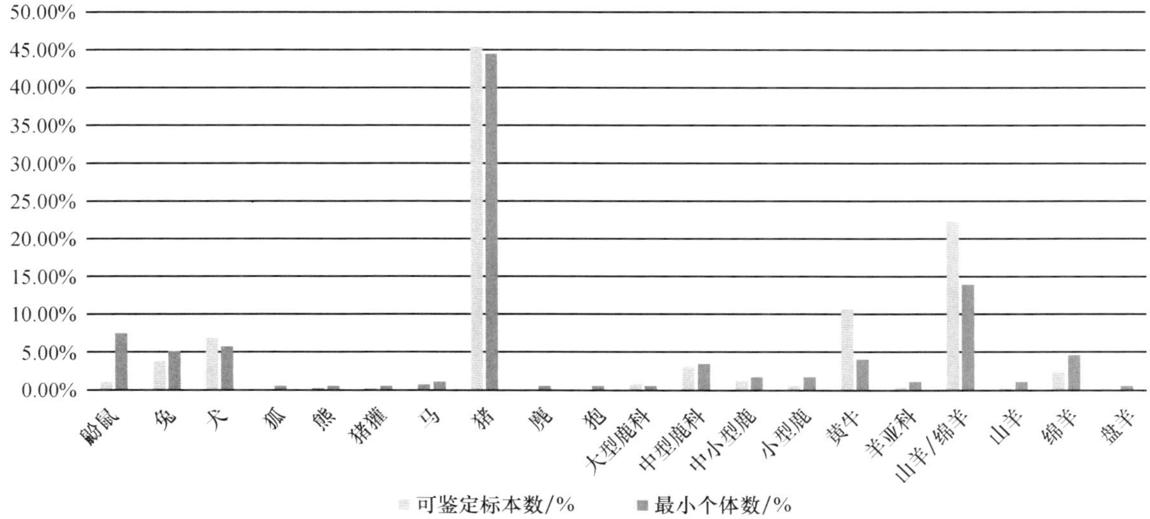

图5-50　小塘山遗址出土哺乳动物数量及比例

于首位，大约在45%左右，其次为山羊/绵羊，占比接近25%；从最小个体数来看，猪和山羊/绵羊仍居于前位，数量比重分别接近45%和15%。此外，各种鹿类动物等的数量比例总计不到10%。

（三）骨骼尺寸测量

哺乳动物和鸟类骨骼测量的标准主要参考《考古遗址出土动物骨骼测量指南》[①]。以下介绍主要哺乳动物的测量数据。

1. 猪骨骼、牙齿测量数据

猪下颌骨M_3长度值见表5-3，其他上、下颌骨骼、牙齿及颅后骨骼测量数据见附表5-20。猪下颌M_3长度值可以作为初步判断家猪和野猪的依据之一，大致以40毫米作为分界，据罗运兵对考古遗址出土猪下颌M_3长度值的研究来看，其平均值小于39毫米的猪群中已经出现了家猪，同时大于这个平均值的猪群中也有可能存在家猪[②]。根据小塘山遗址出土猪下颌骨M_3长度来看，其尺寸小于家猪野猪分界值，因此就骨骼和下颌M_3测量值方面来看，小塘山遗址猪群应以家猪为主。

表5-3　猪下颌骨M_3长度值　（单位：毫米）

遗址	样本量	最大值	最小值	平均值	标准差
小塘山	21	38.51	29.90	34.64	2.42

2. 狗骨骼、牙齿测量数据

狗的头骨、牙齿及颅后骨骼测量数据见附表5-21。

3. 羊骨骼、牙齿测量数据

羊的头骨、牙齿及颅后骨骼测量数据见附表5-22。

4. 黄牛骨骼、牙齿测量数据

黄牛的骨骼及牙齿测量数据见附表5-23。

5. 马骨骼、牙齿测量数据

马的骨骼及牙齿测量数据见附表5-24。

---

① 安哥拉·冯登德里施著，马萧林、侯彦峰译：《考古遗址出土动物骨骼测量指南》，科学出版社，2007年。

② 罗运兵：《中国古代猪类驯化、饲养与仪式性使用》，科学出版社，2012年，第27～29页。

6. 鹿科动物骨骼测量

鹿科动物骨骼测量按照中型鹿科和中小型鹿科分别测量，测量数据见附表5-25。

（四）肉量估算

动物资源的利用方式之一是为人类提供肉食资源和营养，肉量贡献的估算方法有许多种，计算时以骨骼部位或解剖部位为依据，或基于肉食重量、热量或维生素等维度。各种动物所能提供的肉食量不尽相同，例如不同体型哺乳动物之间，以及鸟类、鱼类、软体动物等所能提供的能量存在很大差异，同种动物不同部位的肉量也不相同，性别、年龄、季节以及动物个体差异等因素也会产生一定的影响。一般而言，动物遗存的肉食量并不等同于遗址消费肉食的总量，肉量贡献的估算仅可以为我们了解一种动物或一群动物可能提供的可食用或可利用的肉食量提供一个观察维度。

小塘山遗址出土动物遗存绝大多数属于哺乳动物，其中以猪为主，其次为绵羊/山羊、黄牛等常见草原经济动物，此外还有不同体型的鹿类、食肉类、啮齿类动物等。综合考虑，本次动物肉量估算采用怀特法，先确定每种动物的平均体重，假设每种动物可提供的肉量大约为体重的50%，再乘以其最小个体数[1]。鸟类和软体动物因出土数量极少暂忽略不计。以上肉量复原方法仅为粗略估算，由于计算过程中不考虑动物年龄、性别和个体的差异，因此也存在一定的误差。

观察表5-4中数据可知，猪的肉量贡献率比重超过70%，居于首位且优势明显，其次是黄牛、山羊/绵羊和中型鹿科动物（梅花鹿等）。各种体型鹿科动物合计约占6.33%。通过以上对比，可以肯定的是哺乳动物是当时人们的主要肉食来源，其中以猪为主，牛、羊等草原经济动物所能提供的肉量占比不到20%，但不能排除人群对其进行皮毛、乳制品等次级产品开发的可能性，而鹿类动物作为肉食资源的补充。

表5-4　小塘山遗址哺乳动物肉量统计表　（单位：千克）

动物种类	单个个体平均质量	单个个体肉量	最小个体数	最小个体数百分比	肉量	肉量比
猪	170	85	77	50.66%	6545	72.71%
黄牛	300	150	7	4.61%	1050	11.66%
绵羊	50	25	8	5.26%	200	2.22%
山羊	30	15	2	1.32%	30	0.33%

① 何锟宇、蒋成、陈剑：《浅论动物考古学中两种肉量估算方法——以营盘山遗址出土的动物骨骼为例》，《考古与文物》2009年第5期。

续表

动物种类	单个个体平均质量	单个个体肉量	最小个体数	最小个体数百分比	肉量	肉量比
羊	40	20	24	15.79%	480	5.33%
狗	20	10	10	6.58%	100	1.11%
大型鹿科	200	100	1	0.66%	100	1.11%
中型鹿科	120	60	6	3.95%	360	4.00%
中小型鹿科	35	17.5	4	2.63%	70	0.78%
小型鹿科	20	10	4	2.63%	40	0.44%
野兔	6	3	9	5.92%	27	0.30%

（五）年龄结构

本文主要通过下颌牙齿的萌出和磨蚀状况来考察小塘山遗址主要家养动物的年龄结构。

1. 猪

小塘山遗址出土猪骨913件，其中可用于判定年龄的下颌骨共计72件，包括左侧45件，右侧23件，下颌联合4件。结合下颌牙齿的具体情况，根据M_1、M_2、P_4、M_3的萌出与否及其磨蚀程度划分出Ⅰ～Ⅶ七个级别，分别代表0～4月龄、4～6月龄、0.5～1岁、1～1.5岁、1.5～2岁、2～3岁、3岁以上这7个年龄阶段。为了避免同个体重复计算和误差，统计时对左右侧及全部下颌骨分别进行年龄重建，结果如图5-51。

结果显示，猪的死亡年龄以年轻个体为主，在阶段Ⅴ（1.5～2岁）和Ⅲ（0.5～1岁）呈现出两个峰值。饲养的猪通常在1～2岁达到最佳肉量，小塘山猪群在1.5～2岁宰杀率最高，因此推测当时人们对猪的利用主要是获取肉食资源。

骨骼愈合状况还在进一步整理中，就目前掌握的信息来看，骨骼所反映的死亡年龄结构与上述结果差别不大，整体上对猪的屠宰策略的反映基本一致，即对2岁左右的未成年个体进行集中宰杀达到获取肉食量最大化的饲养目的。需要指出的是，骨骼愈合的顺序和时间往往比牙齿萌出的过程更为复杂多变，在对动物年龄结构复原的实际应用中也各有侧重①，结合出土材料的具体情况可以选择更为适合且简便的方法。

① Zeder Melinda A, Ximena Lemoine, Sebastian Payne. A new system for computing long-bone fusion age profiles in Sus scrofa. *Journal of Archaeological Science*, 2015, 55: 135-150.

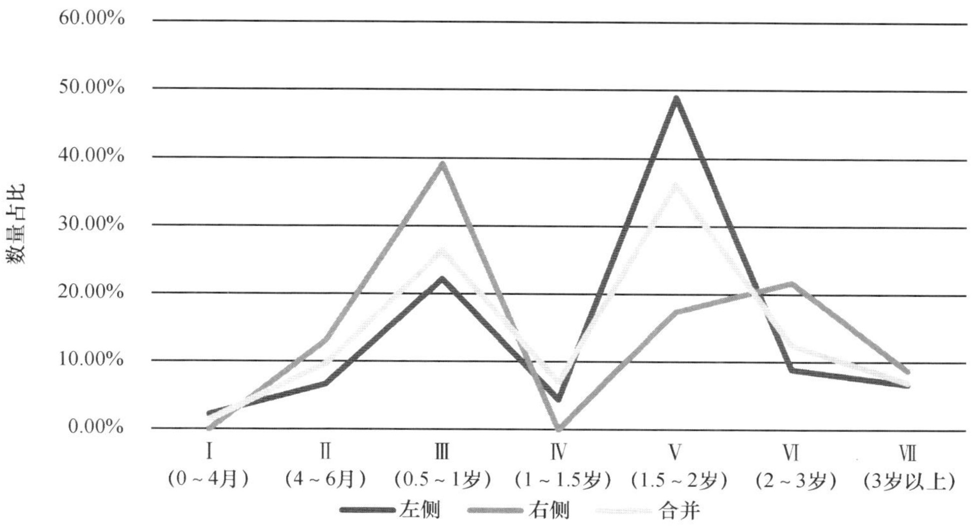

图5-51　小塘山遗址猪下颌死亡年龄分布

2. 羊

小塘山羊的年龄结构主要采用Payne和Grant记录系统下颌牙齿的萌出及磨蚀进行复原。遗址出土的羊类遗存包括山羊、绵羊以及其他羊亚科动物，其中以绵羊数量居多，由于种属和性别等信息的鉴定难度较大，本次研究主要对出土绵羊的年龄结构进行初步分析。

本次研究的绵羊骨骼中可用于年龄重建的下颌骨仅17件，包括左侧12件，右侧5件。根据其牙齿萌出和磨蚀情况复原绵羊的存活率曲线如图5-52所示，其中A～H分别代表0～2月龄、2～6月龄、6～12月龄、1～2岁、2～3岁、3～4岁、4～6岁和6～8岁八个年龄组。存活率曲线显示小于半岁的羔羊存活率为100%，1～2岁年龄组的死亡率上升了大约30%，从D至G各年龄组死亡率相对平稳，且有超过10%的个体活过了4～6岁。

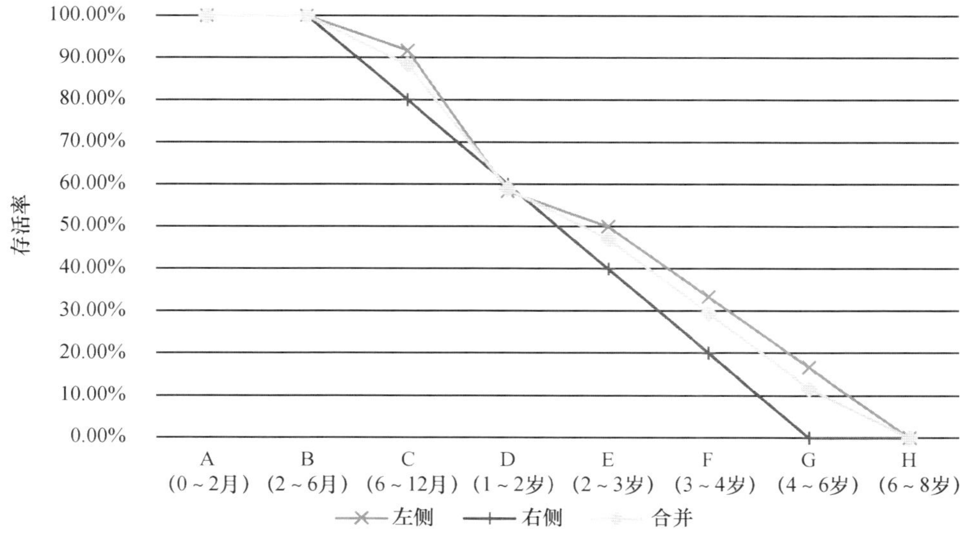

图5-52　小塘山遗址羊存活率曲线（基于牙齿萌出及磨蚀）

3. 黄牛

小塘山遗址出土黄牛遗存中可用于判断年龄的下颌骨数量4件，左右侧各2件。经鉴定和整理，4件下颌骨所代表的个体死亡年龄分别为0.5岁、1.5岁、2～2.5岁和3岁，包含了不同年龄段的个体，但由于标本数量较少，暂无法进行下一步分析。参考骨骼愈合状况来看，未愈合的个体数量较少，推测以成年个体数量居多。

二、初步认识

（一）动物资源利用情况

夏家店下层时期小塘山人群利用的家养动物包括猪、羊、黄牛、马、狗等。

猪（*Sus scrofa domesticu*）和狗（*Canis familiaris*）是我国本土驯化的家养动物，至少在距今1000～9000年前先民就已经饲养和利用猪和狗[①]。通过对小塘山遗址猪群进行数量比例、肉量估算、年龄结构、骨骼及牙齿测量尺寸等方面的统计和分析，猪在数量和肉量比重方面均居于首位，且大幅超过出土的其他哺乳动物，死亡年龄方面在1.5～2岁达到峰值，下颌M_3长度均值也符合以往对家猪牙齿尺寸的研究认识，因此小塘山猪群应以家猪为主，是当时重要的肉食来源，并在未成年时期被集中宰杀以获取最大肉量。饲养狗的主要原因可能是为了看家护院，或作为狩猎时的辅助。

黄牛（*Bos taurus*）、绵羊（*Ovis aries*）、山羊（*Capra hircus*）和马（*Equus caballus*）是非我国本土驯化的家养动物，家养黄牛起源于距今万年前的西亚和非洲东北部地区，绵羊和山羊驯化于距今万年前的西亚地区，马在距今5000多年的中亚地区被驯化。目前的研究认为家养黄牛、绵羊等在距今5000年前后自西亚地区向东传入中国境内，家马则在晚商时期才开始高频出现[②]。就小塘山的材料来看，黄牛和羊（包括山羊和绵羊）在数量和肉量方面均占有一定的比重，年龄结构方面整体偏老，推测一部分绵羊和黄牛可能用于获取肉食和乳制品，绵羊中年龄较大的个体可能与获取羊毛的养羊经济有一定的关系，由于骨骼中病理现象发现较少，因此难以判断当时人们是否对黄牛进行了使役等畜力开发。

遗址发掘出土的骨骼遗存中，发现有马的肩胛骨、掌骨、第一指/趾骨和游离齿等，其中的部分游离齿尚未磨损，意味着这些马匹中存在年龄较小的个体，推测这些马匹可能已经是家

① 袁靖：《中国动物考古学》，文物出版社，2015年，第88～93页。

② 袁靖：《中国动物考古学》，文物出版社，2015年，第93～99页；菊地大树：《中国古代家马再考》，《南方文物》2019年第1期。

马。我们将逐步对马骨进行^{14}C测年、古DNA、碳氮稳定同位素、锶同位素等科学分析，为进一步确定这些马匹的属性提供更多信息。

此外，遗址中发现了野兔、鹿、梅花鹿、狍、雉、松鸡等野生动物，表明小塘山人群对周边野生动物也进行了一定程度的开发利用。从数量和肉量占比方面来看，主要为梅花鹿等鹿科动物。

（二）夏家店下层文化时期的生态环境与生业经济

遗址中的野生动物一定程度上可以反映遗址所在区域在夏家店下层文化时期的生态环境。遗址中发现有少量文蛤等淡水贝类遗存，表明当时遗址周边可能存在溪流、水泡等水体，鸟类、鼢鼠和野兔等小型啮齿类以及狐、猪獾、熊等食肉类动物反映出该地区附近既有相对低矮干燥的灌丛或稀树草地，也有植被较为茂密的山地森林，同时也应存在相对广阔的低山、丘陵坡地或草洲等适于各种鹿科动物栖息的生态环境。

整体来看，遗址周边的生态环境为当时的人们提供了相对便利的生存条件，小塘山人群饲养和利用狗、猪、黄牛、绵羊等家畜，同时也进行一些狩猎活动。小塘山遗址的养猪业相对比较发达，对于传统北方农业社会来讲，猪的饲养很大程度上依赖本地农作物种植业的发展，而辽西地区是北方旱作农业的重要起源地之一，这里的人群对粟黍的驯化和栽培至少已有8000多年的历史，由此推测当时的农业发展程度也相对较高。黄牛、绵羊等草原经济动物随着人群迁徙和文化互动也开始进入人们的生活，畜牧经济初露端倪，但其重要性相对较低，以农作物栽培和家猪饲养为代表的农业生产在先民的生业活动中仍占主要地位。

综上，小塘山遗址动物遗存的分析为了解当时的生态环境、动物资源利用以及社会整体的生业面貌提供了视角，进一步丰富了我们对夏家店下层文化时期辽西地区的聚落布局、经济发展及社会复杂化程度等相关问题的认识。

附表5-20　小塘山遗址猪的测量数据　（单位：毫米）

上颌牙齿

测量项目	M^1长	M^1前宽	M^1后宽	M^2长	M^2前宽	M^2后宽	M^3长	M^3宽	dP^4长	dP^4宽	P^2-P^4齿列长	M^1-M^3齿列长	P^1-P^4齿列长
标本量	14	11	13	10	10	10	3	5	1	1	2	2	1
最大值	18.91	15.06	16.09	25.51	18.11	18.28	35.53	20.05			36.52	72.02	
最小值	13.71	12.27	12.31	20.96	14.73	14.53	30.61	18.14	13.11	11.72	34.03	63.98	43.29
平均值	16.89	13.83	14.64	22.90	17.01	16.98	33.30	19.27			35.28	68.00	

续表

下颌骨及牙齿

测量项目	下颌长	P_1-P_4长	P_2-P_4长	M_3长	M_3宽	P_1-P_4长	联合部正中长	M_1前高	P_2前高	M_3后高
标本量	2	2	6	21	22	2	4	6	4	1
最大值	79.43	51.12	41.57	38.51	18.24	51.12	76.74	42.62	39.49	
最小值	75.76	50.83	32.87	29.90	13.82	50.83	42.79	23.67	27.29	56.14
平均值	77.60	50.98	37.84	34.64	15.87	50.98	60.02	32.34	33.39	

颅后骨骼

	寰椎			枢椎	肩胛骨				肱骨			桡骨			尺骨		
测量项目	BFcr	BFcd	H	HFcr	BG	LG	GLP	SLC	Bd	BT	SD	Bp	Dp	SD	BPC	DPA	SDO
标本量	4	4	7	2	13	12	12	22	21	1	13	14		6	22	14	5
最大值	59.52	54.99	52.80	52.02	28.99	34.25	45.48	34.75	45.77		14.86	37.81		21.57	25.13	45.49	33.35
最小值	51.41	47.18	42.62	49.35	19.12	26.84	32.31	10.48	37.59	30.93	4.34	26.11		7.87	13.30	33.28	26.71
平均值	56.56	52.13	48.56	50.69	25.33	29.65	36.98	23.68	40.32		9.76	30.08		12.19	20.94	38.26	29.50

	髋骨			股骨	胫骨		跟骨		距骨			
测量项目	LAR	SB	SH	SD	Bd	Dd	GL	GB	Bd	Dl	GLl	GLm
标本量	9	4	3	5	10	2	3	9	12	8	13	12
最大值	35.08	15.61	27.95	17.05	35.47	28.65	96.20	28.89	26.89	39.37	45.11	40.28
最小值	29.09	8.05	14.86	8.28	27.45	26.69	86.44	24.17	22.68	20.13	38.49	23.10
平均值	31.62	13.57	23.04	12.25	31.40	27.67	90.96	25.38	24.36	23.52	41.73	35.81

	跖Ⅳ	指/趾骨Ⅰ				指/趾骨Ⅱ				指/趾骨Ⅲ		
测量项目	Bp	Bp	Bd	GL	SD	Bp	Bd	GL	SD	DLS	Ld	MBS
标本量	2	16	18	17	14	4	4	4	3	2	2	2
最大值	16.43	19.25	16.79	41.29	15.42	18.35	18.85	25.69	16.42	28.43	26.13	12.26
最小值	14.95	14.56	13.89	31.98	11.83	15.15	12.79	23.04	13.69	26.46	23.77	10.69
平均值	15.69	16.96	15.03	35.09	13.45	16.83	15.38	24.56	14.97	27.45	24.95	11.48

附表5-21　小塘山遗址狗的测量数据　　（单位：毫米）

上、下颌骨骼及牙齿

	上颌a		上颌b	
测量项目	P^4长	P^4宽	P^4长	P^4宽
测量值	18.33	8.9	17.46	8.74

	下颌骨a					下颌骨b	
测量项目	P_1-M_3齿列长	P_2-M_3齿列长	臼齿列长	P_1-P_4齿列长	P_2-P_4齿列长	M_1长×宽	M_2长×宽
测量值	68.86	62.86	30.48	39.59	32.97	19.42×7.04	7.54×5.60
测量项目	M_1长×宽	M_2长×宽	M_3长×宽	M_1后颌骨高	P_2-P_3间颌骨高		
测量值	18.77×7.48	7.48×5.85	4.29×3.41	22.74	17.76		

	下颌骨c						
测量项目	C远-M_3远	P_1-M_3齿列长	P_2-M_3齿列长	臼齿列长	P_1-P_4齿列长	P_2-P_4齿列长	M_1齿槽长
测量值	69.89	67.57	62.26	32.62	35.61	30.29	19.62
测量项目	M_1后颌骨高	P_2-P_3间颌骨高					
测量值	26.12	19.81					

	下颌骨d			
测量项目	P_2-M_3齿列长	臼齿列长	P_2-P_4齿列长	M_1齿槽长
测量值	71.31	35.14	38.34	20.76
测量项目	M_2长×宽	M_1下最大厚	M_1后颌骨高	
测量值	8.76×6.43	10.67	24.69	

颅后骨骼

	寰椎				枢椎	肩胛骨			肱骨			桡骨	尺骨		
测量项目	BFcr	BFcd	H	SLC	HFcr	BG	LG	GLP	Bd	GL	SD	Bd	BPC	DPA	SDO
标本量	2	2	2	2	1	5	4	2	9	1	8	2	1	1	1
最大值	33.68	26.67	24.63	15.59		23.86	24.56	27.63	30.90		12.68	20.24			
最小值	33.55	24.42	22.52	12.49	27.96	16.17	16.11	26.61	26.21	152.12	10.67	15.81	13.23	21.22	17.51
平均值	33.61	25.55	23.58	14.04		18.52	22.06	27.12	28.95		11.89	18.03			

续表

	髋骨	股骨				胫骨			跟骨
测量项目	LAR	Bp	Bd	GL	SD	Bd	Dd	SD	GL
标本量	2	5	4	1	3	6	2	1	1
最大值	23.05	36.63	29.76		12.71	21.97	14.80		
最小值	19.67	28.88	27.11	158.45	11.93	18.35	14.45	10.67	41.19
平均值	21.36	33.12	28.07		12.22	20.39	14.63		

	跖Ⅱ				跖Ⅲ	掌Ⅳ	跖Ⅳ		跖Ⅴ			
测量项目	Bp	Bd	GL	SD	Bp	Bp	Bp	SD	Bp	Bd	GL	SD
标本量	5	3	2	2	2	2	2	1	2	2	2	2
最大值	8.27	8.19	61.78	5.97	8.53	6.88	7.58		7.71	7.48	60.02	5.03
最小值	4.65	7.66	54.11	5.64	7.83	6.32	7.34	4.93	6.86	7.34	59.86	4.93
平均值	6.32	7.92	57.95	5.81	8.18	6.60	7.46		7.29	7.41	59.94	4.98

附表5-22　小塘山遗址羊的测量数据　　（单位：毫米）

下颌骨及牙齿

测量项目	P_2-下颌后缘长	颏孔-下颌后缘长	P_2前下颌骨高	M_1前下颌骨高	M_3后下颌骨高	P_2-P_4	M_1-M_3	M_1长	M_1宽	M_2长	M_2宽	M_3长	M_3宽	P_4长	P_4宽
标本量	1	1	4	5	2	5	2	8	8	8	8	5	6	4	4
最大值			19.37	24.41	38.45	35.31	54.11	14.73	9.26	18.22	10.98	26.73	10.94	12.10	7.41
最小值	107.16	121.96	16.46	22.86	36.30	25.28	44.20	10.98	8.00	15.48	8.56	19.89	7.90	9.53	6.96
平均值			18.40	23.81	37.38	29.81	49.16	12.70	8.83	16.97	9.83	22.56	9.20	10.40	7.15

颅后骨骼

	枢椎	肩胛骨	肱骨			桡骨					尺骨		
测量项目	BFcr	SLC	Bd	BT	SD	Bp	BFp	Bd	BFd	SD	BPC	DPA	SDO
标本量	1	4	5	8	3	3	1	6	2	2	4	2	1
最大值		19.90	36.65	35.50	13.19	35.21		38.86	25.37	16.80	22.46	29.15	
最小值	48.61	15.79	34.20	30.76	6.53	33.16	32.89	30.98	25.24	12.39	14.48	28.01	25.37
平均值		17.80	35.24	32.72	10.97	34.03		33.82	25.31	14.60	19.52	28.58	

续表

	髋骨			股骨	胫骨					跟骨		距骨			
测量项目	LA	SB	SH	DC	Bp	Bd	Dd	GL	SD	GL	GB	Bd	Dl	GLl	GLm
标本量	2	2	1	4	1	3	2	1	9	5	2	10	12	14	11
最大值	31.43	9.14	14.14	25.33	41.56	29.69	23.83	227.92	15.83	66.59	22.92	23.05	19.12	34.99	35.08
最小值	31.11	7.00		22.19		23.98	20.53		11.19	59.41	20.27	18.11	15.13	28.61	17.79
平均值	31.27	8.07		23.99		27.19	22.18		14.58	63.14	21.60	20.57	17.73	31.82	30.03

附表5-23　小塘山遗址黄牛的测量数据　　（单位：毫米）

下颌牙齿

	下颌骨a	下颌骨b
测量项目	M_2长 × 宽	dP_4长 × 宽
测量值	33.80 × 13.41	38.83 × 10.52

颅后骨骼

	肱骨	桡骨		尺骨	髋骨	
测量项目	Bd	Bd	BFd	DPA	LA	LAR
标本量	1	1	1	1	1	1
测量值	84.04	81.67	69.70	69.25	79.63	62.14

	股骨	胫骨	距骨			
测量项目	DC	Bd	Bd	Dl	GLl	GLm
标本量	1	1	4	3	3	3
最大值	50.21	71.65	48.40	41.46	76.36	70.40
最小值			43.83	38.80	66.66	61.34
平均值			45.67	39.84	71.41	65.88

	掌骨			跖骨	指/趾Ⅰ				指/趾Ⅱ				指/趾Ⅲ		
测量项目	Bp	Dp	Bd	SD	Bd	Bd	GL	SD	Bp	Bd	GL	SD	DLS	MBS	Ld
标本量	2	1	1	1	5	8	6	8	12	6	9	5	4	2	4
最大值	62.51	38.03	66.18	28.33	33.03	33.38	69.32	54.65	36.87	31.46	49.01	26.97	81.39	28.47	62.54
最小值	61.02				29.09	26.19	44.04	21.77	28.69	23.50	39.37	22.84	56.05	20.28	42.27
平均值	61.77				31.25	29.31	60.64	29.88	31.87	26.65	44.85	24.37	67.49	24.38	51.99

附表5-24　小塘山遗址马的测量数据　（单位：毫米）

游离齿

	P^2（1）	P^2（2）	P_2（1）	P_2（2）
长	/	/	32.50	/
宽	24.85	24.41	13.60	14.32

颅后骨骼

	肩胛骨		
测量项目	GLP	LG	BG
标本量	1	1	1
测量值	94.62	55.87	45.57

	指/趾 I						
测量项目	Bd	Dp	BFd	Bd	BFd	GL	SD
标本量	2	2	1	2	1	2	1
最大值	51.54	38.34		43.61		85.98	
最小值	49.60	34.41	49.19	42.85	41.99	82.74	33.06
平均值	50.57	36.78		43.23		84.36	

附表5-25　小塘山遗址鹿科动物的测量数据　（单位：毫米）

中型鹿科动物

	肩胛骨				桡骨		尺骨	髋骨		股骨	胫骨		
测量项目	GLP	LG	BG	SLC	Bp	BFp	BPC	LA	LAR	DC	Bp	Bd	Dd
标本量	2	2	2	1	2	2	1	2	2	1	2	2	2
最大值	43.05	31.27	31.33		36.09	32.81		34.64	29.44		46.57	35.81	27.69
最小值	40.94	31.14	30.11	23.64	29.83	27.11	23.29	33.99	28.31	32.18	46.06	28.81	21.43
平均值	42.00	31.21	30.72		32.96	29.96		34.32	28.88		46.32	32.31	24.56

	距骨				跖骨	
测量项目	Bd	Dl	GLl	GLm	Bd	Dd
标本量	1	1	1	1	1	1
测量值	20.34	17.61	31.54	30.71	24.74	16.83

续表

	指/趾Ⅰ				指/趾Ⅱ		
测量项目	Bp	Bd	GL	SD	Bp	Bd	GL
标本量	1	2	1	1	1	1	1
测量值	18.11	17.12/15.56	55.01	14.67	14.77	12.48	40.34

中小型鹿科动物

	肩胛骨				桡骨	胫骨	距骨				掌骨				跖骨
测量项目	GLP	LG	BG	SLC	Bp	Bd	Bd	Dl	GLl	GLm	Bp	Bd	GL	SD	Bp
标本量	2	2	2	1	1	1	2	2	2	1	2	1	1	3	1
最大值	34.10	25.60	24.06				19.81	16.99	32.21		21.73			11.84	
最小值	25.00	19.63	19.31	16.31	27.95	71.65	18.56	15.53	28.13	17.86	16.38	17.76	89.19	9.64	23.92
平均值	29.55	22.62	21.69				19.19	16.26	30.17		19.01			11.04	

	指/趾Ⅰ				指/趾Ⅱ			
测量项目	Bp	Bd	GL	SD	Bp	Bd	GL	SD
标本量	1	1	1	1	1	1	1	1
测量值	11.89	9.41	30.81	8.67	12.84	9.85	23.20	9.86

第四节　小塘山遗址（2022年度）浮选报告*

一、材料与方法

为了了解小塘山遗址农作物结构、农业发展状况等问题，我们在2022年发掘过程中，采用针对性采样法采集了植物遗存浮选样品。2022年度共采集浮选样品41份，每分体积为10升左右，共计406.5升。其中地层22份（大多在地面石砌建筑石墙周围采集），灰坑7份，房址6份，灶内3份，路面2份，窖穴1份。所有土样都在遗址所在地使用小水桶进行浮选①，并用孔径为0.2毫米的筛网对轻浮物进行收集。

所获轻浮物阴干后，送至国家文物局考古研究中心植物考古实验室进行分类、植物种属鉴定和拍照。炭化植物遗存的鉴定使用尼康SMZ100显微镜放大10～20倍完成，种属鉴定参考

* 作者为杨凡（国家文物局考古研究中心）。

① 赵志军：《植物考古学的田野工作方法——浮选法》，《考古》2004年第3期。

实验室收集的现代植物标本、古代植物标本、各类植物鉴定图谱以及已经发表的文献[①]。鉴定过程中，对于破损严重、丢失了可鉴定部位或者已经成为碎块的种子果实和碎果壳均归入不可鉴定类，在分析讨论时不参与计数。其他植物遗存根据现有的鉴定标准能鉴定到种的则鉴定到种，其他则鉴定到属。此外，将样品中大于1毫米的炭屑进行收集称重，大小超过2毫米的炭屑将送交相关学者进行进一步种属鉴定。

为确定遗址样品的绝对年代范围，分别从遗址不同遗迹单位中选择炭化样品9份送往北京大学考古文博学院^{14}C年代实验室进行AMS放射性碳测年。为提高年代结果的准确性，测年样品均选择一年生的农作物籽粒进行测年。

二、结果与分析

（一）AMS放射性碳测试结果

运用OxCal 4.4.4校正软件中的IntCal 20树轮校正曲线，将其转换为日历年代，对所有测年数据进行了树轮校正，所得绝对年代见表5-5。根据校正结果可知，除J01和L1④层稍晚外，本次浮选材料的绝对年代集中在公元前1600～前1400年之间，为夏家店下层文化时期。

表5-5　小塘山遗址测年数据

实验室编号	样品物质	出土单位	^{14}C年代（BP）	校正后日历年代	校正后日历年代
				1σ（68.3%）	2σ（95.4%）
BA231403	粟	F21外②	3145 ± 20	1445～1404BC（68.3%）	1495～1476BC（7.4%） 1458～1386BC（82.4%） 1338～1320BC（5.7%）
BA231404	粟	T5②	3100 ± 25	1416～1381BC（34.0%） 1343～1308BC（34.3%）	1428～1290BC（95.4%）
BA231405	粟	F51外墙外	3310 ± 25	1612～1572BC（39.8%） 1566～1538BC（28.5%）	1624～1510BC（95.4%）
BA231406	黍	H43②	3260 ± 25	1598～1594BC（1.9%） 1541～1498BC（62.3%） 1472～1464BC（4.0%）	1612～1572BC（13.6%） 1566～1492BC（70.1%） 1482～1451BC（11.8%）

① 郭琼霞：《杂草种子彩色鉴定图鉴》，中国农业出版社，1998年；关广清等：《杂草种子图鉴》，科学出版社，2000年；国家林业局国有林场和林木种苗工作总站主编：《中国木本植物种子》，中国林业出版社，2001年；刘长江、靳桂云、孔昭宸：《植物考古：种子和果实研究》，科学出版社，2008年；赵志军：《植物考古学：理论、方法和实践》，科学出版社，2010年；郭巧生等：《中国药用植物种子原色图鉴》，高等教育出版社，2011年。

续表

实验室编号	样品物质	出土单位	^{14}C年代（BP）	校正后日历年代	校正后日历年代
				1σ（68.3%）	2σ（95.4%）
BA231407	粟	L1④	3040 ± 25	1381 ~ 1343BC（27.9%） 1308 ~ 1260BC（38.5%） 1239 ~ 1236BC（1.8%）	1396 ~ 1332BC（35.4%） 1326 ~ 1218BC（60.1%）
BA231408	粟	F14	3275 ± 25	1604 ~ 1583BC（16.2%） 1544 ~ 1504BC（52.1%）	1615 ~ 1498BC（94.7%） 1470 ~ 1466BC（0.7%）
BA231409	粟	HQ16南墙外侧	3250 ± 25	1535 ~ 1496BC（54.6%） 1476 ~ 1458BC（13.7%）	1607 ~ 1580BC（5.9%） 1545 ~ 1444BC（89.6%）
BA231410	粟	T46②	3185 ± 25	1496 ~ 1475BC（30.0%） 1459 ~ 1431BC（38.2%）	1502 ~ 1418BC（95.4%）
BA231411	粟	H45	3145 ± 25	1488 ~ 1484BC（2.3%） 1448 ~ 1399BC（65.9%）	1497 ~ 1471BC（10.6%） 1464 ~ 1384BC（76.2%） 1340 ~ 1316BC（8.7%）

（二）浮选结果

经过实验室分析与鉴定，小塘山遗址发现的炭化植物遗存有炭屑、植物种子两类。从炭屑的出土情况来看，本次41份样品共浮选出炭屑78.62克，炭屑含量分布差异较大，炭屑密度在0 ~ 1.52克/升，平均炭屑密度为0.19克/升。地层中出土炭屑较多，如T46②层一份样品中出土炭屑高达16.791克，所有的地层样品出土的炭屑占总数的75.43%。房址和灶内的炭屑特别少，所有房址和灶内的炭屑都低于平均密度。

此次浮选发现炭化种子共1077粒，其中可鉴定到科、属、种的有1036粒，平均每升土样出土种子的数量为2.65粒。炭化种子可分为农作物和杂草两类，农作物有粟（*Setaria italica*）、黍（*Panicum miliaceum*）两种，共计996粒，占出土炭化植物遗存的96.14%，出土概率为80.49%。粟、黍大多完整，粟的数量远超黍。杂草有狗尾草（*Setaria viridis*）、藜（*Chenopodium album*）、胡枝子（*Lespedeza bicolor*）、草木樨（*Melilotus* sp.）、紫苏（*Perilla frutescens*）等，共40粒，占出土炭化植物遗存的3.86%，出土概率为39.02%。

1. 农作物

粟（*Setaria italica*）是小塘山遗址出土数量最多的炭化农作物种子，共发现900粒，绝对数量占农作物种子的 90.36%，出土概率也是所有炭化植物遗存中最高的，达80.49%，粟普遍出现在遗址中，是小塘山遗址最主要的农作物。粟整体圆球状，胚区椭圆形，约占种子长度的2/3左右，种子直径多在1.2 ~ 1.6毫米（图5-53，1）。

图5-53　小塘山遗址出土植物遗存

1. 粟　2. 黍　3. 藜　4. 萹蓄　5. 胡枝子　6. 水棘针　7. 小檗

黍（*Panicum miliaceum*）发现96粒，绝对数量占农作物总数的9.64%，绝对数量远低于粟。出土概率为43.9%，虽然较粟低，但也普遍出现在遗址里。黍整体呈长圆球形，尾部翘起、突出，胚区短且宽，呈三角状，种子长径多在1.6 ~ 2.2毫米（图5-53，2）。

2. 杂草

杂草种子果实共计40粒，主要包括黍亚科、豆科、藜科、唇形科、蓼科等7科的12个种/属，豆科、黍亚科和藜科的绝对数量较多，分布最为广泛。蓼科、唇形科、小檗科等数量都很少，仅1 ~ 2粒（表5-6）。

禾本科（Poaceae）共发现12粒，包括狗尾草、野稷和早熟禾。狗尾草（*Setaria viridis*）和野稷数量相对较多，各5粒。狗尾草种子腹部扁平，背部隆起，厚度由背部中间向胚部和尾部逐渐变薄，顶部尖，胚部细长，长度1.5 ~ 1.7、宽度0.7 ~ 0.9毫米。野稷（*Panicum miliaceum*）种子略呈椭圆形，背部较扁平，胚部较圆，尾部较尖，胚长为颖果的三分之二，长度在1.5 ~ 1.8毫米。狗尾草、野稷和早熟禾都是常见的农田杂草。

表5-6 小塘山遗址（2022年度）出土炭化植物遗存

	样品量	41		
	土升量（L）	406.5		
	农作物	数量	占总数的百分比	出土概率
	粟（*Setaria italica*）	900	86.87%	80.49%
	黍（*Panicum miliaceum*）	96	9.3%	43.9%
	杂草			
豆科	草木樨（*Melilotus* sp.）	2	0.19%	2.44%
	胡枝子（*Lespedeza bicolor*）	12	1.2%	17.1%
禾本科	狗尾草属（*Setaria* sp.）	5	0.48%	4.88%
	早熟禾（*Poa annua*）	2	0.19%	4.88%
	野稷（*Panicum miliaceum*）	5	0.48%	4.88%
唇形科	紫苏（*Perilla frutescens*）	1	0.1%	2.44%
	水棘针（*Amethystea caerulea*）	1	0.1%	2.44%
藜科	藜属（*Chenopodium* sp.）	3	0.29%	7.32%
	地肤（*Bassia scoparia*）	3	0.29%	4.88%
	猪毛菜（*Salsola collina*）	3	0.29%	7.32%
蓼科	萹蓄（*Polygonum aviculare*）	2	0.19%	4.88%
小檗科	小檗（*Berberis thunberg*）	1	0.1%	2.44%
	不可鉴定	41		
	总数	1077		
	种子密度（粒/升）	2.65		

豆科（Leguminosae）共发现14粒，仅草木樨和胡枝子两种。胡枝子（*Lespedeza bicolor*）发现12粒，是非农作物中数量最多的；种子呈倒卵状长圆形，脐部斜截明显（图5-53，5）。草木樨（*Melilotus* sp.）发现2粒，种子为圆肾形，稍扁，豆脐位于腹部偏上，前端微凹。胡枝子和草木樨都是优良的牧草，也是防风、固沙及水土保持植物，还是一种优质绿肥①。小塘山遗址胡枝子和草木樨出土数量较少，尚没有证据显示人类是否对其进行利用。

① 中国科学院中国植物志编辑委员会主编：《中国植物志》，第41卷，科学出版社，1995年，第234页；中国科学院中国植物志编辑委员会主编：《中国植物志》，第42（2）卷，科学出版社，1998年，第300页。

藜科（Chenopodiaceae）共发现9粒，包括藜属、猪毛菜、地肤各3粒。藜属（*Chenopodium* sp.）种子大体呈圆形，表面较为光滑，两面呈凸镜形，胚区位于顶端，直径0.6～1、宽0.6～0.9毫米（图5-53，3）。藜在美洲和亚洲的台湾地区等是一种有着较长栽培历史的栽培作物①，汉阳陵陪葬坑中藜属种子和粟黍小麦共出，可能是最早栽培藜属的证据②。小塘山遗址的藜出土数量仅3粒，是否被栽培还不清楚，但藜全草可入药，嫩叶可食用③，不排除藜被当作野菜采集食用的可能。猪毛菜（*Salsola collina*）种子只剩下其螺旋状部分，表面粗糙，整体呈圆锥状。地肤（*Bassia scoparia*）种子呈种子卵形，种子可入药，叫地肤子，嫩茎叶可以食用。

唇形科（Labiatae）发现紫苏（*Perilla frutescens*）和水棘针（*Amethystea caerulea*）2种，紫苏表面较为光滑，有六边形的褶皱凸起，种子、茎叶都可食用，叶子可去除腥味，种子可榨油④。水棘针（*Amethystea caerulea*）呈倒卵状三棱形，有网状皱纹、种脐较大（图5-53，6）；一年生植物，适生农田及山野，为旱地常见杂草⑤。小塘山遗址仅发现1粒紫苏和1粒水棘针，是作为杂草被带进遗址还是先民已经对其进行利用还不清楚。

蓼科（Polygonaceae）仅发现萹蓄一种，萹蓄种子呈三棱状，表面较为光滑（图5-53，4），其幼苗及嫩茎叶可食用，是中国民间传统的野菜，同时也可用作牛、羊、猪、兔等的饲料。小塘山遗址仅在2个遗迹单位中发现萹蓄2粒，数量较少。

小檗科（Berberidaceae）仅发现小檗（*Berberis thunberg*）1粒，种子呈卵状长圆形（图5-53，7），其根和茎含小檗碱，可供药用。

三、农业经济状况

小塘山遗址出土的炭化植物遗存以农作物为主，占所有出土植物遗存数量的96.17%，农作物成为小塘山先民植物性食物的主要来源，农作物种植是该聚落主要的生业方式之一。农作物种子仅粟、黍两种，从绝对数量上来看，粟的数量远超于黍，粟占90.36%，黍仅占9.64%；从出土概率来看，黍的出土概率达到43.9%，也较为普遍地出现在遗址中。整体来看，粟是小塘山先民种植的主要农作物，但黍在小塘山先民的农作物结构中也占有一定比重。小塘山遗址是种植粟为主、黍为辅的旱作农业结构。

---

① Smith B D. Chenopodium as a prehistoric domesticate in Eastern North America: Evidence from Russel Cave, Alabama. *Science*, 1984, 226: 165—167.

② 杨晓燕、刘长江、张健平等：《汉阳陵外藏坑农作物遗存分析及西汉早期农业》，《科学通报》2009年第13期。

③ 贺学礼主编：《植物学》，高等教育出版社，2004年，第337页。

④ 李扬汉主编：《中国杂草志》，中国农业出版社，1998年，第571页。

⑤ 中华人民共和国农业部农药检定所、日本国（财）日本植物调节剂研究协会：《中国杂草原色图鉴》，日本世德印刷股份公司，2000年，第178页。

西辽河流域夏家店下层文化时期的二道井子遗址[①]、三座店遗址，隆沟遗址第Ⅲ地点的浮选结果显示[②]，三处遗址出土的植物遗存中农作物组合都是以粟为主、黍为辅的典型北方旱作农业。西辽河流域西道点将台、大甸子、夏家店政府南、包古鲁西、谢家营子等9处地点调查所出的植物遗存也显示了相同的农作物结构[③]。种植以粟和黍为主要农作物的传统旱作农业也是西辽河流域夏家店下层文化时期普遍的农业特点。稍有不同的是，小塘山遗址2021和2022两个年度的浮选都未发现除粟、黍以外其他的农作物[④]，但二道井子、上台子、香炉山遗址都出土了大麻；二道井子、三座店遗址、隆沟遗址第Ⅲ地点以及香炉山和西道点将台遗址也都出土了大豆，说明西辽河流域夏家店下层文化时期在高度依赖粟黍农业的同时，部分遗址也在尝试种植其他的农作物。

① 孙永刚、赵志军、曹建恩等：《内蒙古二道井子遗址2009年度浮选结果分析报告》，《农业考古》2014年第6期。

② 赵志军：《中华文明形成时期的农业经济发展特点》，《中国国家博物馆馆刊》2011年第1期。

③ 贾鑫、孙永刚、杨金刚等：《西辽河上游地区夏家店文化时期浮选结果与分析》，《农业考古》2017年第6期。

④ 孙永刚、李阳、格日乐图：《内蒙古小塘山遗址2021年度植物浮选结果及分析》，《赤峰学院学报（哲学社会科学版）》2022年第3期。

第六章　结　　语

经内蒙古文物考古研究院连续两年的发掘，一座夏家店下层文化的石城——赤峰市宁城县小塘山石城遗址被比较完整地揭露出来，为该地区青铜时代文化的研究提供了重要的资料。在此，试就以下几个方面谈些认识。

一、遗址年代与文化性质

夏家店下层文化是1960年发掘赤峰夏家店、药王庙遗址后确立起来的一支早期青铜时代考古学文化类型。目前了解到的夏家店下层文化石城主要分布于西拉木伦河以南的内蒙古赤峰地区、辽宁西部和河北北部的部分地区。主要集中于老哈河、大小凌河及其支流的两岸山冈顶端，是一种有石块垒砌围墙等防御设施的居住址，城内的房屋、窖穴、道路等也多以石块砌筑。目前已经过发掘的石城址有赤峰市松山区三座店和上机房营子石城址等。

小塘山遗址遗迹大多开口于第1层下，地层简单，叠压打破关系较少。出土的陶器器形、纹饰等也无明显变化，因此推测小塘山遗址居住时间较短，应属于同一期文化遗存。小塘山遗址发现的石砌房屋建筑、灰坑（窖穴）、“马面”遗迹在赤峰市松山区三座店石城址和上机房营子石城址都有见到，且形制基本相同。小塘山遗址出土的筒形鬲（H28：2）与松山区三座店石城址的鬲（H35②：1）相同，甗（F15：2）与上机房营子石城址同类器甗（T0310③：5）的形制相近，故该遗址年代应与以松山区三座店石城址鬲（H35②：1）及上机房营子石城址甗（T0310③：5）为代表的单位年代相当。

夏家店下层文化^{14}C测年主要数据，涉及蜘蛛山遗址、大甸子墓地、建平水泉遗址等，经树轮校正后的中心值在公元前1900～前1500年。小塘山遗址经年代校正的^{14}C数据有多个，主要为公元前1426～前1269年（95.4%）、公元前1532～前1435年（95.4%）、公元前1404～前1374年（23.9%）。结合出土器物的形制等，推测小塘山遗址的绝对年代大体为公元前1500～前1300年。

小塘山遗址由城墙、马面、房址、灰坑（窖穴）等组成。共清理房址58座、灰坑47座、墓葬7座、城门1座、马面3座及城壕等。遗址内发现一条西北—东南走向的道路，院落、房址分布于道路两旁，房址大多为石砌双圈或单圈的地面式建筑。城门前端为大石板铺成的台阶式，这种形制的门址在其他夏家店下层文化遗址中未见。

关于小塘山这类石城遗址的性质，多数学者认为是设防聚落。目前在内蒙古赤峰地区、辽宁西部等地发现的与小塘山城址类似的夏家店下层文化石城址，虽然已内含一些初期城市特征，但推测仍然属于军事城堡的范畴。这是因为：①目前的考古资料中，尚未发现当时已存在确切商品交换的信息及物证；②诸石城址的规模大多较小，城内居住人口数量也较少，这与一般意义城市的人口总量存在着很大差距。因此，将赤峰地区、辽宁西部等地发现的石城址归入军事城堡的性质，是合乎当时的社会实际的。

从石城址的规模、结构分析，在内蒙古赤峰地区、辽宁西部等地发现的与小塘山遗址类似的夏家店下层文化石城址的社会地位和作用有所不同。迟家营石城位于赤峰市阴河中下游地区，居该区域夏家店下层文化石城群的中部，面积近9万平方米。石城的四周均砌有石墙、马面，并挖有壕沟，防御设施完备。城内建筑基址有数百座，发现有宗教祭祀场所。迟家营石城是该地区面积最大的石城，人口数量也较多，应是这一地区的中心城址及政治、军事中心，具有特殊的社会地位和作用。而小塘山石城址、三座店石城址规模较小，人口数量也较少，应视作当时重要的城堡。

二、社会经济形态探讨

一个文化人群的经济形态，与其文化所在地区的气候、环境是密不可分的。夏家店下层文化所处的西辽河流域，地处大兴安岭南麓和燕山北麓的夹角地区，是内蒙古高原向华北平原、东北平原的过渡地带。独特的地理环境也让西辽河流域诞生了诸如兴隆洼文化、红山文化、夏家店下层文化这样充满活力、富有生机的文化。

夏家店下层文化出现于距今4000年前，此时西辽河流域的气候正处于大暖期晚期，虽然有逐渐变干的趋势，但仍不失为一个气候温暖湿润的阶段，形成了暖温性森林草原的自然景观。在赤峰学院植物学考古实验室对小塘山遗址土样进行浮选后，发现了郁李这种生长于山坡林下、灌丛且喜好温暖湿润环境的植物种子。小塘山遗址灰坑、房址回廊中均出土了大量野猪和鹿这种生活在森林草原地带动物的骨骸，都可以显示出当时气候环境的特点。夏家店下层文化时期较小河沿文化时期相比，遗址数量有了极大的提高。夏家店下层文化遗址主要分布于河流沿岸的二、三级平缓台地和山坡之上，由于河流经过，附近还有着肥沃的土壤。经对三座店、小塘山等地的夏家店下层文化遗址调查时发现，遗址在阴坡与阳坡均有分布，遗址附近必定有河流经过。在这种紧靠河流、居高临下的地方修建聚落，使得夏家店下层文化的先民不仅可以更好地解决饮水问题，还可以进行农业种植和渔猎活动。

小塘山遗址共发掘出夏家店下层文化时期的灰坑47座，很多灰坑内残留有灰烬和炭化谷粒。一些灰坑的底部发现有石条或石块，这些灰坑推测应为贮藏粮食的窖穴。

经赤峰学院植物学考古实验室对遗址多处土样进行浮选，发现了大量炭化农作物种子，以粟、黍为主，证明农业耕种是小塘山遗址先民重要的获取食物的来源。遗址内还发现有不少与农业生产和加工粮食有关的石质生产工具，如石刀、石铲、石磨盘、石磨棒、石杵、石臼等。这些遗迹和遗物的发现，说明当时的农业生产比较发达。另外，还发掘出兽骨、蚌、贝制品及石镞等与狩猎和捕捞有关的遗物，表明单纯的农业生产已不能完全满足人们的生活。由此推测当时应是以农业生产为主，兼营狩猎、捕捞的生业模式。

小塘山遗址发现陶窑两座（Y1、Y2），在多个窖穴内发现有储存的陶土和泥料，还出土较多的石质、陶质、骨质制陶工具。从发现的烧制陶器的陶窑、陶土、泥料及大量的制陶工具看，当时遗址内存在制陶生产活动，且烧制陶器是在遗址居住区内进行的。小塘山遗址陶窑的发现，对研究辽西地区夏家店下层文化时期的社会经济形态、先史时代陶窑的形成与发展等具有重要的学术意义。

三、“大小城”双生聚落模式

小塘山石城址的东侧为临河陡崖，西侧与连绵的冈峦相连接。大城在北，小城在南。二者共处同一坡面，双生双伴。大城发掘面积约5000平方米，其周围均建有石城墙，并发现城门和多个“马面”。小城面积近1200平方米，略呈椭圆形。小城地表见较多陶片、石器，经勘探发现有石砌房子建筑和灰坑。在小城的东、南、西侧建有石墙，并发现几个半圆形“马面”。

大城在聚落布局上具有很明显的规划性。如城墙的修筑、城门及马面的安排、道路及一侧院门的设置，甚至房屋的建设都体现了整体规划。院落包含有一座或者多座房屋，是基本的生活单位。从房屋面积来看，比较符合核心家庭或者三代人组成的家庭。小城内部由于建筑物较少，且城墙、马面规格都低于大城，同时与大城的关系密切。总的来看，小城的建造比大城矮小简陋。因此，推测小城为大城的附属。

小塘山大小城这种双生聚落在夏家店下层文化时期是一种普遍的现象，而且有着悠久的历史和传统。20世纪90年代发掘的林西县白音长汗遗址，就是一处兴隆洼文化时期非常典型的双生聚落。两个规模大小相近的环壕聚落比邻而居，环壕之间最近间隔不足8米。70年代试掘和调查的敖汉旗西台遗址，也存在着两个红山文化时期的环壕聚落双伴双生。

双生聚落在夏家店下层文化中更为普遍。从赤峰市松山区三座店石城址起傍阴河右岸溯流而上，在约2千米的范围内集中分布着6座夏家店下层文化的石城遗址。三座店两座，占据着同一座山头，彼此紧邻；下机房营子两座，也是一大一小隔沟相邻；上机房营子两座，大城居坡顶，小城居坡脚。在半支箭河中游的先秦遗址调查中发现的一百余处夏家店下层文化遗址，多数为石城或环壕聚落，其中也不乏双生双伴者。

根据小塘山遗址的发掘情况以及对周边同类遗址的调查，我们了解到这类遗址大、小两座城相互配置的建制是普遍存在的。从出土遗物和城内建筑形制等分析，可以肯定它们是一种共存关系，而非早晚关系。这种现象应该是当初的先民在规划聚落时出于某种考虑而做出的选择。总之，双生聚落是一种确定无疑的现象，其中包含的深层次原因目前尚不能给出一个合理的解释。

附　表

附表一　小塘山遗址房址统计表

房址号	位置	层位	形状	外圈×内圈–深/厘米	主要出土器物	保存情况	与其他遗迹关系
F1	T2北部	①→F1→②→③	双圈地面式	950×550–112	陶壶、鼎、纺轮，石斧、磨棒、盘状器、石杵、石环，骨锥、铲	较好	H37→F1
F2	T3西北部	①→F2→②→③	双圈地面式	850×540–60	陶鬲、罐、盆，石斧、盘状器、石球、铲、磨盘	较好	
F3	T4东南部	①→F3→②→③	双圈地面式	850×500–52	陶鬲、罐，石斧、磨盘、石核，骨锥	较好	
F4	T1	①→F4→②→③	单圈半地穴式	320–105	石铲、刀、磨石，兽骨	较好	
F5	T4	①→F5→②	单圈地面式	435–12	陶饼、石铲、石镞	较差	F7→F5
F6	T5中南部	①→F6→②→③	双圈地面式	920×530–125	陶尊、器盖，石斧、铲、磨盘	较好	
F7	T4	①→F7→②→③	双圈地面式	710×390–50	陶拍，石磨盘，骨锥	较差	H3→F7
F8	T9	①→F8→②→③	双圈地面式	940×590–120	陶鼎，纺轮，石铲、斧、石杵，骨锥	较好	
F9	T8	①→F9→②→③	双圈地面式	810×495–40	陶罐、钵、盆，石铲、斧，骨镞、锥	较好	H47→F9
F10	T10西北部	①→F10→②→③	单圈地面式	540–60	陶鼎、纺轮、陶球，骨管	较差	F10→F11
F11	T10	①→F11→②→③	单圈地面式	525–90	骨锥	较差	
F12	T14南部	①→F12→②→③	双圈地面式	990×700–65	陶罐、鬲、盆，石斧、刀，动物骨骼	较好	
F13	T16	①→F13→②→③	双圈地面式	830×580–45	石斧、纺轮、石饼、石杵、铲，骨锥	较差	
F14	T12	①→F14→②→③	单圈地面式	560–35	石铲、刀	较差	F14→F49

续表

房址号	位置	层位	形状	外圈×内圈-深/厘米	主要出土器物	保存情况	与其他遗迹关系
F15	T18	①→F15→②→③	双圈地面式	920×655-103	陶鬲，石饼、斧、铲，骨镞、骨锥	较差	H45→F15
F16	T17	①→F16→②→③	双圈地面式	780×550-47	陶罐、鬲，石斧，穿孔骨器、骨镞，玉饰件	较好	
F17	T13	①→F17→②→③	双圈地面式	845×530-25	陶器盖	较好	H32→F16 F39→F16
F18	T19	①→F18→②→③	双圈地面式	660×435-80		较好	
F19	T19	①→F19→②→③	双圈地面式	630×410-70	陶罐、纺轮，石斧、刮削器	较好	
F20	T20	①→F20→②→③	双圈地面式	980×580-40	陶罐，石刀，骨锥	较好	
F21	T21	①→F21→②→③	双圈地面式	750×430-70	石饼、铲、磨棒、纺轮	较好	
F22	T18	①→F22→②→③	双圈地面式	590×430-20	石刀，骨锥	较好	
F23	T23	①→F23→②→③	双圈地面式	900×650-105	石饼、斧，刀、磨棒、铲	较好	
F24	T50	①→F24→②→③	双圈地面式	940×590-160	陶纺轮、盘，石盘，骨锥、簪、饰件	较好	H30→F24
F25	T22	①→F25→②→③	单圈地面式	270-115	陶钵，骨锥	较好	
F26	T38中南部	①→F26→②→③	双圈地面式	850×610-85	陶鬲、甗、纺轮，石斧、铲	较好	
F27	T26	①→F27→②→③	双圈地面式	775×510-35	陶纺轮、杯、器盖，石磨棒	较差	
F28	T34	①→F28→②	单圈地面式	650-95	石斧、石饼，穿孔骨器	较差	
F29	T7西北部	①→F29→②→③	双圈地面式	750×510-32	陶纺轮，骨锥、蚌器	较差	H22→F29
F30	T33	①→F30→②	双圈地面式	550×280-30		较差	
F31	T38	①→F31→②→③	双圈地面式	910×625-60		较好	
F32	T36	①→F32→②	单圈地面式	310-35		较差	
F33	T40	①→F33→②	单圈地面式	450-20		较差	
F34	T39	①→F34→②	单圈地面式	510-70		较好	
F35	T37	①→F35→②	单圈地面式	390-65		较好	

续表

房址号	位置	层位	形状	外圈×内圈-深/厘米	主要出土器物	保存情况	与其他遗迹关系
F36	T37	①→②→F36→生土	单圈地面式	295-90	陶碗	较差	
F37	T11	①→F37→②→③	单圈半地穴式	320-84	陶罐、盆、杯	较好	
F38	T9	①→F38→②→③	双圈地面式	482×320-36	陶鬲、盆	一般	
F39	T16东南部	①→F39→②→③	单圈半地穴式	330-105	陶罐，骨刀	一般	F39→F16 M5→F39
F40	T38	①→F40→②→生土	单圈地面式	625-50		较差	
F41	T35	①→F41→②→③	单圈地面式	392-25		较差	
F42	T12	①→F42→②→③	单圈半地穴式	390-115	骨锥	较差	
F43	T33	①→F43→②→③	单圈地面式	380-20		较差	
F44	T18	①→F44→②→③	长方形半地穴式	390×230-16	陶纺轮	较差	
F45	T32	①→F45→②→③	双圈地面式	650×340-85		一般	
F46	T32	①→F46→②	双圈地面式	715×450-25	石斧	较好	
F47	T26	①→F47→②	长方形半地穴式	325×210-14		较差	
F48	T44	①→F48→②	双圈地面式	930×520-105	陶罐、杯、纺轮，石斧、石杵、石球	较好	H46→F48
F49	T12	①→F49→②→③	单圈地面式	390-35	陶罐、瓮	较好	F14→F49
F50	T29东南部	①→F50→②→③	单圈地面式	670-50	石斧、骨锥	较好	
F51	T49	①→F51→②→③	双圈地面式	540×330-50	石铲	较差	
F52	T41中部	F53→F52→③	单圈地面式	385-15	石斧、锛	较差	F53→F52
F53	T41中部	①→F53→F52→③	双圈地面式	870×580-35		较好	F53→F52
F54	T24	①→F54→②→③	单圈地面式	680-112		较好	H17→F54
F55	T25	①→F55→②→③	单圈地面式	425-20		较差	
F56	T30	①→F56→②→③	单圈地面式	420-105	陶纺轮、器盖，石铲	较差	
F57	T30	①→②→F57→③	单圈地面式	550-90		较差	F57→F56
F58	T27	①→F58→②→③	单圈地面式	395-53		较差	

附表二　小塘山遗址灰坑（窖穴）统计表

灰坑号	位置	层位	形状（平面）	直径（长×宽）-深/厘米	主要出土器物	与其他遗迹关系
H1	T2	①→H1→②→③	近圆形	117-30	陶鬲、罐	
H2	T3	②→H2→③	近圆形	130-54	兽骨	
H3	T4	①→H3→F7→②	椭圆形	（150～167）-47	陶罐	H3→F7
H4	T3	②→H4→③	圆形	70-14	兽骨	
H5	T4西北部	①→H5→②	近圆形	225-72	陶罐，石凿	
H6	T4	①→H6→②	近圆形	60×210-65	骨锥	
H7	T6中西部	①→H7→②→③	近圆形	150-122	陶鬲，石斧、铲	
H8	T14	①→H8→②	圆形	140-74	陶罐	
H9	T31	②→H9→③	圆形	136-90	陶鬲	
H10	T16西南部	①→H10→②→③	近圆形	150×182-95	陶鬲	
H11	T24西南部	①→H11→石墙	近圆形	130×160-86	陶罐	
H12	T21东南部	①→H12→②→③	圆形	206-80	陶鬲、罐	
H13	T20东北部	①→H13→②	方形	120-42	陶罐	
H14	T16西北部	①→H14→②→③	长方形	165×136-85	石饼	H14→F20
H15	T21	①→H12→②→③	近圆形	145×115-90	陶鬲、罐	
H16	T24西南部	①→H16→②→③	长方形	160×135-84	陶鬲、罐	
H17	T24中南部	①→H17→②→③	长方形	205×185-85	陶鬲、纺轮、陶拍	H17→F54
H18	T34	①→H18→②	近圆形	170-60	陶鬲、罐	
H19	T24中部	②→H19→③	长方形	180×90-70		
H20	T25西北部	②→H20→③	近圆形	300×200-50		
H21	T25东扩方	②→H21→③	近圆形	183-50		
H22	T35	②→H22→③	圆形	195-75		H22→F29
H23	T10	①→H23→②→③	圆形	150-115		
H24	T40	①→H24→②→③	椭圆形	160-138	石锛，骨器	
H25	T40	①→H25→②→③	圆形	140-97	石饼	
H26	T38中南部	②→H26→③	近圆形	300-50		

续表

灰坑号	位置	层位	形状（平面）	直径（长×宽）-深/厘米	主要出土器物	与其他遗迹关系
H27	T26	①→H27→②→③	长方形	165×140-90	陶盆，石镞、斧、铲，骨锥	
H28	T28	①→H28→②→③	不规则形	165-106	陶豆，石刀，骨锥	
H29	T28东南部	①→H29→②	长方形	155×100-90		
H30	T30东南部	①→H30→②	长方形	140×130-60		H30→F24
H31	T32东北部	①→H31→②→③	近圆形	150-120		
H32	T17	②→H32→③	圆形	165-50	石核，骨锥	H32→F16
H33	T41西北部	①→H33→②→③	圆形	180-70		
H34	T43	①→H34→②→③	近圆形	180-120	陶罐，石斧、铲、臼	
H35	T42东北部	①→H35→②→③	近圆形	170-93	骨锥	
H36	T31东南部	①→H36→②→③	近圆形	160-75	陶罐、瓮、尊	
H37	T2	①→H37→②→③	圆形	110-105	石铲，骨锥	H37→F1
H38	T25东部扩方	①→H38→②→③	不规则形	170-80	陶鬲	
H39	T49	①→H39→②→③	近圆形	125-55		
H40	T14	①→H40→②→③	近圆形	108-117	陶器盖，石铲	
H41	T5	①→H41→②→③	近圆形	175-80	石饼、铲、磨棒、刀	
H42	T49	②→H42→③→④	圆形	128-137	陶鬲、罐、盆，石斧、铲，鹿角	
H43	T10	②→H43→③	近圆形	165-140	陶鬲、罐，石锛	
H44	T31东南部	①→H44→②→③	近圆形	172-120	陶杯，石饼	
H45	T18	①→H45→②	近圆形	195-80	陶钵，骨针	H45→F15
H46	T44	②→H46→③	长方形	160×125-102		
H47	T8	①→H47→②	圆形	230-110	陶罐	H47→F9

附表三　小塘山遗址墓葬统计表

墓葬号	位置	层位	墓葬形制	长×宽-深/厘米	葬式	墓向	随葬品
M1	T11北部	①→M1→②	长方形土坑竖穴墓	165×60-28	仰身直肢葬	330°	
M2	T11西南部	①→M2→②	长方形石圹竖穴墓	158×52-30	仰身直肢葬	310°	
M3	T30北部	①→M3→②	长方形土坑竖穴墓	178×53-17	俯身直肢葬	14°	
M4	T32	①→M4→②	长方形土坑竖穴墓	162×56-35	仰身直肢葬	330°	
M5	T46东部	②→M5→F39	长方形土坑竖穴墓	170×52-16	仰身直肢葬	45°	
M6	T31中西部	②→M6→③	长方形土坑竖穴墓	172×70-23	俯身直肢葬	131°	
M7	T49西南部	①→M7→②	长方形土坑竖穴墓	192×78-20	仰身直肢葬	115°	

ABSTRACT

After two consecutive years of excavation by the Inner Mongolia Autonomous Region Institute of Cultural Relics and Archaeology, the Xiaotangshan stone city site in Ningcheng County, Chifeng City has been almost completely uncovered, revealing a stone city of the Lower Xiajiadian Culture, providing important materials for the study of Bronze Age Culture in the region.

The Lower Xiajiadian Culture is an early Bronze Age archaeological cultural type established after the excavation of the Xiajiadian and Yaowangmiao sites in Chifeng in 1960. Currently, it is understood that the stone cities of the Lower Xiajiadian Culture are mainly distributed in the southern area of the Xilamulun River, such as Chifeng of Inner Mongolia, western Liaoning, and parts of northern Hebei. They are primarily concentrated on the hilltops along the banks of the Laoha River, the Daling and Xiaoling Rivers, and their tributaries; these are residential sites with defensive facilities such as stone-built walls;moreover, houses, storage pits, and roads within the city are also often constructed with stones. The stone city sites that have been excavated so far include Sanzuodian and Shangjifangyingzi in Songshan District, Chifeng City.

Most of the relics at the Xiaotangshan site are uncovered beneath the first layer, characterized by simple geological layers and relatively few overlapping and intruding relationships. The shape and decoration of the unearthed pottery show no significant variations. Therefore, it is speculated that the occupation period was relatively short and should belong to the same cultural phase.

The stone-constructed houses, ash pits (cellars), and *mamian* discovered at this site are also present at the Sanzuodian and Shangjifangyingzi stone city sites in Songshan District, Chifeng City, with nearly identical forms. For example, the excavated cylindrical *li* (H28:2) is identical to an example from Sanzuodian (H35②:1), and the *yan* (F15:2) resembles the same type from Shangjifangyingzi (T0310③:5) in form. Consequently, the chronological age of this site is equivalent to that of the feature units represented by the *li* at Sanzuodian and the *yan* at Shangjifangyingzi.

The main carbon-14 dating data of the Lower Xiajiadian Culture, which includes the Zhizhushan site, the Dadianzi Cemetery, and the Jianping Shuiquan site, are between 1900BC and 1500 BC, after dendrochronological calibration. There are several age-corrected carbon-14 dating data from the site, mainly including 1426-1269 cal BC(95.4%), 1532-1435 cal BC(95.4%), 1404-1374 cal BC (23.9%). Combined with the rabiocarbon dates, and based on the typology of the unearthed artifacts, it is estimated that the absolute age of the Xiaotangshan site is roughly between 1500 BC and 1300 BC.

The Xiaotangshan site has revealed a total of 58 house sites, 47 ash pits, 7 tombs, 1 city gate, 3 *mamian*, and the city walls. A northwest to southeast road is found within the site, with courtyards and houses on both sides of the road. Most of the house remains are built on the ground level,with foundations constructed using single and double stone circles. Notably, the front section of the city gate is a stepped structure made of large stone slabs, which has not been seen in other sites of the Lower Xiajiadian Culture.

Regarding the nature of the stone city sites such as Xiaotangshan, most scholars believe that they are fortified settlements. The stone city sites of the Lower Xiajiadian Culture, which are similar to the Xiaotangshan city site, have been discovered in the Chifeng area of Inner Mongolia and western Liaoning. Although they have some early urban characteristics, it is speculated that they still belong to the category of military castles. Firstly, there is currently no archaeological evidence has been found to indicate the existence of extensive commodity; Secondly, the scale of the various stone city sites is mostly small, and the number of residents within the cities is also relatively small, which is noticeably different from the population size in the general sense. Therefore, it is appropriate to classify the stone city sites found in the area of Chifeng, western Liaoning, and other places as military forts in accordance with the social realities of the time.

From the analysis of the scale and structure of the stone city sites, the social status and role of the stone city sites of the Lower Xiajiadian Culture which are similar to the Xiaotangshan site found in Chifeng, Inner Mongolia and western Liaoning are different. For example, the Chijiaying stone city site is located in the middle and lower reaches of the Yin River in Chifeng City, in the middle of the Lower Xiajiadian Cultural stone city Group, with an area of nearly 90,000 square meters. The city is surrounded by stone walls, *mamian*, and trenches, with well-developed defensive facilities. There are hundreds of building foundations in the city, and religious worship sites have also been discovered. It is the largest city in the area and has a large population, which should be the central city site and political and military center of this region, with a special social status and role. However, the Xiaotangshan stone city site and the Sanzuodian stone city site are smaller in scale and population, so they should have been important forts at the time.

后　　记

2021年5月～2022年11月，为了配合508国道工程建设，经国家文物局批准，内蒙古自治区文物考古研究院联合宁城县文物保护中心（即宁城县辽中京博物馆）对小塘山遗址进行了为期两年的抢救性考古发掘。其他参加发掘的单位和人员还有赤峰学院历史文化学院2021级、2022级本科生及部分硕士研究生，吉林大学、内蒙古大学、内蒙古师范大学等学校的多位硕博士研究生、本科生等。此次发掘及资料整理阶段正处于新冠疫情期间，工作也遇到了很多困难。

在前后两个年度的考古发掘和资料整理过程中，得到了内蒙古自治区文物局、内蒙古自治区文物考古研究院、赤峰学院、宁城县文化旅游体育局、宁城县文物保护中心等单位的大力支持，各级领导曾多次亲临考古发掘工地指导和慰问，在此一并表示衷心感谢！

本考古发掘报告由连吉林主编。编写人员主要有：

第一章连吉林、格日乐图、宫相才；

第二章李智文、马景禄、武进新、胡廷荣；

第三章连吉林、李智文、格日乐图、武进新、李明华、何木其尔、杨宏伟；

第四章李智文、崔卫春、陈敏、丁磊、张璐、连响；

第五章陈敏、李明华、左豪瑞、戴玲玲、杨凡；

第六章连吉林；

附表崔卫春等；

Abstract包桂红；

绘图人员为刘海文等。

1. 发掘现场

2. 部分房址解剖后

小塘山遗址航拍照片

图版二

工地开放日活动

部分工作人员合影

图版四

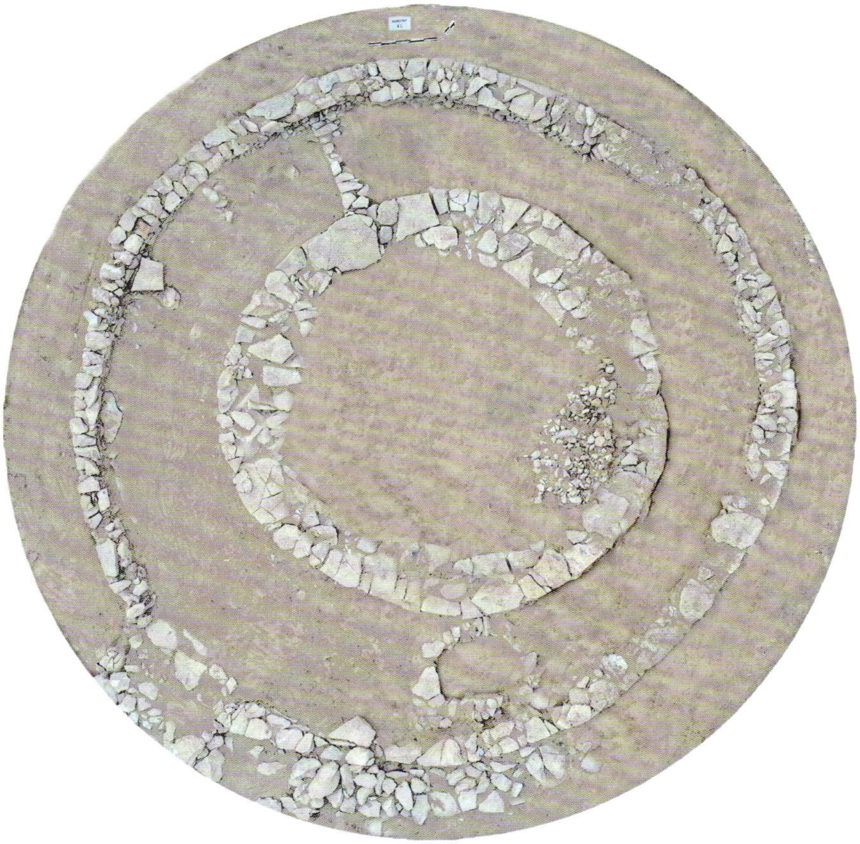

1. F1俯视照片

2. F6解剖后的回廊

F1、F6

1. F42

2. F48

F42、F48

1. F9部分墙体

2. F39

F9、F39

F18外侧石水槽

1. H12贮藏的红黏土

2. H15贮藏的红黏土

H12、H15

1. H23

2. H42

H23、H42

图版一〇

1. 剖面

2. 城门

小塘山城壕剖面及城门

1. 城门及L1局部

2. L1局部

小塘山遗址城门及道路L1局部

1. 马面MM1

2. 陶窑Y1

马面MM1、陶窑Y1

1. Y1：1

2. H34：1

3. F2：22

4. F25：02

5. H28：17

Aa型陶鬲

图版一四

1. Ab型（H41：1）

2. Ab型（Y2：5）

3. B型（T41②：2）

4. B型（T27②：1）

5. C型（T42②：4）

6. D型（T24②：1）

陶鬲

1. T41③层陶器出土时情景

2. T18②层陶器出土时情景

地层中出土陶器情况

1. Aa型（H28：1）

2. B型（F2：5）

3. C型（F1：33）

4. D型（F3：1）

5. E型（F1：6）

陶罐

1. A型陶瓮（H34：3）

2. 陶甗足（T41②：10）

3. 陶甗足（F26：1）

4. 陶甗足（F25：11）

陶瓮、甗

1. A型陶尊（H36：2）

2. A型陶尊（F15：3）

3. A型陶盆（F9：6）

4. A型陶盆（H39：11）

5. A型陶钵（T22②：22）

6. B型陶钵（F9：12）

陶尊、盆及钵

1. 陶壶（F1：29）

2. A型陶豆（F2：7）

3. B型陶器盖（Y2：6）

4. B型陶器盖（F16：31）

5. 陶模具（F4：5）

6. 陶模具（T21②：12）

陶壶、豆及器盖等

1. 彩陶片（T41③：22）

2. Ab型陶纺轮（T33②：01）

3. 陶埙（T30②：5）

陶纺轮、埙及彩陶片

1. Aa型（T24③：12）

2. Aa型（F8：11）

3. Aa型（F1：22）

4. B型（F13：8）

5. C型（T31②：2）

6. C型（F26：12）

石斧

图版二二

1. A型（F9：17）

2. A型（H11：1）

3. A型（T22②：15）

4. B型（H42：2）

5. B型（T6②：7）

6. B型（T24③：11）

石铲

1. C型石铲（T25③：9）

2. C型石铲（F21②：14）

3. 石刀（T38②：1）

4. 石刀（T14②：4）

5. 石凿（T13②：10）

6. 石锛（T13②：15）

石器

图版二四

1. 石锛（H24：1）

2. 石臼（T28②：5）

3. 石拍（H17：11）

4. 石鞋楦（T13②：13）

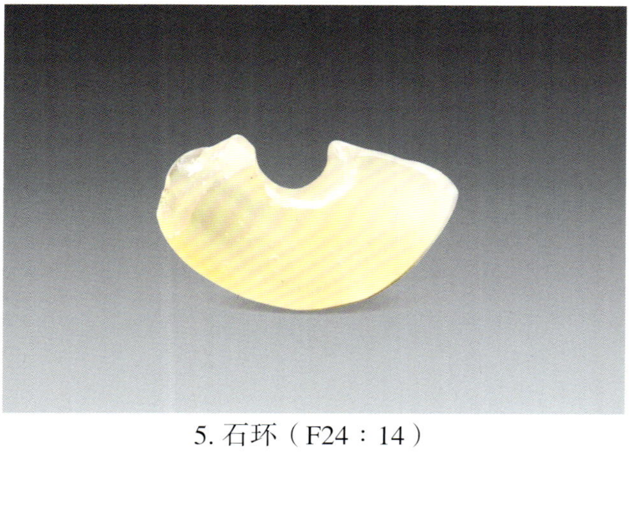

5. 石环（F24：14）

6. 石环（H1：4）

石器

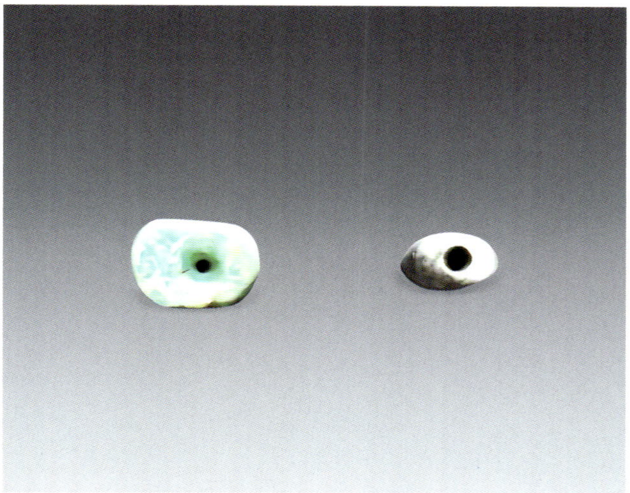

1. 绿松石石珠（左：T35②：8；右：T22①：2）

2. 石镞（T34②：15）

3. 写有疑似朱砂文字的石块

图版二六

1. 骨铲（T38②：2）

2. 骨笄（H1：3）

3. 制陶工具（T32②：6）

4. 制陶工具（T1③：7）

5. 制陶工具（T5②：3）

6. B型骨锥（H11：3）

骨器

1. 穿孔骨器（Y1：2）

2. 穿孔骨器（H23：12）

3. 穿孔牙器（L1②：9）

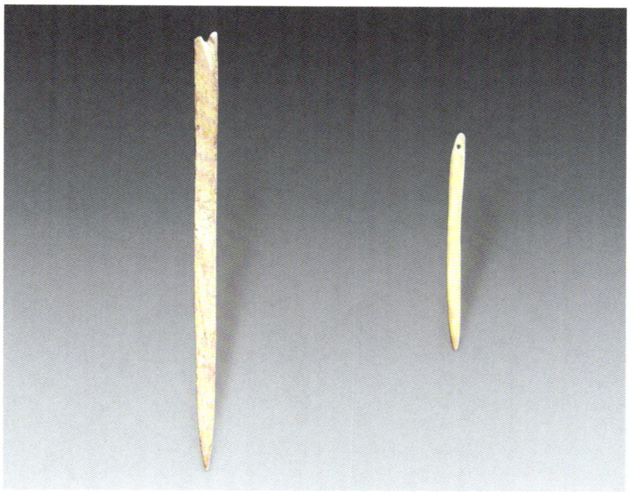
4. 骨针（左：L1④：1；右：H45：2）

5. 骨针（T1③：17）

6. 骨镞（T15②：5）

骨、牙器

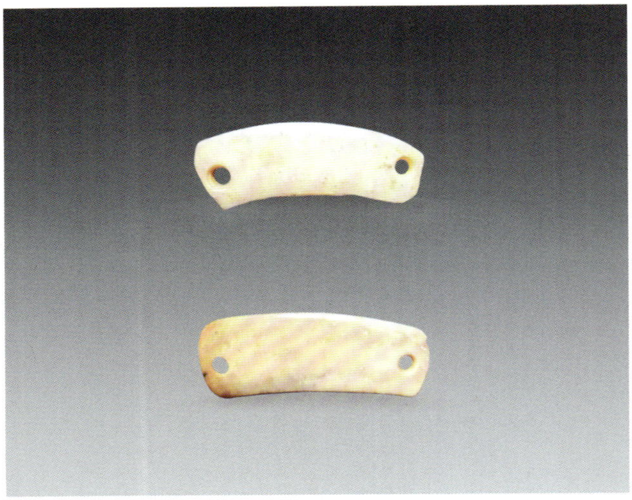

1. 蚌璜（上：H21：3；下：F15：7）

2. 铜刀

3. M7头骨穿孔外侧

4. M7头骨穿孔内侧

5. 铜镞

蚌器、铜器等